下一站大学 ②

杜志建 —— 主编

学长帮你选专业

汕头大学出版社

图书在版编目(CIP)数据

下一站大学.2/杜志建主编.——汕头：汕头大学出版社，2023.2
ISBN 978-7-5658-4903-9

Ⅰ.①下… Ⅱ.①杜… Ⅲ.①毕业生—高中—升学参考资料②高等学校—招生—介绍—中国 Ⅳ.①G647.32

中国国家版本馆 CIP 数据核字（2023）第 010020 号

下一站大学.2　　　　　　　　　　XIAYIZHAN DAXUE.2

主　　编：	杜志建
责任编辑：	汪艳蕾
责任技编：	黄东生
策　　划：	多艳萍
特约编辑：	李方圆
封面设计：	仙境设计
封面绘图：	徐青霄
出版发行：	汕头大学出版社
	广东省汕头市大学路 243 号汕头大学校园内　邮政编码：515063
电　　话：	0754-82904613
印　　刷：	河南新华印刷集团有限公司
开　　本：	787mm×1092mm　1/16
印　　张：	14
字　　数：	290 千字
版　　次：	2023 年 2 月第 1 版
印　　次：	2023 年 2 月第 1 次印刷
定　　价：	29.80 元

ISBN 978-7-5658-4903-9

版权所有，翻版必究
如发现印装质量问题，请与承印厂联系退换

声明

基于对知识和创作的尊重，本书向所选文章、图片的作者给予补贴。因条件所限未能及时联系的作者，我们在此深表歉意，当您看到本书时，请与我们联系，以便我们向您支付补贴和赠送样书。因篇幅有限，部分文章有删节，敬请谅解。

联系方式：0371-68698032

目 录   学 长 帮 你 选 专 业

哲学大类

哲学：它可能是最让人"不明觉厉"的专业
-------------------------------------- 002

学长学姐有话说
读哲学是一种怎样的体验？
-------------------------------------- 007

经济学大类

经济学：经世济人，见微知著
010 --------------------------------------

金融学：小镇做题家可以学金融吗？
013 --------------------------------------

学长学姐有话说
读经济学是一种怎样的体验？
016 --------------------------------------

法学大类

法学：在秃头的路上高歌猛进
-------------------------------------- 018

社会工作：它会给你一种新的思维方式
-------------------------------------- 021

国际政治（国际政治经济学）：在理想与现实之间
-------------------------------------- 023

侦查学：对选择负责
-------------------------------------- 025

学长学姐有话说
读法学是一种怎样的体验？
-------------------------------------- 028

教育学大类

教育学：需要将专业知识和教育相结合
032 --------------------------------------

特殊教育：挖掘地球上的星星
034 --------------------------------------

学长学姐有话说
读教育学是一种怎样的体验？
037 --------------------------------------

目录

文学大类

汉语言文学：我们不培养作家 ------ 040

秘书学：文科中的大综合 ------ 043

俄语：我的痛苦和我的骄傲 ------ 046

法语：比英语要难学很多 ------ 049

网络与新媒体：我们仰望星空与擦亮星星 ------ 052

学长学姐有话说
读文学是一种怎样的体验？ ------ 054

历史学大类

历史学：寻找"不标准"答案 ------ 058

文物保护技术：这是个需要耐得住寂寞的专业 ------ 060

考古学：人类记忆的修复师 ------ 063

学长学姐有话说
读历史学是一种怎样的体验？ ------ 066

理学大类

数学与应用数学（师范）：数学人，师范魂 ------ 068

应用物理学：物理的应用之道 ------ 071

天文学：天文真的不是去看星星吗？ ------ 073

地理科学：一门自然学科与社会学科的交叉学科 ------ 075

海洋科学：对口工作大多要出海 ------ 077

生物科学：探索生命的奥妙，解密多彩的人生 ------ 079

古生物学：它会"告诉"人们，恐龙一直在身边 ------ 081

心理学：心理咨询师与心理医生并不相同 ------ 084

学长学姐有话说
读理学是一种怎样的体验？ ------ 087

工学大类

- 计算机科学与技术：如何做一名合格的码农？ ········ 096
- 机械电子工程：机械制造未来，芯片创造未来，智能引领未来 ········ 099
- 宝石及材料工艺学：疯狂的石头 ········ 102
- 材料科学与工程：四大劝退专业之一 ········ 105
- 电气工程及其自动化：电流世界，我的梦工厂 ········ 107
- 能源与动力工程：传说中的"烧锅炉"专业 ········ 109
- 光电信息科学与工程：传说中的"见光死" ········ 112
- 道路桥梁与渡河工程：土木骗局？ ········ 114
- 水文与水资源工程：想象之外的大千水界 ········ 116
- 测绘工程：上山下海，丈量九州 ········ 118
- 石油工程：主要和地下打交道 ········ 119
- 交通运输：研究、解决关于"行"的各种问题 ········ 121
- 环境科学与工程：环无止境，地负海涵 ········ 123
- 食品质量与安全：民以食为天，食以安为先 ········ 127
- 建筑学：石头的史书，凝固的音乐，这是一场造梦之旅 ········ 130
- 城乡规划：一个集理科、文科、艺术为一体的神奇专业 ········ 134

学长学姐有话说
读工学是一种怎样的体验？ ········ 137

农学大类

- 农学：农学人到底在干什么？ 144
- 茶文化：以一杯茶汤，来实现美的构想 146
- 动物医学：用爱与知识，护佑生灵 149
- 园林：我在这个天坑专业混得如鱼得水 152
- 森林保护：木与木的同呼吸、共命运 154
- 水产养殖学：不是只开养殖场 156
- 学长学姐有话说 读农学是一种怎样的体验？ 159

医学大类

临床医学：挺好的，就是头有点冷 162

口腔医学：专业性很强，就业不成问题 164

针灸推拿学：理想主义者的坚守与修行 167

中药学：医药真的不分家吗？ 170

法医学：尸体解剖只是一部分 172

康复治疗学：冷门，高薪，吃香 173

护理学：一份永不褪色的职业与纯真不变的信仰 174

学长学姐有话说
读医学是一种怎样的体验？ 177

管理学大类

信息管理与信息系统：一个学习内容庞杂，自身属性非常尴尬的专业
180

会计学：这是一门被误解的学科
182

财务管理：和钱有关，但不一定有"钱途"
184

文化产业管理：文化产业需要管理什么？
187

农林经济管理："山水田园"托举我的乡村振兴梦
191

土地资源管理：小众的专业里藏着960万平方千米的志向
194

公共事业管理：管理类的万金油专业
195

物流管理：我不是学"送快递的"
198

电子商务：无处不在的专业
200

旅游管理：门槛低，鱼目混珠是真的吗？
202

学长学姐有话说
读管理学是一种怎样的体验？
204

艺术学大类

戏剧影视文学：确认过眼神，是戏文的人 206

美术学：以美史养心，以美识育人 208

视觉传达设计：理性与感性的交锋 211

动画：放飞梦想的风筝 214

学长学姐有话说
读艺术学是一种怎样的体验？ 217

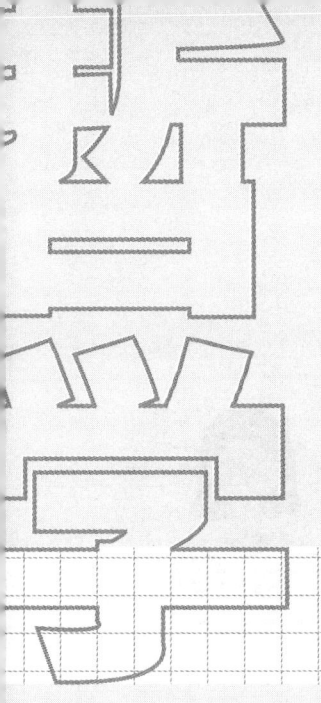

哲学大类

哲学类
哲学、逻辑学、宗教学、伦理学

哲学：
它可能是最让人"不明觉厉"的专业

文 / 任亚华

"你是学哲学的啊？太厉害了吧。"

"什么？你是学哲学的，大佬大佬。"

这样的话，相信哲学专业的小伙伴已经听到耳朵起茧子了。哲学，不像古生物那样冷门得让人摸不着头脑，也不像ACCA这样专业的名词让人不知说的是什么。几乎人人都能就着哲学谈上两句，不过也正是因为如此，它才得到了同样多的误解。

很多人对哲学的印象都是"高深莫测""不明觉厉"，对哲学家和哲学生的印象也是神神道道或者冷漠高深。其实哲学远没有那么难懂，哲学在我们的生活当中随处可见，而哲学工作者也大部分都是正常人。

大家对哲学的误解尚且如此之深，那对哲学专业的了解就更加少了。

"你们哲学生毕业怎么找工作呀？"

"我们就业面可广了，你看，什么洗盘子啊，扫大街啊，我们都行！"我时常这么打趣自己。不过这些都是玩笑话，哲学不仅仅是大家了解的那样，哲学专业的就业面也根本没有大家想象中那么窄。作为一个根正苗红的哲学专业毕业生，我会在这篇文章里根据自己的了解和经验，为对哲学专业感兴趣或者想要报考哲学专业的高中学弟学妹们，全方位地介绍一下哲学专业。

哲学是什么？

由于哲学本身并不怎么为人熟知，所以还是有必要简单地介绍一下，消除一些误解和刻板印象。

其实这个问题某种程度上也可以算作一个哲学问题，若要深入探讨，恐怕一千个人就有一千种答案，所以我在这里只做一个简单笼统的介绍。

哲学，从它的希腊语词直译过来就是"爱智慧"。哲学家就是爱智慧、追求智慧的人。他们没有自傲地认为自己已经拥有了全部的智慧，而是始终保持着一颗谦虚的心，去认真思考一切不明白的问题，努力探索自己追求的真理。

哲学不光指那些看起来高深的理论学说，更重要的是思考，是问题，是流动活跃的思维。以逻辑为骨架，以思维为血肉，在此之上尝试着解答自己想得到答案的问题。有的时候其实结论不是很重要，论证的结构和新的思维火花才是更有生命力的东西。

学过高中政治的同学肯定也学过政治课本里的哲学部分，不过那些并不能算是真正的哲学。这些内容是马克思主义哲学的一些基本原理和概念，仅仅只是一些知识性的东西，基本上没有思辨的成分。历史上的哲学流派数不胜数，因此单单马哲一家的概念知识在整个哲学体系里占比很小。并且课本篇幅实在是有限，很多概念其实没有空间去好好介绍。

哲学有许多分支和流派，如伦理学、逻辑学、美学，都属于哲学的研究范畴。中国哲学包括儒学、道学、中国佛学等，其中仅儒学就可以细分为不同的时期和流派。而西方哲学则包括形而上学、广义上的神学、分析哲学和语言哲学等。哲学也常与其他学科有交叉。

目前哲学专业的主要课程有哪些？

现在国内哲学专业一般有八个二级学科：中国哲学、外国哲学、伦理学、逻辑学、美学、科学技术哲学、宗教学、马克思主义哲学。

有的学校本科就会按照二级学科分小专业，一般来说这样做的学校哲学院系规模比较大，学生多，师资雄厚。有的学校则本科四年都是哲学一科，直到研究生才分小专业。个人感觉各有利弊，分得早可以有更长的时间进行针对训练。分得晚就有更加充分的时间全面了解哲学，选择更适合自己的学科方向。其实大学本科四年，根本不能学得非常深入，要是早就有志于某个方向，自己课下要多下功夫。

而现在国内高校的哲学专业，大部分都会设置哲学导论课程，哲学史课程，原著的研读讲解课程，有关伦理学、逻辑学和美学的导论课程，而科学技术哲学和马克思主义哲学应该也会涉及。同时也会有一些辅助课程，比如学习中国哲学必备的古代汉语，学习外国哲学时需要的专业外语。

不少学校还会开设关于论文写作和哲学论证方法的课程，这就涉及在高校学习哲学的一个核心能力要求，就是论证和写作的能力。

论文是你输出观点、展示能力的媒介，在高校的哲学领域，有关你水平能力的一切标准都是论文。很多考试都是让你写论文，学年需要学年论文，毕业需要毕业论文，保研需要你的学术论文，申请博士要看你的硕士论文，最后求职留在高校当老师，能让你保住饭碗的还是你发表的论文数量和质量。所以，在高校学习哲学，除了大量的阅读之外，写作也是长久陪伴你的老朋友。

总有同学问我："哲学难吗？学起来吃力吗？"

答案当然是难啊！

高校哲学系讲授的哲学和你之前了解的任何"哲学"可能都不一样。它完全不是政治课本上的哲学，也不是那些心灵鸡汤人生哲理一样的东西，也不仅仅是思维游戏和思想实验。

在高校学习哲学，首先要建立一个新的认知，即哲学是问题导向。

哲学问题往往没有标准答案，它的意义就是在对问题的无尽讨论中得到启发，从这一点上，就可以看出高校哲学教育和高中政治中的哲学教育的区别。高中学的哲学会灌输一套标准，告诉你什么是好的，什么是不好的。但是高校哲学教育则是向你介绍世界上各种各样不同的哲学思想，并且不会强迫你相信某一种，而是启发你在不同思想之中提出自己的问题，并且在探讨问题的过程中试图给出自己的解答。

哲学对于逻辑性和思辨性要求都比较高，对理解能力也有一定的要求。很多哲学专著的逻辑性都很强，如果理解能力不好，一段话读两天都读不明白的情况也是常有的。

高校的哲学训练也有很多是针对思辨能力的，例如让你尝试解决一些大问题，自己思考出路，组织论证。毕竟原著虽然重要，但并不是哲学学习的核心。论证和思辨才是哲学学习的重中之重。

哲学专业本科毕业后可以做什么？

首先，哲学专业本科毕业就直接找工作其实是有些困难的。因为哲学其实没有对口的工作，没有哪个公司有一个职位叫"哲学家"。最对口的工作可能就是继续在高校做教师同时进行学术研究，但是我们都知道，本科毕业是不可能在高校做老师的。因此，哲学本科毕业后，我认为有以下几种选择：

第一，直接找工作

当然你只有一张哲学本科毕业证是远远不够的。如果你在大学期间一直学习哲学，又想要一毕业就找工作，那你最好在在校期间就找好出路，多考证，多实习。哲学的学习说简单不简单，说难也不难，你可以利用空余时间多实践，多关注就业方面的信息。

第二，继续考哲学方面的研究生

选择这条路的同学就是铁了心要做研究了，或者是想要学得深入一些。我没什么要说的，相信选择这条路的同学都会有很明确的规划。不过如果确定了想读研，你一定要从大一就开始抓紧学习，最好能争取保研。

第三，跨专业考其他专业的研究生

哲学是一门基础学科，虽然说本科阶段学不了深层次的东西，但是它确实可以培养你的思维能力。如果想继续深造，又不想学哲学的话，你也可以考社会学或法学等专业的研究生，有了哲学的积累，你在学习其他专业的时候会拥有独特的思维。

专业的哲学学习对我们有什么好处？

受过专业哲学训练的人，思维能力多少都会有较高的提升。简单来说，就是能思考别人可能不会注意到的问题。其实哲学知识已经渗入我们社会生活的方方面面，受过训练之后，我们对很多现象的原理，很多行为的目的都会更了解。

我们不再简单地直接接受别人灌输给我们的东西，我们会批判地思考一切新事物，这让我们在生活中活得更明白。什么是自由？为什么我们要追求民主？为什么要讲道德？生命有什么意义？这些问题看似很大，但是思考起来却是真正切己的。受了专业的哲学训练，即便这些问题的答案还是没有定论，但是我们总会有更深一层的理解和思考。学习哲学，可以更好地认识自己，更好地理解世界。

虽然学习哲学大有益处，但我仍不太推荐高中毕业生去报考哲学。

第一，这个世界并不缺少哲学家或者哲学工作者。

如果你本身是一个特别容易丧失意义感的人，如果你需要一些实际的东西来填补内心的空虚，

那你其实很容易在学哲学的过程中感到一种"我到底在干什么"的迷茫。哲学不会创造出任何有形的东西，它只能对人的精神有一些纾解和启迪作用。如果你是一个需要看见什么成果的人，哲学很可能会让你觉得虚无。

第二，学习哲学对你的个人发展见效会很缓慢。

学习哲学后，你可能很快就会受到精神上的冲击，然后觉得自己的灵魂得到了升华，但它实际上会对你造成什么影响是一个未知数。

人这一生都在变化成长，学习哲学也是一个漫长的探索自我的过程。

从变现的层面来讲，哲学可以说没什么优势，它的就业面也很窄。

这么说吧，同样都是看起来不太实际的专业，汉语言文学专业毕业的就业面可比哲学要广。

因为与哲学相关的工作对学历的要求较高，本科毕业生想从事哲学相关工作也是比较困难的。

什么样的人适合在高校学习哲学专业？

首先，家里经济压力不大，也不是说只有大富大贵之人才能学哲学，但是良好的经济基础可以让你在学习哲学的道路上没有后顾之忧。

其次，真的很爱哲学。你必须要对哲学有足够的热情才能够一直学下去。

最后，能够忍受孤独。哲学研究是一个非常孤独的工作，它不需要你和别人打交道，你可能会

和别人讨论问题，但你自己沉思的时间一定会更长。看书、查找资料、写作，这些都是一个人就可以完成的任务。

总而言之，虽然说了这么多看起来泼冷水的话，但是哲学本身仍然是一个值得你去了解的东西。它的优势就是，哪怕你不专门学它，你也可以通过各种渠道，比如书籍、网课、讲座等对它有一个大致的了解，不必进入哲学专业就能够领略哲学的惊艳之处。等到你真的觉得哲学就是你的人生之学的时候，再进入校园学习也不迟。

学长学姐有话说

读**哲学**是一种怎样的体验？

哲学

很现实的一点就是，虽然该专业受国家重视，但高深难懂而且就业面很窄。

家里没矿不建议读，如果物质上已经没什么好享受的，可以考虑追求精神享受。

最大的特色是，毕业以后干啥的都有，包括但不限于高校讲师、事业研究机构工作人员、出版社编辑、公务员等。

哲学

一定要看个人兴趣，如果不喜欢的话真的要劝退，西方哲学很多文本都很难看懂，哲学也不是背几句名人名言，而是要形成逻辑能力和独立思考能力。

从功利的角度考虑，哲学不能解决现实问题，就业前景没有经济学专业或计算机专业好。

学哲学普遍要读硕士以上，然后成为党员进党校，但更多人毕业后去搞文字了。

逻辑学

逻辑学、宗教学、伦理学也属于哲学范畴，但是鉴于这几类专业的特殊性，全国只有几所学校开设了相关专业。

刚开始学习逻辑学是非常枯燥的，没有足够耐心是很难学好的。要深入研究逻辑学，必须考研。研究生阶段才算逻辑学的一个开始。

全国大学开设逻辑学本科的非常少，主要有中国人民大学、北京大学、南开大学和中山大学，还不是每年招生。一般都是先招哲学大类，以后再分方向。但硕士研究生和博士研究生招逻辑学专业的很多。

宗教学

我们班只有五个人，听说还是近几年人数最多的一届，有时我们也会调侃自己毕业后的出路是出家。

宗教学主要是学习宗教学的基本理论，较全面地了解各大宗教的历史与现状以及我国的宗教法规和政策。它不是让你信仰宗教，也不等于神学，学习宗教学需要广泛阅读，特别是对宗教典籍的研读、思考、批判。在四年的大学生活里，我们曾近距离接触步履缓缓的佛教僧侣，身穿常服虔诚布道的神父，也曾到白云观切实感受道士的衣食住行……只谈学习体验的话，确实挺有意思，也很有意义。

哲学

如果不是特别纠结于就业的话，学哲学其实还挺快乐的。一方面，作业不多，大多数时间都在看书或"摸鱼"，作业一般都是写论文或者读书报告，其实我特别喜欢写读书报告，我会把它看成自我知识梳理的一个过程；另一方面，我能够从课程中学到很多关于人生意义的看法，我觉得这可能是很多理工科专业学不到的，比如我上现代西方哲学和伦理学的时候就经常很感慨，也常常会思考我到底想要追求一种什么样的人生，这是我觉得选择学哲学最有意义的事情。当然学习过程中还是有想放弃的时候，比如有些哲学家的思想真的很难懂，像康德、黑格尔；比如班级里大家都很卷。但总而言之，如果你喜欢看书和思辨的话，学习哲学会很快乐。

伦理学

伦理学也叫道德哲学，它主要讨论道德价值，是个复杂且枯燥的学科。主要课程有马克思主义哲学原理、中国哲学概论、西方哲学概论、伦理学、数理逻辑、美学原理等。

整个哲学类的就业都不是很理想，伦理学自然也不例外。因为伦理学这个专业涉及的内容思辨性较强，而实用的理论知识较为欠缺。所以，大家在毕业后一般是做老师，局限性很大。

经济学大类

经济学类
经济学、经济统计学、国民经济管理、资源与环境经济学、商务经济学、能源经济、劳动经济学、经济工程、数字经济

财政学类
财政学、税收学、国际税收

金融学类
金融学、金融工程、保险学、投资学、金融数学、信用管理、经济与金融、精算学、互联网金融、金融科技

经济与贸易类
国际经济与贸易、贸易经济、国际经济发展合作

经济学：
经世济人，见微知著

文 / 自然醒

大一上学期，在微观经济学的第一堂课上，老师讲了一句令我印象深刻的话，那就是：经济学，就是一门经世济人的学科。

作为一门研究人类社会各个发展阶段中的各种经济活动和相应的经济关系及其运行、发展规律的学科，毫无疑问，经济学是围绕"人"来开展的社会科学。

一般来说，经济学专业的本科毕业生已经能够较为系统地掌握经济学基本理论和相关的基础专业知识，了解市场经济的运行机制和中外经济发展的历史和现状，并且具有运用数量分析方法和现代技术手段进行社会经济调查、经济分析和实际操作的能力。如果在这个基础上，能够做到对经济学的学术动态有一定的关注和了解，那就更上一层楼了。

在本科阶段的学习过程中，前两年以基础课程为主，包括宏观经济学、微观经济学、经济数学、统计学、计量经济学等必修专业课，还会有关于规范和提高经济类写作和成果展示的课程，专门教如何进行学术写作，要遵循怎样的写作格式以及如何使用数据库检索论文等，非常实用；到了大三和大四，则需要进一步针对经济学中的具体领域选择对应的选修专业课进行学习，比如国际贸易、货币经济学、劳动经济学、产业经济学、公共经济学和计量经济学等。

部分选修专业课除了期中、期末考试外，还需要在课程中开展课题研究，并在课程结束前进行成果汇报展示。

由于我是在澳门特区读的本科，学校非常重视对区域经济的研究，专门在选修课中设置了一个分类，其中包括中国经济、珠三角区域经济学和澳门本地经济这三门课程，必须要在其中选择一门选修并通过考试。

我当时对澳门本地经济特别感兴趣，于是选择了澳门本地经济这门课程。在课程中，我了解到澳门经济的发展历程——在成为现代化城市之前，神香业、爆竹业和火柴业等传统手工行业曾是澳门特区的经济支柱，在 20 世纪五六十年代更是达到顶峰。随着时代的发展和科技的进步，如今虽然早年的大部分支柱行业已消失或式微，但它们对澳门特区不同时期的社会精神、人文面貌起到了重要的作用和影响。

尽管博彩和旅游业使澳门特区成为享誉世界的赌城之一，还拥有"东方拉斯维加斯"的称号，但澳门其实一直在探索经济多元化发展，持续降低对博彩业的依赖。

在上课的过程中，除了与澳门特区经济历史相关的内容，老师还会穿插介绍一些趣闻，以及通过对政策变化的解读去分析背后暗含的经济学原理和作用。

比如，澳门特区政府把允许进入赌场的年龄从满 18 周岁提高至满 21 周岁，这个做法看似让一部分刚成年的外地游客无法进入赌场，不利于经济发展和政府收入，但其实真正目的是提高澳门特区本地居民的大学升学率和受教育程度。

如果满 18 周岁就被允许进入赌场，由于早年在赌场里从事荷官工作的收入较为可观且对学历要求不高，不需要接受高等教育，只要经过短时间的培训，了解操作和规则就能很快上手，很多澳门特区本地居民高中毕业后，一成年就不再升学，而是选择进入赌场工作。

而当进入赌场年龄限制为 21 周岁，那么本地居民成年后想要进入赌场工作就需要再等三年，刚好这三年可以进入大学学习。而进入大学学习后，就能通过其他专业技能和知识的学习，在毕业之后拥有更多的就业选择，不再局限于从事与博彩业相关的工作，这样就能促进经济多元化发展，优化产业结构。

学习经济学让我逐渐养成了从日常的事件中去思考和分析背后的经济学规律和可能出现的问题和结果，充分锻炼了逻辑思维能力。

每一门学科都有很多专有名词，经济学也不例外。像计量经济学是以研究和揭示经济活动中客观存在的数量关系为内容的分支学科，学习内容中就包括了很多看着令人摸不着头脑的缩写，比如 OLS、ARMA、ARIMA 等，也有很多乍一看并不会被认为是经济学研究领域的名词，比如白噪声、时间序列、多重共线性、差分整合移动平均自回归模型等。

如果脱离现实生活和真实的案例去理解，那是枯燥而乏味的，但如果能通过和实际相结合去理解，不但会很有趣，也更容易留下深刻的印象。

作为一门需要进行大量数据分析和计算的学科，数学在经济学的学习过程中具有十分重要的意义，并且学好数学会对学习、研究和理解经济学问题起到积极作用。所以在本科阶段，经济学专业的学生也会被要求学习数学相关的课程，包括线性代数、微积分和概率论等，有不少同学甚至会将数学作为辅修课程，学习更多数学知识，以支撑主修课程的学习。

专业课除了日常由老师按照教材进行授课之外，每周还会安排一到两次习题课，由助教给我们评讲作业和解答问题。助教一般是专业课的授课老师带的研究生或者博士生。

在进行经济学相关研究的时候，会用到一些专业的分析软件。由于计量经济学研究的核心是设计模型、收集资料、估计模型、检验模型、应用模型，常常会需要用到一款名为 Eviews 来完成相关研究任务。此外，在进行研究数据分析处理时，也会使用 Stata、SPSS 或者 R 等软件。

在最初学习使用软件时，老师会把我们带到电脑机房进行授课，并通过线上操作教学和指导我们上机操作，让我们掌握基本的操作方法，并会在课后作业中布置需要用到软件完成的作业题目或者研究课题，期末也通常会专门设置上机操作的考试，考查对软件操作的熟练度和规范性。

除了软件操作考试和课题汇报，经济学相关专业课的考试多以闭卷为主。计算型的题目，就是要求进行计算和作图，这部分比较具有挑战性的是计算量，因为日常在做作业和进行课题研究的时候，是可以使用电脑软件，软件有内置公式，很快就能得出答案，但考试的时候只能使用计算器，需要背熟相关公式且能够自如地选取适用的特定公式来解题，而在概率相关考试中，甚至还需要做到能够熟练地查表取数，确定置信区间；而分析论述型的题目则一般会给出一个案例，需要认真阅读案例并围绕案例进行经济学分析，比如说如何运用博弈论寻求纳什均衡最优解等，有时候也会从真实的研究报告或者学术论文中节选出数据和内容，分析通过相关数据可以得出怎样的结论，或者判断通过给定的数据得出的结论是否具有充分的依据，存在什么缺陷和欠考虑的地方，以及可信度如何等。

虽然考试都有一定难度，但是平常认真学习和完成作业的话，还是会取得好成绩的。

记得在大一的微观经济学期中考试中，老师别出心裁地设计了一道题，需要每个人写出参加这次期中考试的机会成本是什么，有同学的回答令人忍俊不禁——参加这次考试令他错过了当天和女朋友约会的机会，还被老师在讲评试卷时作为优秀解答念了出来，并且还评论道，有得必有失，这就是机会成本的本质，失者为得者的机会成本。

如果想要学好经济学，多阅读一些经济学相关的刊物也是大有助益的，比如上学时，在老师的大力推荐下，我时常会去图书馆的报纸杂志区翻看《经济学人》，有时候也会阅读电子版或者听有声书，既能了解最新的经济动态和评论分析，同时又锻炼了英语阅读水平。

我们经济学系的系主任每年都会参与澳门特区政府的经济数据研究，结合历年的经济数据对下一年的经济发展进行合理的预测，并提出发展建议。

总体来说，经济学是相对来说比较容易就业的学科，发展前景好，可选择的职业方向较多。

可以从事的职业有金融、房地产、商贸等行业，很多同学毕业后进入企业、四大会计师事务所、政府单位和研究机构从事经济分析、预测、规划工作。本科阶段学习的知识能够学以致用，并在工作中加深理解，毕竟经济与每个人的生活息息相关。

金融学：
小镇做题家可以学金融吗？

文 / 祁天

最近有个词很火，叫作小镇做题家。指的是没有显赫的家庭背景和社会资源，仅仅靠个人的埋头苦读，通过高考进入一流院校的学生。他们没有丰富的见识，没有创新的思维，有的仅是靠少时的自律苦读，来到了一个父辈未曾到达的平台。他们来自小县城，父母教育程度不高，身边的同学不是早早辍学打工，就是在高职高专混日子。对小镇做题家的前半生而言，金融不过是去银行进行存钱、取钱的活动，再或者就是周遭亲戚被人"骗"买保险，亏了股票。

这些都是最浅显的金融表面现象。金融是这些吗？当然不是，金融可以很深奥也可以很浅显，深奥到斯里兰卡的政府垮台，浅显到欧元与美元持平。金融很有故事，但它不比数学、哲学、历史类的课程，数学、哲学、历史有着史诗般的历史，金融一词最早由梁启超在 1902 年的《新民丛报》引入，我国第一个期货交易所还是个 90 后。

当一个学科历史不长，不正是后辈可以大放光彩的时刻吗？所以网络上所谓的学金融要考虑家庭背景之类的话，不要全盘相信。金融的魅力在于只要你学得精且专，能得到比其他专业更为丰厚的报酬。从金融行业的平均薪酬一直和互联网薪酬你追我赶的情况可见一斑。毕竟之前网络曾爆料中金公司员工月薪 8 万。即便进不去顶尖的投行和监管机构，考个公务员，进事业单位或者国企，也能过上老婆孩子热炕头的日子。

但是金融并不适合所有人，金融更加适合数理基础好的，静若处子、动若脱兔的人。因为金融不同于医学和法学，学习金融不可能像医学和计算机专业的同学如蘑菇般长在实验室，与这些重知识轻社交的专业相比，金融专业需要经常"动"，这些"动"在于去实习，去考证，去打比赛。四年期间，学习金融不可能有高中那种心无旁骛的读书氛围。所以，金融更加需要"聪明"的同学，简单来说，就是学习效率更高的同学，死读书在金融专业是不受欢迎的。

学习金融要有两个心理准备：第一，金融的考研难度非常高。金融专业是考研的热门专业，同时在跨考范围选择里也是个香饽饽，各个专业的同学都来考金融，竞争激烈，农学专业252分可以深造读研，金融专业却要360分。另外，研究生分为学硕和专硕，别的专业同学都有两个选择，因为对于其他专业而言，这两个学费相近。但金融专业没有，金融专硕年学费低于5万少之又少，而学硕专业跨考热门且分数高，可谓是千军万马过独木桥。第二，金融是一个万金油，它没有直观的就业优势。本科的金融，如果没有和别的专业诸如计算机结合起来学，工作初期只能做一些基础岗位，如银行柜员和证券客服。金融本科生找工作，完全没有会计专业的学生吃香。当然，考公务员和事业单位，那自然还是万金油专业更为吃香。这也是金融专业隐藏的小优势。

目前大学教育趋于一种基础教育，你能够学习的只是浅显的基础知识。这些基础知识在你走入社会后，从事不相干专业时，对你一点点帮助都没有。就像你去小卖部买"钟薛高"也用不上泛函分析一样，当然吃"雪莲"的时候让你解决了思索已久的学术问题另当别论。你知道这个世界运行的浅显规律，你也不能改变这个世界。所以如果你只是一个学习不够专精的金融本科生，毕业后直白地说，如果没有父辈的庇护，金融什么都给不了你。

天下熙熙，皆为利来；天下攘攘，皆为利往。系统地学习金融学，就能够更好地认识这个世界价格和价值的变化规律。金融是一个文理皆收，分支众多的学科，如：金融学、保险学、投资学、金融工程、信用管理等等（以我们学校金融院分支介绍）。但是无论选择金融学的何种细分专业就读，微观经济学和宏观经济学都是躲不过的基础课程。微观经济学就是从家庭、企业、市场出发研究经济活动，宏观经济学是从国民经济总体出发研究通货膨胀、就业和失业等等经济活动的影响。这两门初级的基础学课程都有着很强的假设性，随着未来学习的逐步加深，假设条件渐渐放开，数理要求逐步加深，金融学是一门最不像文科的课程，数学分析、高等代数和数理统计样样都要学透，三天打鱼两天晒网是碰不到金融学的石榴裙的。

未来的金融注定更加欢迎数理能力更强的小镇做题家们，因为数理能力越强，越能计算出未来经济的某种趋势，用公式来算出股票跌涨的规律。文学使我们构思，理学使我们实现。保险的赔付需要精算师去计算，证券买入卖出的最佳时机和数量需要研究员去计算。我们需要一个公式，需要一种算法，它可以更加客观不带任何感情色彩，最大程度规避系统风险。金融是一门年轻的学科，它不像哲学，有着悠久的历史。正因为它还年轻，无数人利用数理知识，靠金融赚得盆满钵满，华尔街玩金融的大部分也都是数学出身。

但是金融虽然表面看似风风光光，实际上朴实无华。你以为的金融人是华尔街下午茶精英，现实中的金融人是银行柜台轮转三年起步。每一门学科都饱含着故事，比如金融学的同学骂人从来都是说，是不是"智障"？如果深究我们不文雅，那可错了，因为我们讲的可是"滞涨"，那是通货膨胀发生的一种极其危险的情况。每每学到"滞涨"这个名词的时候，同学们起哄，老师重复解释，瞌睡的同学精神百倍，教室一片欢声笑语，好不快活。学习金融学可以使人更加睿智。可以这么说，学习金融学的学生，在社会上几乎很难被骗，毕竟保险、期货、证券大学期间相关的知识那可是倒背如流，更别说大学期间就在那些机构实习的人。行家骗行家吗？

金融经常被人比喻为什么都学，但什么都不擅长的万金油。但俗话说，师傅领进门，修行在个人。当中国的大学教育已经趋于教授某一领域的基础知识，任何专业都可能是万金油，金融学的同学参加的学科竞赛杂且多，大学生英语竞赛和数学竞赛、金融领域的比赛、创新创业大赛，甚至于计算机比赛都经常能见到金融学同学的身影。但是这些不是学业不精的表现，学得杂但是不深，其实赋予了更多的选择机会。当你想转行的时候，金融给你最大的助力，就是不会像医学专业一样让一句"学都学了那么多年"阻碍你人生的转弯。学习金融最大的好处就是不会让你和社会脱节，金融一直是与科技息息相关。当你增长了更多各方面的见识，就可以在众多的领域中，真正找到并抓住你最愿意奋斗终身的行业去奋斗。

学长学姐有话说

读经济学是一种怎样的体验?

经济学

经济学是一个很现实的学科,说白了就是研究市场怎么运作,学习怎么做生意赚钱。但是大学课程比较理论化,距离实操还是有很长的路程的。一般不限制文理科。

经济学专业比较偏重理论研究,并不太强调社会关系之类的能力,比较适合脚踏实地、立志于研究工作的学生报考。还有就是数学一定要好,考验一个人对数字的敏感度。

在就业方面,近几年,职场上对具备硕士以上学历的高端经济学专业人才需求更为迫切,对本科毕业生的需求相对饱和,很有可能大学毕业即失业,考研比较好。

研究生就业前景比较广,可以去银行、保险公司、企事业单位、证券公司等单位从事相关工作。

财政学

财政学在经济学里就业还是不错的,毕业后主要从事公务员,或者进入税务事务所、会计师事务所、财务公司等服务性机构。这些机构对专业的要求比较高,能够进去这些机构,发展前景是非常好的。在这些机构,一般从事税务、审计等工作,可以培养扎实的财务和税收实操经验,以后的职业发展和薪资待遇都是不错的。

金融学

金融学和经贸学,虽然都和经济有关,但是研究内容是不同的,金融学侧重货币的发行、流通和回笼,贷款的发放和收回,存款的存入和提取,汇兑的往来等经济活动。经贸学更聚焦商业行为等动态领域的研究。

经济学

学经济的男女比例还算协调,专业就读男女比例大约在4∶6。

法学大类

法学类
法学、知识产权、监狱学、信用风险管理与法律防控、国际经贸规则、司法警察学、社区矫正、纪检监察

政治学类
政治学与行政学、国际政治、外交学、国际事务与国际关系、政治学、经济学与哲学、国际组织与全球治理

社会学类
社会学、社会工作、人类学、女性学、家政学、老年学、社会政策

民族学类
民族学

马克思主义理论类
科学社会主义、中国共产党历史、思想政治教育、马克思主义理论

公安学类
治安学、侦查学、边防管理、禁毒学、警犬技术、经济犯罪侦查、边防指挥、消防指挥、警卫学、公安情报学、犯罪学、公安管理学、涉外警务、国内安全保卫、警务指挥与战术、技术侦查学、海警执法、公安政治工作、移民管理、出入境管理、反恐警务、消防政治工作、铁路警务

法学：
在秃头的路上高歌猛进

文 / 橙橙

和小说里从少年时代就想学法当律师的主人公不同，在被分进法学专业之前，我从来都没有想过要与自己朝夕相处四年的专业竟然是法学。毕竟在报志愿时，我和闺蜜还凑在一起得出"劝人学医，天打雷劈；劝人学法，千刀万剐"的结论。然而世事难料，我最后学了法学，闺蜜也不甘人后，投入了医学的怀抱。学法至今已有三年，如今，我也有资格来谈谈学法到底是个什么滋味了。

问：学法的最初体验？

答：刚刚上大一时就赶上了法学界的大事件，即《中华人民共和国民法典》在人民代表大会上予以通过，《中华人民共和国民法通则》退出历史舞台。这带给我的最大影响就是，学哥学姐的便宜二手教科书通通沦为泡影，我们只能买最新版的升级过的2.0版教科书。

出巨资买完教科书后，我惊喜地发现，几本教科书加一起的厚度，丝毫不比医学生的薄，放进书包里，我能十分清晰地感受到知识带给我的重量。

问：学法是不是就死记硬背法条？

答：刚刚学法的我像大多数人一样，认为学法就是死记硬背，把所有法条背下来就行。这其实是大错特错的想法，尤其现在的一些电视剧更是误导了大家。比如女主去应聘检察官，面试时说自己能背出所有法条，看到这里我还忍得住，毕竟世界之大，总会有一两个记忆超群的人。但是接下来面试官的台词居然是，背下全部法条不是最基础的吗？看到这里，剧情已经严重脱离事实了，所以建议真想学法的同学少看一些与法律有关的电视剧。学法并不要求你能背下全部法条，相反，学法要求的是你能很好地理解法条，能在实际案例中分辨出是应该用此法条还是彼法条。如果你记忆力惊人，能背下所有法条，当然是个好事，在试卷上你可以有底气地旁征博引各种法条，丰富你的答题内容。

问：法学平时都学些什么？

答：法学是一个很专业、很系统化的学科，当代中国的法律体系通常包括：宪法、行政法、民法、商法、经济法、劳动与社会保障法、自然资源与环境保护法、刑法、诉讼与非诉讼程序法、军事法。大部分学校的法学专业课程都会涉及上述内容，可以说只多不少。第一个学期通常先学习宪法、民法总则和刑法总则等偏理论化的内容。等到学生构建起基本的法学体系后，才会学习民法分则和刑法分则、商法、诉讼法等较贴近生活的内容。

法学的理论学习与实践学习同样重要，只有很好地明白法条背后的法理，才能在实际处理案件时游刃有余。

另外，值得一提的是，当你的同学被高数线代折磨得生不如死的时候，你可以轻描淡写地回他们一句——哦，我不用学这些呢。所以对于一支笔、一杯茶、一道数学题做一天的同学来说，法学是你的不二选择，因为学法不用学数学！

问：法学期末考点什么？

答：有一句很有名的调侃是"只要专业选得好，年年期末赛高考"，非常不幸的是，法学生的期末就属于"年年赛高考"。你见过凌晨四点的太阳吗？我没见过，但是我见过凌晨人满为患的自习室，仔细一看，竟都是学法的兄弟姐妹齐聚一堂。虽然前文说过，学法并不是要背下所有的法律条文，但是有些法律专业术语你必须背下来，不然答卷的时候，就你一人满篇大白话，老师很可能会把你写的"神来之笔"当成下一年度的教学案例。

一到期末，经常会有学弟学妹来问我各个部门法的期末考试的题型。题型倒是很固定，不论是哪个部门法，都是单选、多选、简答、论述和案例分析。有些老师对学生的要求比较高，他不会把单选和多选区分开，而是笼统地定义为"不定项选择"，所以多看教科书以及能很好地理解和掌握法条真的很重要。

问：有没有印象深刻的案例？

答：印象最深的一个案例分析是婚姻与家庭继承法的案例。一个案例既要考查婚姻法的有关内容，又要考查继承法的知识，所以光是案件涉及的人物就多达十五个。复杂的家庭关系，豪门的继承纠纷，不要眨眼，这真的是期末考试试卷上的题。

花心的爸爸娶了又离，叛逆的儿子玩摩托车命丧当场，新嫁进来的继母拖家带口，早逝的女儿留下一个外孙女，早年相助的好友如今急需用钱……答题时我以为我来到十二点档电视剧——《豪门恩怨》。现在，突然，爸爸在医院一命呜呼，留下十五亿的遗产和一个菜鸟律师，也就是答题的你。

案例就一个问题——如何分配遗产？我吭哧吭哧写了三页 A4 纸才勉强写完，同时心里暗暗发誓，以后再也不想看豪门题材的电视剧了。

问：学法的日常活动？

答：法学学科的专业性比较强，因此学院组织的活动也带有极强的专业性。模拟法庭当然是最经典的活动，甚至还会有专门的模拟法庭课程供我们学习。平日里学院会邀请一些在法学领域颇有建树的学者举行一系列的相关讲座。近期讲座的内容多涉及知识产权法，每次听都会有不一样的收获。还有定期举办的法律诊所活动，由于疫情，近期的法律诊所都是在线上举办，但是我有幸参加过线下的法律诊所活动。一般是在小区的广场支几个折叠帐篷，老师和一些已经工作的律师学哥学姐会免费解答小区居民的一些法律问题，给出专业的法律建议。我们本科生就在旁边做记录或者进行普法宣传。

除此之外，法学生的身影还会出现在各种辩论比赛中，学校辩论队总是爱从法学院抓人。因为学法的一个隐藏优势就是——连吵架都吵得比别人更有理有据。吵架过后总是觉得自己没发挥好？不要犹豫，来学法吧，法学生的逻辑思维好到超乎你想象。

问：学法的一些后遗症？

答：1.在看一个新闻或电视情节有涉及犯罪方面的，不知道大家在第一时间会想些什么。在闺蜜为帅气的反派男二掉眼泪时，我最先想到的竟然是，好家伙，他可真"刑"，他犯这些罪，这得判几年啊。

2.收到微信红包时，总是会回一句，谢谢亲爱的节日祝福，因为老师讲了，这算赠予，别人没法再把钱要回去。

3.头上的头发越来越少，但是寝室地上的头发越来越多。不过只要头还没秃，就觉得自己还能继续学。和室友淘宝分享最多的日用好物是防脱洗发水和生发液。

4.案例总是挑战极限，不是一个老板五个孩子，老板离婚又结婚，就是男子深夜翻进妙龄女子家中欲行不轨之事，发现女子变男子。

问：学法的体验？

答：在选择学法之后，很多亲戚同学都不理解我为什么选了一个红牌专业，毕业就等着失业；也不明白为什么我选择了一个要参加号称最难考的司法考试的学科。

虽然一脚跨入了天坑专业，但是学习了三年之后，我觉得法学还有救。可以说，法学是一门关

<u>于善良与公平的艺术</u>。三年前,学习法律的小王,以一己之力让迪士尼改变不合理规则,同意游客能带一些食物入园。当你真正能用法律武器捍卫自己的合法权利不受侵害时;当你直面社会黑暗却仍能坚守公平正义时;当你用法律武器帮助别人解决生活中的问题时……每当这时,我都会由衷地发出感慨——学法真好。

在我的身边围绕着一群说话做事讲道理有逻辑的同学,他们对公平正义的追求远胜其他人,他们有理想有抱负,希望自己能对国家的法治建设作出更大贡献。身处这个群体,你会不由自主地更加上进,你没时间长吁短叹,也没空摸鱼摆烂,因为心中的目标始终鞭策着你不断前行。

最后,我想说,大一开学前的我幻想能遇到一个何以琛,大三读完的我觉得张益达也挺好的。在学法的第一节课上,老师在黑板上写下了这样一句话——怀民生疾苦,护八方公平。这十个字,凝聚的是每个法律人的初心和使命。尽管学法之路可能枯燥乏味,但仍有许多理由能将你留在法学这个专业。就像我现在依然满怀希望,背着沉重的书包,在法学这条秃头的路上高歌猛进。

社会工作:
它会给你一种新的思维方式

文 / 卧猫藏狗

这世界上的许多专业都能教给你一些对社会有用的本事,致力于把你培养成一名合格的社会建设的参与者。法律专业教给你如何运用法律维护权益,英语专业直接教给你一门语言,师范专业则让你学会教书育人。而能教你如何成为一个更好的人,并如何更好地帮助人的,则是一个你可能没怎么听说过的专业:社会工作。

每个人都有陷入困境的时候,每个时候都有陷入困境的人,但是要帮助一个人走出困境却绝不是件容易的事。失去亲人的孩子,因父母离婚而叛逆自毁的少年,遭遇性暴力的女性,充满争吵与拳脚的家庭,老而无依的鳏寡老人……假若你对生活有所留意,偶尔也从你的课本、偶像剧和手机游戏里抬头看一眼这个世界,你就会发现原来人世间存在这么多各种各样的不幸。你无法视而不见,你想对他们伸出援手,却无能为力。而且,你还担心,贸然的插手,可能会增加这些身处困境的人的痛苦。这样的问题很多年前就困扰着人类，于是前人设立了社会工作这个专业，专门解决如何帮助人这个问题。

倘若你关心社会痛点，经常思考社会问题，非常愿意去帮助弱势群体，那么你可以考虑就读这个专业，尝试从"助人为乐"走向"助人为业"。如果你还想知道更多关于这个专业的信息，那么请往下读，我会告诉你更多信息。

了解一个专业的最好办法之一，就是看看这个专业的课程都有哪些。社会工作作为社会学门类的分支学科，首先要学习的就是社会学、社会研究方法和社会统计学这三门基础学科，以便你了解这个社会。社会心理学、人类行为与社会环境等课程则帮助你了解个体和群体。社会政策和社会保障课程可以帮你深刻体会和理解社会工作在社会保障中的地位，教会你如何应用政策去帮助弱势群体。专业课程则是个案工作、小组工作和社区工作等专业工作方法，另外还有探讨专业价值和伦理问题的社会工作伦理课和教给你常用法律法规的社会工作法律法规课。

不同的学校，学院还会为这个专业设置不同的辅助选修课程，如公共关系、民法和计算机等课程，但基本都以上述课程为主要学习内容。

该专业所学知识多应用于弱势群体救助、公益组织管理、公益活动组织策划执行等公益领域，始终专注于思考如何更好地帮助人，并且和心理学一样热衷于探索人是如何成为人这样的问题，关心人的心理和社会化过程。

部分毕业生会进入社会工作机构等非营利组织从事一线社会工作，优秀者也可进入基金会等公益机构成为项目专员，负责公益组织的管理或公益活动的策划执行工作。在国内知名NGO网站上可查看到大量社会工作专业人才岗位，几乎所有公益组织都需要社会工作人才。很多毕业生也会选择参加国考省考成为公务员，或者考取教师资格证成为教师。转专业从事行政、人力资源管理、心理咨询师和销售等工作的也大有人在。其就业面不算太窄，但也不宽。

在香港，该专业属于比计算机行业平均薪水都要高的行业。而在大陆，目前在深圳、广州等珠三角地区发展势头良好，在上海、北京也已有十来年的发展历程。多地的社会工作行业都在逐渐兴起，高端社会工作专业人才属于奇缺状态。在今天的部分高校里，社会工作专业教师的招聘标准甚至放宽到了硕士学位（通常只有博士才能进入高校教书）。但该行业的一线工作者平均薪水并不高，加上当前社会保障的不完善，社会工作者的工作会比较辛苦。建议有志者可以读研深造，成为研究者或组织中层管理人员，或是选择研究生阶段改专业，攻读心理学做心理咨询师、读教育学当教师或者学法律做律师都是不错的选择。其本科生阶段的学习对跨这几类专业考研有一定帮助。

尽管钱景不是特别理想，但社会工作是一种特别能给人价值感的专业和工作，也会给你很多机会完善自我和做道德实践。倘若经济上没有什么顾虑，或者想看看人生的另一种可能，都可以考虑就读该专业或从事这一行。

和很多文科专业一样，它会给你新的思维方式和思考工具，大量的文书和报告帮助你成为文书写作达人和报告高手，甚至能帮助你更好地探索自己，但并不能帮你学会一项拿得出手能在社会上谋生的技能。你的专业知识只在专业社工机构有用武之地，因此你没法像英语专业或计算机专业的同学一样靠专业技能兼职赚外快。期待自力更生独立自强的你需要另外培养一项技能去赚钱满足你额外的开销。我的许多同学因此先后成为各种家教高手、文案达人、翻译鬼才、导游新秀、游戏陪练、驻场歌手、微商专家……甚至还有一位同学成了半职业篮球裁判。

国际政治（国际政治经济学）：
在理想与现实之间

文 / 苏思蓓

我在北大读的是国际政治（国际政治经济学），属于国际关系学院。但一般，同学们说起自己专业时，都说念的是国际关系。各个学校对这个专业的叫法略有差异，但学习内容大同小异。今天我就给大家讲讲我们国际关系都学什么。

最简单的回答是：研究主权国家和其他国际社会行为体之间的关系。但对完全没接触过它的人来说，这样的答案还是太抽象、太空泛了些。其实在专业分类里，国际关系从属于政治学。打个生动的比方吧，如果说政治学是一棵参天大树，那么国际关系便是它长出的一根粗壮的藤蔓。让我们先纵观这棵树的全貌，再具体看看这根藤蔓的走势和纹理，或许这会帮助你对国际关系拥有更透彻的理解。

什么叫政治学？

亚里士多德认为，这是一门关于人如何共同生活的学问。而孔子认为，它包括统治者对国家的治理、官员对政令的执行和国民处理与家庭成员间的关系三方面。自古到今，许多学者都阐述了他们对政治的看法。被我们专业公认的一个定义是：政治学是探讨支配与被支配关系的学科。它研究这种支配关系存在的原因，表现的形式，还有它对社会的方方面面造成的影响。仔细想想不难发现，全球治理中有政治，企业和学校里有政治，班级的组织和管理离不开政治，甚至家庭生活也充满了政治关系。而国际关系这个专业的研究对象，顾名思义，就是全球范围内主权国家和其他国际社会行为体之间的关系。

因此，国际关系专业的课程设置既涉及政治学的大背景，又具体到国际社会中的关系，探讨它的方方面面，包括政治，也包括经济、文化、生态等等。从纵向的角度看，我们会研究国际关系的发展历史，在时光的长河中探讨它的变化；从横向的角度看，我们会研究不同地域的国际关系，其中既有冲突不断的中东和北非，也有看似太平的大洋洲。前者如外交史、中华人民共和国对外关系史，后者如东欧政治与经济、西欧政治与经济。学过这些课程，读过推荐书目，进行过相关的研究，并有自己深入的思考，对这个学科就算初步入门了。

说到这里，许多人可能会觉得，既然算政治学的一个分支，国际关系一定非常无聊吧。毕竟，很多人对政治学的印象，就是枯燥的文件语言，还有许许多多需要背诵的段落。其实不然，如果让我对它做个概括，我会说：这是一门在理想与现实之间游走的学科。

理想主义和现实主义，正是国际关系的两个重要学派。理想主义的学者认为，各国可以共同努力，形成公平、正义的世界秩序，和平相处，发展繁荣。而现实主义的学者认为，国家间的关系是由国家利益决定的，有利益的地方一定有纷争，和平是短暂的，冲突是永恒的。诚然，争夺权力和利益或许是人的天性所在，但联合国等国际组织的建立、国际协商平台的创建，也确实起到了遏制这些"恶"的作用，促进了世界的和平与发展。不过，从种种争端来看，这样的作用还是不够的，我们需要寻找更好的平衡点，争取做到既脚踏实地、立足现实，又踮起脚尖，尝试接近梦幻的理想。

时刻注意平衡理想与现实，是国际关系人身上的重要特征。在社团活动中，我接触过许多其他院系的人。我发现，不同学科的教育会在一个人身上刻下深深的烙印。中文、哲学、艺术等学科多才子佳人，他们怀揣着一颗浪漫主义的心，沉浸在书画构成的一方小天地里，追寻那梦里的桃花源。而经济学院、光华管理学院的学生多是未来的都市精英，他们笃信理性思维的万能，制定目标并不断前行，意在实现丰厚的物质生活。而国际关系专业的朋友们，大都在理想和现实的抉择间秉持了中庸的态度，他们心怀对世界、社会和个人生活玫瑰色的愿景，但同时也会认清目前的处境，寻求妥协和折中。我想，这无论对未来更好地融入社会，还是培养不以物喜、不以己悲的人生态度，都有着深远的意义。

在北大，国际关系学院有四大"养老院"之一的称号。与奥赛大神云集的数学学院、需要天天泡在实验室的物理学院、化学学院、生命科学学院相比，国际关系学院的学习生活无疑更自由、更丰富。国关的自由，在于我们有更多可供自己支配的时间，无论你想创作小说，还是参与社会活动，或者与其他院系合作做研究、打比赛，无数的可能性都能在这里得到满足；国关的丰富，是因为这门学科的综合性促使我们去修习更多感兴趣的课程，在不同领域和国关的结合点上找到属于自己的一方天地。比如，我就因为发现自己在经济学、数学上有一定的兴趣和优势，选择将国际政治经济学作为研究的方向，并且学了很多数学、计算机的课程，用建模的方法研究国际关系，撰写了本科和硕士的毕业论文。

虽然名为"养老院"，但因为同学们都在读书期间找到了未来的事业方向，并一直为之努力，所以毕业后的去向都还不错。与国际关系专业直接对口的岗位不多，如外交部、中联部的公务员，国际关系研究院的研究工作，或者报纸国际版的记者、相关出版社的编辑、中学的政治老师。不过，同学们的职业轨迹远远不止于此。有的同学在互联网行业做产品经理，有的同学在汽车行业做舆情分析，有的同学在游戏公司做海外广告投放……无论从事什么工作，国关专业严谨的学术训练和开阔的眼界，都会帮助他们发出自己的光。

国际关系是一门看似高远的学问，乍一看名字，让人不知道它与我们的生活有什么相通之处。但在经济全球化、信息交流日益频繁的当下，国家间交往越来越多，也越来越深入，了解国际关系知识开始被各行各业的人提上日程。而国关人从中学到最重要的东西，并不是那些概念、理论、历史和学派本身，而是看问题的世界眼光，还有平衡理想与现实的中庸之道。正是这些耳濡目染、潜移默化的事物，使我们活出了无可替代的精彩。

侦查学：
对选择负责

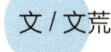
文 / 文荒

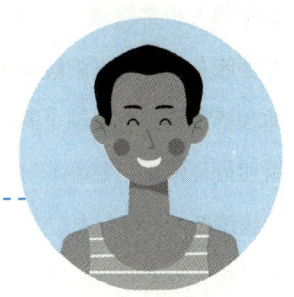

每当和别人说起我在读侦查专业时，大家的第一反应往往是："看来你是公安大学的学生呀！"其实除了公安院校外，许多政法类院校也设有侦查学专业，比如我所就读的中国政法大学就在刑事

司法学院下开设了侦查班。

出于对侦查学的强烈好奇以及希望能从事相关工作的考虑，我选择了侦查学作为我的第二专业。目前我的第一专业（法学）已经通过，第二专业的课程也仅差几个学分就要修读完毕，成绩比较理想。因此，我认为我可以比较全面地对法大侦查专业进行较为客观的介绍。

必须在一开始就向有意向报考本校本专业的同学们说明：法大的法学学科极其强势！这无疑是一把双刃剑，属于四大法学院管理的学生人数远超其他学院，"法学专业"和"非法专业"似乎有着很明显的差异。举一个具有代表性的例子，大部分非法学专业的学生会在大二时申请4+1（双专业双学位），所申请的第二专业一般都是法学；而大部分法学专业的同学并不申请4+1或通过更为宽松的辅修去学习感兴趣的其他专业知识。4+1在一定程度上给予调剂到其他专业或来到法大后对法学产生兴趣的同学们一次很好的学习机会，也给了法学专业的同学们一次思考自己究竟适不适合学习法学的契机，有助于同学们发现自己真正擅长或热爱的方向。

但是，对今年及以后的学生而言，法大的4+1制度已经不复存在了，这就意味着至少在规定改变之前，非法学专业的新生失去了通过4+1的渠道在毕业时拿到法学学士学位并参加法考的机会。而另一个现实是，尽管侦查班属于刑司院管理且毕业后可以拿到法学学士学位，但在新的法考政策出台后无法如法学专业的同学那样在大四上学期报考法考。

法大的侦查学有非常特色的一面，教学内容与法学学科高度关联，对法学理论基础的要求高于公安院校，需要修读法理学、宪法、刑法、刑事诉讼法等专业课，但在其他部门法等的学习上与法学专业有较大差距；在侦查学的学习上大多采用的是本校专门编写的教材，体系与其他公安院校有所不同，侧重点也不尽相同；在身体素质上要求不高，和法学专业对身体的要求基本一致。虽然**在教学中开设了警体技能课，但是这一门课属于专业选修课，并不强制参与**。单论身体素质，大部分学生都达不到公安院校学生的水平。这就意味着，考研的方向也比较受限，如果没有保研成功，考本校面临研究生名额少的问题，考外校则需要重新学习大量的新知识。除此之外，法大的侦查学毕业生到目前为止都是不可以参加公安联考的。并不是说从法大毕业不能进入公安系统，只是概率会大大降低。如果你立志进入公安系统成为一名优秀的人民警察，欢迎报考中国人民公安大学。

虽然如此，我本人还是非常喜欢法大的侦查学的，理由如下：

第一，侦查班每届只有一个，这就意味着学生不多、班级黏性大、上下年级间联系频繁以及和老师更为亲近。这是法学专业的大部分同学不太容易体验到的，许多比较内向或者参加学术活动较少的同学直到毕业也没有和老师说上过几句话,更别提深入交流了。

第二,侦查学的课程比法学课程更易懂、好学,学到的知识比较广泛,法医学、司法鉴定学总论、数据恢复等课程都非常有意思。看电视剧看小说的时候轻松捉虫,玩剧本杀的时候逻辑日益缜密,对异常情况反应速度大大提高等等,都给了我简单的快乐。也有同学认为课程空洞或者比较水,但是只要肯学、只要感兴趣,向老师请教并利用课余时间挖掘图书馆馆藏和学术论文,学到丰富的知识是非常容易的。与侦查学相比,本校的法学课程确实偏难,70分就算小挂的专业必修课常常出现均分六十多的惨淡景象,对法学的热爱与否以及对未来的职业规划是否清晰都会影响到日常的心态,如果陷入一种很焦虑和时刻感到自己非常失败的情绪旋涡之中,容易被"卷"到去看心理医生。而侦查的必修课通常给分比较友好,同学们只要认真复习认真参加考试挂科概率就比较小。

第三,对成为一名一线刑侦人员没有执念但对侦查学感兴趣,身体素质达不到公安院校的标准或担心面临严格的体能考验,可以考虑一下法大的侦查学。一些做刑辩的律师团队和检察机关等对法大侦查学的毕业生有需求,侦查专业所学的相当多的知识是大部分法学生不具备的,在一些需要专业知识背景和侦查思路的案件中,侦查学的知识背景能够助力更快更准确地发现问题、提出思路、审查对方给出的专业文书等。但是从事法律行业需通过法考,因此,法学的研究生文凭还是非常重要的,在法大读侦查学的研究生是可以拿到能够参加法考的法学学位的。

或许这篇文章读起来并不是那么振奋人心,但是此专业确有学习四年的价值,所学的知识会武装我们的大脑,并在生活中或早或晚地反馈出它的实用价值。开启大学生活后,大家基本上就是成年人了,即具有"完全民事行为能力",所做出的任何决定都要有为之承担后果的勇气。选择好的、适合自己的大学和专业很重要,但是做选择的时候谁也不能保证这四年是不是我们所期待的。因此,如果你看到这里还是对法大的侦查学专业抱有很强的好感,那我的建议是仔细思考利弊,勇敢选择并对自己负责。如果分数足够报法学专业,那请务必听师兄师姐一句劝:请报考法学专业!但是如果担心会被调剂,把侦查放在第二位也未必不是一个不错的选择。

学长学姐有话说

读**法学**是一种怎样的体验？

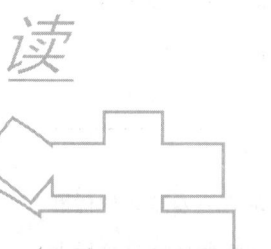

法学

专业门类学科很多很广很杂，本科期间没有细分的状况下各个部门法律都要学一些，不要求全部背会，但要求全部理解会用。

需要考证，各种考试，都卷得很。考研压力大，跨考没什么门槛，同样卷得很。

本科期间一般不会分部门法律深修，都是研究生阶段才分知识产权法、合同法、公司法、民商法等等，所学的方向不同，内容也有一定差异。

学习法学的过程是很枯燥的，文字很多，书上一个图片都没有，全靠自行想象和拆解。

知识产权

知识产权法是当前的热门专业。但是在知识产权法领域打出名堂的人，凤毛麟角。知识产权法专业一般比较倾向于理工背景的生源。因为知识产权中的专利法，涉及一点理工知识，理工背景相对来说好理解一些。从事知识产权行业是有前途的，特别是对于有理工科背景的复合型人才，但这并不是说没有理工科背景的就没有前途，在商标、版权、竞争法、商业秘密等细分领域，同样有很多专业的、优秀的人。

监狱学

提到监狱学，人们大都产生抵触心理。然而，监狱学专业的相关工作并不是大家想象的那样，其工作性质、薪资待遇都是比较可观的。毕业后可以在公、检、法或其他机关从事执法工作，可以在机关、企事业单位从事法律、安全等工作，在监狱、戒毒所、看守所、社会矫正机构、劳教所等单位从事心理矫正、罪犯改造、刑事教育等工作，大多数职位属于人们心中的"铁饭碗"。

司法警察学

司法警察学专业主要培养在保证审判、检察场所安全、提押嫌疑人以及强制执行等行为中行使的是对司法机关（法院、检察院）司法行为的辅助性职能，以及执勤训练、管理教育等方面工作的应用型高级专业人才。很绕口对不对，直白点说，就是要培养在司法机关里做警察的人。这个专业录取门槛比较高，体检和审核比较严格，适合对法律、政治、警察行为科学有兴趣的学生来读。

思想政治教育

思想政治教育专业，绝对的小众冷门专业，隶属于法学大类下的政治学门类，是专门培养具备马克思主义基本理论和思想政治教育专业知识，能在党政机关、学校、企事业单位从事思想政治工作的专门人才的专业。因此主要课程围绕政治学和教育学展开，包括马克思主义思想政治教育理论基础、思想政治道德观教育、伦理学、教育学、管理学、心理学基础、思想政治教育史、思想政治教育案例分析等。

毕业后大家通常会进入各种国家机关、高等院校、科研单位、新闻、出版等单位，或者是在企业从事管理干部、思想宣传工作，在中学当政治课老师。总体来讲，主要都是从事思想宣传工作和高校学生的教育管理工作，在就业面上，选择范围还是比较宽的。至于学习体验，大家都学过政治，自行体会。

民族学

民族学是研究民族的发生、发展和变化的专业，用两个成语形容民族学给我的感受："海纳百川""脚踏实地"。

它是个涵盖面非常广的社科专业，致力于探求人类与社会的内在与外在的联系，最终目的是希望我们了解所处的社会，有意识地去改造世界，追求人与自然真正的和谐相处。

这个专业最有特色的课程就是田野调查实训，我们有机会走进各个社区，深入调查当地的文化。在此期间我们会获得许多能力：社交访谈、资料收集、资料整理等。

政治学

课堂真的有点无聊，我也不知道自己为什么会选这个专业，每天看专业书都像在索命，看着班里那些很轻松很享受的小伙伴，感到迷茫。

政治学与行政学

学的过程怎么说呢，有时候会突然对社会有一些醒悟，但并没有什么用。

社会学

社会学治好了我的社恐，也消除掉中学时代校园霸凌带给我的阴影，但同样地，它也让我找工作变得很难。

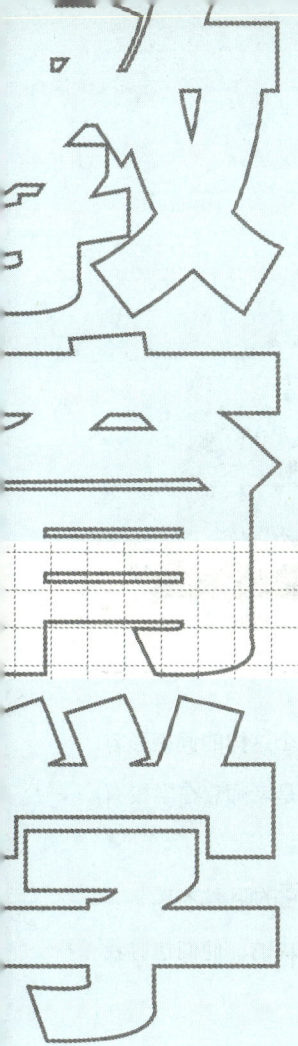

教育学大类

教育学类
教育学、科学教育、人文教育、教育技术学、艺术教育、学前教育、小学教育、特殊教育、华文教育、教育康复学、卫生教育、认知科学与技术、融合教育、劳动教育

体育学类
体育教育、运动训练、社会体育指导与管理、武术与民族传统体育、运动人体科学、运动康复、休闲体育、体能训练、冰雪运动、电子竞技运动与管理、智能体育工程、体育旅游、运动能力开发

教育学：
需要将专业知识和教育相结合

文 / 念衡

很多小说里都会用到书香门第、商贾世家等诸如此类的词语，如果非要用一个这样的词来形容我的家庭，那么应该是"师范之家"了。从小到大，我的身边离不开的一种人就是老师。在学校有老师，回家还有老师，就连出门旅游也有老师……

有句话叫"考考考，老师的法宝"，我可被这件法宝管得死死的，每天都活在它的阴影之下。

但人生总是很奇妙，在我成长路上遇到的许多难题，都是"老师们"帮我解决的，他们包容我的任性和幼稚，亦师亦友亦家人，既是恩师，也是至亲。

毕业录取时，我顺利被第一志愿录取，读了喜欢的师范学校和教育学专业。

教育学专业丰富多彩，学科琳琅满目，语文、数学、英语、化学、物理、生物、历史……还有小学教育和学前教育。

我学的是化学教育类，但师范类的专业除了专业课程以外，公共的课程都差不多。

大一的时候课程针对性不是特别强，所有的师范专业都要学习思想政治修养、大学英语、心理学、教育学、书写训练与板图板画等课程，唯一有差别的就是专业课程。我学的是无机化学，而历史教育专业的同学学的是中国现代史，最有意思的还要数小学教育和学前教育的同学，他们"琴棋书画"几乎都要学，有跳舞课、书法课、音乐课等，其他的专业也都各有特色，比如化学物理专业的师范生要上实验课，语文专业的师范生要练好"三笔字"（钢笔、毛笔、粉笔）等。

几乎在上每一门课时，老师们都会强调一句话——要将专业知识和教育相结合。换句话说，就是上课时，一定要时刻考虑学到的知识在未来应该怎样应用在你的课堂上。比如心理学的老师会描述很多的心理实验与心理现象，解释了很多我们平日里懂，但无法准确表述出来的现象，教育学的老师也一样。这两门课是所有教育类课程的基础，也是"教师资格证书"的必考科目，一定要通过这个证书的考试才有做老师的资格。

著名的社会学家斯宾塞曾经说过:"书本上的知识永远是纸上谈兵,掌握它们的最好方式有两种,一是传授给别人,二是拿它去实践。"

实践出真知,这句话是绝对的金句。

每个学期学院都会组织各系的同学去学校周边的中小学见习。

见习与实习不同,顾名思义,是参观类的实习。只是让师范生跳出以往学生的身份,以一名未来准教师的身份去学校体会环境,但需要做的工作也有很多,比如看管自习课,批改试卷和作业等。

大二的课程开始变得有针对性,有机化学、分析化学、教育测量与评价、班级管理学、课程与教学论、中小学生认知与学习等。这时有人会疑惑,既然是师范生,为什么要学复杂的化学课程呢?只研究透彻初高中的教材不就得了?

理论上是这样,但学习知识讲究融会贯通。如果你掌握了很复杂的化学反应,那么再讲起来简单的化学反应,是不是小菜一碟呢?而且学习一门学科,光掌握专业知识是不够的,最重要的是它们的思维方式,比如学习心理学教会了我们透过现象看本质,学习教育测量与评价告诉了我们如何分析试卷。还有些课程负责研究如何与中小学生进行沟通,管理班级也是一门学问……

经过大一和大二的适应,对相关知识和学校环境已经有了一定的了解,剩下的就是真正专业性的学习。大三新增微格教学、中学化学解题研究、中学化学课标与教材分析、教师语言、中学化学实验研究等课程。基本每天都围绕着初高中化学的教材进行学习,研究里面的实验、习题和知识点,分析题型、模式和解决方法,还有教授如何制作ppt和多媒体视频的现代教育技术课程。

大三时,师范生们就要开始正式踏上讲台,练习如何上好一门课,怎样设计板书。

记得第一次踏上讲台时,我的双腿是发抖的,手心里都是细汗,望着台下的同学,脸颊烫得不行。又练习了很多次后,才渐渐克服了困难,板书也写得规整许多。

我就读的化学教育类专业新增研究化学实验的课程,讲教材中的每一个知识点时尽量在课前都搭配一个几分钟的小实验,比如用高锰酸钾和浓硫酸设计的"魔棒点灯"实验,还有用硅酸钠和各种金属盐类设计的"水中花园"实验等,让学生更好地去理解知识点,也可以吸引学生的注意力。

大四会正式进入学校做实习教师,但大部分的师范生在大三甚至大二的时候就会外出做家教或去文化学校积累经验,如果能安排好时间,不耽误课程学习,也是很不错的选择。

上学如今几乎是每个人都要经历的事情,学校的数量也越建越多,那么师范生毕业后有怎样的就业选择方向呢？

一、考取教师资格证书，直接考入学校做老师。

二、考取硕士研究生后再考入学校做老师，或者去往其他的平台发展。

三、考取公务员。

有人说，社会中有四种职业是必须存在的：警察，医生，律师，还有老师。

确实，无论科技怎样发展，都很难制造出一种可以取代老师的人工智能。有血有肉有感情，不仅可以传授给孩子们知识，更重要的是能够教会他们如何做人，怎样处事。

能学习师范专业，有站上三尺讲台的机会，我感到很幸运。

特殊教育：
挖掘地球上的星星

文 / 冰冰碎

第一次了解到特殊教育专业是在高考前，当时想着这个专业真的太好了，可以和小朋友们相处，他们或许在身体、心理方面有一些障碍，但不妨碍他们可以成为一个优秀的、为社会做贡献的人。那这就需要特殊教育专业的老师来帮助他们，激发他们的潜能，发挥他们的能力。所以当我知道我的分数可以报考南京特殊教育师范学院的特殊教育专业时，我是真的很高兴。

问：特殊教育专业只能去特殊教育学校工作吗？出来都教哪些学生？

答：你好，我们专业毕业后可以去特殊教育学校、普通学校（资源教师）、特殊儿童康复机构、残联等单位。我们的学生都是有视力障碍、听力障碍、智力障碍、情绪行为异常、学习障碍、孤独症等的特殊儿童。

一般来说，视力障碍和听力障碍儿童是单独成班教学的。像我们专业大二会分方向，分为培智教育方向、听障教育方向等，近几年又专门开设了孤独症教育方向。培智方向主要培养从事智力障碍和孤独症教学的教师，虽然现在有专门的孤独症教育方向班，但是因为大部分特殊教育学校将智力障碍儿童和孤独症儿童一起合班教学，所以培智教育方向还是会学一部分孤独症方面的教学知识。听障教育方向比其余几个方向多学一年手语，因为他们基本上都是教听障学生，所以涉及其余方向的学科内容不多。

问：你们的工作是不是很轻松，没有升学压力？

答：这个就是一个常见的误解了。很多人觉得我们专业教的学生不需要考学，没有什么升学压力。但其实，我们所带的特殊学生也是可以通过残疾人单招上大学的。像我们学校就有招收听障考生、视障考生和轻度精神残障（自闭症）考生，主考试科目是语数外三门。他们同样要做大量的模拟卷，同样要每日复习功课，同样要学加减乘除三角函数，同样要背英语单词。

说句实话，带听障学生的老师不仅需要把基本学科知识教好，还需要用手语让学生理解知识。带视障生的老师也不能像普通教育教师一样，一眼十行地扫过卷子批改，他们需要细心地一字一字地翻译出学生所答内容。那些轻度精神障碍（自闭症）儿童可能会在普通学校随班就读，同样需要特殊教育专业出身的资源教师进行指导。这么说起来，我们特殊教育教师还是很辛苦的嘛。

问：培智教育方向学起来是不是更轻松一些？

答：在未分班之前，我也是这么想的，培智教育肯定最轻松，所教的学科知识不难。根据人教版义务教育实验教科书，我们的特殊学生到二年级下册才会教 1 加 1 等于 2 的算式，而普通学生在一年级上册就已要求学会 20 以内的进位加法。培智学校的学生只需要认识圆这个图形，而普通学生则需要学习计算圆的面积、周长。但是，经过几年的学习后，我发现，培智教育并没有像我想象的那样，因为所教知识简单，就降低了教学难度。

首先，我们会有反复的枯燥的教学训练。比如让学生认识人民币，我们需要学生能够做到找出人民币，知道人民币用途，会使用人民币，对于认知能力较低的学生，就要一直对他进行肢体辅助，言语辅助等。

其次，我们的教学可能不会有好的成效，有些学生可能你今天教过他，明天他就忘了学了什么。这学期教会了很多新字，暑假放假回家家长不继续教，就又全还给老师了，所以做培智教育教师可能会面临学生在你这里学了一个月一学期，跟开学来没有太大进步。这也导致培智教育教师缺乏成就感、心理压力大等问题。

最后，我们所教的学生可能一部分有攻击行为，他们并不是恶意的，但是无法控制自己的情绪和行为，所以我们培智教师多多少少身上会带一点伤，不过这也要看班上的学生情况。

问：那你学这个专业后悔吗？

答：不后悔。

我在上小学的时候，班上有一个智力障碍的学生，按照随班就读计划在我们班上课。按理来说他的状况是应该有资源教师指导看顾的，但我们班主任当时就只是让他坐在最后一排的角落，因为成绩不好，老师平时也不怎么管他，班上有一些学生笑话他是傻子，教他做一些不好的事情。我后来就在想，如果当时有专业的老师进行指导，我们班主任有特殊教育知识，可能他的情况会好很多。

问：你在学习的过程中，有没有感觉特别有趣的事情？

答：那当然有啊，就比如说我们必学的手语和盲文吧，虽然我们有分方向，但是这两门课作为核心专业课程，是每个同学必学的。我还记得我学手语时，因为手指不够灵活，好多手势打出来费劲，像五指捏合动作，我可以勉强将右手的五个手指头互相紧挨着捏在一起，而左手连掰都不能把五个指头掰在一起，只能四指合并，将大拇指放在中指上边。用手语和别人沟通时，不仅需要动作到位，表情也要到位。我们手语老师在教好看这个词的时候，造了个句子，说："那个男生可真好看啊！"一边打手势一边脸上做出赞叹的表情，当时全班学生都被老师的表情逗笑了。

学盲文时，有时候会傻乎乎地把字的顺序弄错了，因为我们要在纸的反面从右向左地反打盲文，将汉字拼音以点的形式打出来。如果打的时候心不在焉，很容易出错。不过出错的话也不要紧，我们平时用水笔写错字的话，会用涂改液将错字抹掉，那打盲文出错，就需要用盲文笔的圆头将打出的凸点磨平。还有就是，一定要熟悉汉字的拼音，说来惭愧，作为一个南方人，前后鼻音是一窍不通的，有时候打一段话，还得去查一查当中的字到底是前鼻音还是后鼻音，耽误不少时间。另外，现行盲文一般是不标声调的，所以有时你得根据前后文的内容来判断这个到底是什么字词。这让我们在翻译盲文的时候多了很多乐趣。

问：你在学校里有没有看到一些让你觉得很温暖的事？

答：有的！就比如说，我们学校有招收肢体障碍的学生，他们出行不是很方便，所以学校各处设置了无障碍通道。像我们的二食堂、澡堂、操场，地势较高，需要走台阶上去。虽然有坡道，但是这样难免会绕路。我们学校就建好了连接各个地方的天桥。而当初设立教学电梯时，考虑到视障学生看不到楼层号，所以每一处的电梯都设成能语音播报楼层号的电梯。这些小细节体现了我们学校"博爱"的精神。

其实，从事特教事业，就像是挖掘地球上的星星，每个孩子都有自己独特的光亮，要靠我们细心发掘，掸去他们身上的泥土，让他们的光芒显露出来。我很幸运能够做一个挖掘星星的人。

🔍 学长学姐有话说

读**教育学**是一种怎样的体验？

教育学

教育学类压力不大，课程丰富，很多对口院校和专业，就业方向单一稳定。主要就是当老师或者考公务员，是亲朋好友普遍支持去学的专业，想要当老师，考教师编的，学这个专业就很不错。门槛没有那么高，但是现在有些学校招老师都比较喜欢师范类的教育学专业出来的学生。

小学教育

教育学有很多方面，根据年龄段不同分为学前教育、小学教育，内容不同分为人文教育、科学教育、体育教育、特殊教育。不管是什么类型，都是永远不会过时的。教育是跨时代的，不会存在今天学，明天就不开设的情况，基本上不会失业。而且就业率挺高，无论是编制内还是编制外的，都相对稳定。只不过编制外的一些教育机构可能薪资水平会相对高一些。整体社会认可度高，喜欢安稳生活的，可以首选这个专业。

体育教育

体育学类重实践，学术科研接触少。综合大学里面的体育学专业更注重培养学生的全方面发展，探讨问题的维度比较多。专业性质决定了学生会很累，需要坚持和耐力。没有这方面特长和素质的，不建议报考。就业前景还行，大多数是当老师。

体育教育

体育类的专业比较特殊,很有可能以后做的工作和体育一点儿都不搭边,不过也无所谓,就是步入社会以后别让自己后悔。体育也不仅仅限于学校内的一些课程,包括竞技类体育运动培训教育、武术教育等,学得比较好的话,成为某一门类的专业教练也是很挣钱的。

教育技术学

教育技术学是教育学下的一个二级学科,专业设置的大致目的是服务于教育信息化。对口的工作是中小学信息技术教师。因为是教育类,也可以去考辅导员、考公。

很多人不太认可这个专业。首先是就业面窄、专业课学得杂、市场认可度不高,以至于面试每次都要给招聘者介绍自己的专业是什么。其次就是学习体验问题。因为课程涉及范围太广,包括教育学、传播学、程序设计、编导等,所以各课程学得内容不深。

因为比较冷门,它的高考录取分数线不高,我们班很多人都是被调剂过来的。相较于教育学或者学科教育,教育技术学考研也相对简单。

从我个人体验出发,我觉得,这个专业适合家底殷实有理想的人去学习,以推动教育发展。

文学大类

中国语言文学类
汉语言文学、汉语言、汉语国际教育、中国少数民族语言文学、古典文献学、应用语言学、秘书学、中国语言与文化、手语翻译

外国语言文学类
桑戈语、英语、俄语、德语、法语、西班牙语、阿拉伯语、日语、波斯语、朝鲜语、翻译、商务英语等104个专业

新闻传播学类
新闻学、广播电视学、广告学、传播学、编辑出版学、网络与新媒体、数字出版、时尚传播、国际新闻与传播、会展（交叉专业）

汉语言文学：
我们不培养作家

文 / 乐闲鱼儿

汉语言文学专业是不少同学心之向往的专业，试问，谁年轻的时候没有一颗搞文学创作的心呢？汉语言文学可能也是开设院校最多的专业之一，目前，全国有 500 多所院校开设了这个专业。那么，汉语言文学专业毕业究竟能不能当作家？汉语言文学专业学什么？汉语言文学专业就业前景如何？我们想通过几个问题，来揭开它的面纱，同时解开大家对汉语言文学较为常见的一些误解。

问：汉语言文学专业就是中文系？

答：很多时候，我们会把汉语言文学专业和中文系画等号，并且默认中文系毕业生能写会说。老一辈说某人有才情，可能就会说："他呀，当初可是中文系的大才子。"可是，在填报高考志愿时，你会发现——找不到中文系这个专业，只能找到汉语言文学专业。那么，中文系＝汉语言文学专业吗？其实不然。

中文系的一层含义是中国语言文学系的简称，它可以理解为大学里按专业性质设置的教学行政单位，譬如，北京大学中文系当属最知名的中文系。有时候在学校的院系介绍里，又找不到中文系三个字，这时候，找找学校里有没有文学院、人文学院、文学与新闻传播学院，应该会有收获。再往里面找找，你会发现，原来汉语言文学专业就在中文系里，或许它还会有其他兄弟专业，比如汉语国际教育等等。

中文系更重要的一层含义是中国语言文学类。《普通高等学校本科专业目录》把"专业"从大到小分为门类、专业类、专业，它们三者的关系是包含与被包含关系，门类＞专业类＞专业。你可以把从门类到专业想象成一棵树，树干上面有枝干，枝干上面有小树杈。具体到文学这一门类，中国语言文学类是文学门类伸出的一根枝干，汉语言文学则是中国语言文学类伸出的一根小树杈。汉语言文学还有其他兄弟姐妹，也在中国语言文学类这根枝干上，如汉语国际教育、中国少数民族语言文学等专业，但除汉语言文学专业外的其他专业相对小众，开设其他专业的院校相对较少。

应该说，中文系的含义是多层次的，但无论哪一种含义，都与汉语言文学不能够画等号，而是包含与被包含的关系。

问：汉语言文学专业毕业能不能当作家？

答：诚如前文所言，很多人选择汉语言文学专业是因为热爱读书，喜欢写作，心中有一个作家梦。然而，不得不泼一盆冷水，就读汉语言文学专业恐怕难圆作家梦。

十几年前，我上大学，我们班有一百多人，倒是没有正式做过调查，但掐指一算，少说也得有五十多人入学之前怀揣着作家梦。

甫一开学，作家梦就被老师打破，已经忘了是哪门课的老师，发出了如此振聋发聩的呼喊："我们汉语言文学专业，不培养作家！"

当然，*汉语言文学专业会设置与写作相关的课程*，比如我的母校西北大学就为本科生开设了写作、写作思维学导论、公文写作、论文写作等课程。*但是，在汉语言文学专业课程中，写作课程的占比较小*。而且课程的设置，各所院校之间会有差异，很难一概而论。更重要的是，设置汉语言文学专业的目的并不是培养作家。

汉语言文学专业不培养作家，那培养什么人呢？

官方的话讲："汉语言文学是一门普通高等学校本科专业，属中国语言文学类专业，基本修业年限为四年，授予文学学士学位。该专业学生主要学习汉语和中国文学方面的基本知识，受到有关理论、发展历史、研究现状等方面的系统教育和业务能力的基本训练，培养具备一定的文艺理论素养和系统的汉语言文学知识，能在新闻文艺出版部门、高校、科研机构和机关企事业单位从事文学评论、汉语言文学教学与研究工作，以及文化、宣传方面的实际工作的汉语言文学高级专门人才。"

说人话：*汉语言文学是本科专业，属于中国语言文学类专业，学制四年，达到要求毕业获得文学学士学位。*课程包括汉语和中国文学等知识，培养搞文学评论、汉语言教学和研究、文化宣传的人才。

也就是说，汉语言文学专业对口的行业包括传媒、新闻、出版、研究机构、一般机关单位等等，当然，也包括语文教师一类。

其实，汉语言文学专业是一个"万金油"专业，我并不认为"万金油"是一个贬义词，"万金油"可是哪里都用得着，这就意味着，汉语言文学专业毕业，哪个行业都有可能成为你广阔的天地。毕竟，合格的汉语言文学专业毕业生都具有一定的写作能力，无论是哪个行业都需要能把工作成果、工作中遇到的问题等转化为文章材料报告的人。练就文从字顺的本事，在哪里都能够天高任鸟飞，海阔凭鱼跃。至于破碎的作家梦，当不了专业作家，工作挣钱果腹之余，做个写作爱好者，也并非不可以嘛。

问：汉语言文学专业都学啥？

答：不严谨地说，这个问题其实可以换成：把汉语言文学几个字拆开，你会怎么拆？汉语言、文学，这其实就概括了汉语言文学专业课程的两大方向，语言学与文学。

大家都说汉语，难道还需要专门学汉语？汉语言文学专业告诉你，需要。我们当然会说汉语，但汉语为什么是这样表达的，相近的词语与词语之间怎样搭配才更合适，为什么这样表达更合适等等问题需要经过学习才能了解。举一个简单的例子，"你吃饭了吗"，简单的五个字，可以分析语法、可以分析语音、甚至可以分析从古至今的语言流变。毫不夸张地说，中国语言博大精深。

汉语言文学专业的语言学课程主要包括现代汉语、古代汉语、语言学概论等。现代汉语研究的是我们现在的语言是怎样的。现代汉语课程会从语音、文字、语法、修辞、语言运用等方面入手，告诉你我们现在使用的语言的源流、规范的用法等等。古代汉语研究的是我们先人的语言是怎样的。古代汉语分为书面语和口头语两种形式，由于我们现在说普通话，口头语的保存较少，书面语保存更多，这门课的内容以书面语为主，具体内容依然包括音韵学（语音）、词汇学、语法学等等。其实可以把它理解成中国历代名篇的分析课程，只是，这种分析更偏重于语言学方向而非文学方向。语言学概论课程则更加宏观，它要说的不是我们现在的表达是怎么样、古代的表达是怎样的，它要说的是从许多种语言中抽象出来的一般规律。譬如说，语言都是发展的，语言的发展有共同的原因和特点。

文学类课程，终于说到了大家最感兴趣的课程，其实文学类课程是一个非常粗放的分类，和语言学课程下有三门课程这种二级分类不一样，文学类课程包括文学史、作品选、文学理论等方向的课程。

文学史课程可以说是汉语言文学专业占比最重的课程，将陪伴汉语言文学学子四年，主要分为中国古代文学史（新文化运动以前）、近代文学史（新文化运动到新中国成立）、现当代文学史（新中国成立至今）、外国文学史（包括欧美、日韩、非洲、南美等等）几大类。它将向你展示文学发展的脉络，也会带你领略各朝各代、世界各地的文学特色，课堂上老师还会绘声绘色地向你们讲述名人名家的八卦趣事。然后是作品选课程，单独设置作品选课程的院校比较少，通常来说，作品选会作为文学史课程的搭配、作业等。文学理论课程主要分为西方文学理论和中国古代文学理论两大类，通常也以时序方式展现，某种意义上也可以理解为文学理论史。这曾经是我最痛恨的课程，无论是西方文论还是中国古代文论都催我入眠。不仅催我入眠，而且我非常不理解为什么要"肢解"文学作品。在我朴素的、未经专业训练的观念中一个文学作品是一个完整的、圆润的整体，文学理论就是拿着刀子把这圆润的整体大卸八块。可是，要让我说为什么喜欢一个作品，我会说它好呀，然而好在哪里呢，却未必能说出。经过系统的学习，我才理解，原来文学理论是分析文学作品、评论文学作品的工具。文学评论、文学研究就是用理论的"刀子"去切开作为整体的作品，让我们理解它究竟好在哪里、它的魅力在哪里。

除去语言和文学两类课程，不同的院校还会根据自身实际提供更多的课程，如师范类院校会开设教育类课程，甚至有的院校开始招收汉语言文学专业创意写作方向的本科生。

其实，一个专业是什么样的，一千个人可能会有一千种观点，这里只大致介绍了一些汉语言文学专业的共通点。它是中国语言文学类下的专业，不培养作家但也教写作、毕业可以做老师或者编辑、更可以进入不同的行业尝试不同的工作，它的主干科目是语言和文学。至于你眼中的汉语言文学专业究竟是什么样的，恐怕需要你自己入学以后去细细体味。

秘书学：
文科中的大综合

文 / 海风中失落的

秘书学作为一个冷门专业，或许会被大多数填志愿的考生直接忽略或者放在最后压底，就像当年填报志愿的我一样。然而为何最终我又选择了秘书学，经历了两年的学习，我是否后悔了当初的选择呢？秘书学就是学怎么讨好领导吗？利于考研或者就业吗？……接下来我会结合自己的学习生活尽量从多角度解答大家可能对秘书学的疑惑。

问：你为什么填报秘书学？

答：说说我的情况，我是文科生，性格比较内向，没有什么非学不可的专业，对什么都有点兴趣，最喜欢文学但非常讨厌写作文，数学很差。本来想报汉语言文学专业，但众所周知这是个大热门专业，我不是很愿意卷，并且在我心仪的学校里它是师范专业，而我真的不想当老师，于是就想着再看看别的文科专业。

我挑专业的时候是先百度一下看这个专业主要都学什么，看到秘书学的时候就很好奇这个专业的课程安排，我一看发现这可能会是我喜欢的专业。秘书学属于中国语言文学类，大一大二主要学从先秦到近现代的文学史以及语言学，大三大四学秘书技能一类，主要是文秘写作、自动化办公、秘书实务这种很实用的知识以及档案管理这种与管理学相关的课程。课程的多样性激发了我的兴趣，既能学到我喜欢的文学，也能学到很具有实用性的技能，是个综合性很强的专业，于是就填报了秘书学。

问：建议什么样的人学秘书学？不会写作文怎么办？

答：这些年来本科学校里开设秘书学专业的越来越多，秘书学的发展前景是很不错的。因为随着时代进步，社会分工越来越细，各行各业都会需要秘书人才，比如商务秘书、党政秘书等等。而秘书的层次也有初级秘书、中级秘书、高级秘书。本科培养的基本是中级秘书。

接下来说说什么样的人适合学秘书学。如果你对文学、管理学、应用文写作、会议组织、活动策划感兴趣，或者是在就职中希望得到辅助决策、文书撰写一类的岗位，那么都可以来学秘书学。如果你细心严谨、做事认真，那就再好不过了！即便还不具备这些特质，只要你想，也可以在日常学习中慢慢培养。就拿我来说，有时候实在算不上细心，而老师们会在日常教学中刻意提醒我们，训练我们的临场反应能力，看我们做事是否能提前准备充分等等。

至于不会写作文这一点，完全不用担心。秘书学要求学生具备应用文写作能力而非文学写作。文学写作或许难以训练，或许需要一定的文学素养以及天赋。老师能教给你方法技巧，却难以教会你才情灵气。而应用文写作则是完全可以通过课程的学习与练习提高写作水平的。譬如大家平时在各官方媒体看到的通知、通报；法律文书中的辩护词、代理词；社交文书中的介绍信、申请书等等，这些都属于我们要学习的应用文范畴，显而易见，比起文学性，这些文书更需要逻辑性、规范性、得体性、严谨性。这些都是有规律可循、有章法可依的。所以大家完全不需要担心不会写作文就写不好应用文。

问：秘书学跟汉语言文学好像挺像，有什么区别吗？

答：秘书学与汉语言文学都是中国语言文学一级学科下的二级学科。汉语言文学，顾名思义，学的是文学与语言学，例如中国古代文学、中国现当代文学、外国文学、比较文学、古代汉语、现代汉语之类。如果是师范专业那么培养方向就是如何成为中学语文教师。而秘书学虽然也学文学与语言学，但这是针对如何成为优秀秘书人员的辅助性学习。

问：能详细介绍一下秘书学的专业课以及学习情况吗？

答：秘书学专业课最大的特点就是综合性强，什么都能学到。

大一大二的课程可以说是基础性的，文学、语言学、历史学都有。例如古代汉语、现代汉语课程，对于我们阅读、学习写作都有很大帮助，尤其是现代汉语的学习更能帮助我们对文章进行自我检查。

老师们也会在平时的课堂上提醒我们作为秘书学学生应有的专业素养。例如很多老师会给课前十分钟的时间让同学们上台演讲，主题不限，目的是培养我们敢于表达自己的能力。或者有的老师会偶尔提问一些与讲授内容有关但课本又没有的知识，意在告诉我们机会是留给有准备的人的。以及大一的写作课，老师会让我们走出课堂，走入校园的各个角落去感受，然后再写出你的写作思路。我对写作课印象最深的就是老师意在培养我们写作的逻辑性，无论你文采怎样，逻辑性是最重要的。大三大四就是专业课的学习以及实习。我还没有涉及大三课程的学习，但通过秘书学概论课程的学习也对秘书人员了解更深了。

可能很多人认为秘书人员所从事的都是杂务类的事情，没什么重要的，谁都能干。其实不然，就拿秘书的三个层次来说，初级秘书从事操作性、服务性工作，工作内容包括打字、速记、接待、接听电话等。中级秘书是在管理组织中既从事操作性事务，又负责辅助管理事务。高级秘书是较重要领导人身边的高级参谋与助手。如中央及省、厅级国家机关中的秘书长和不设秘书长的办公厅主任等，他们可以参政议政，深入决策制定的全过程。这样的秘书人员你还认为他们是无足轻重的吗？

问：学秘书学的人多吗？

答：在我们学校的文学院，汉语言文学专业的人数是最多的，秘书学有两个班，每班60人左右，其中，女生明显多于男生。

问：秘书学专业适合考研吗？

答：目前有秘书学硕士点的院校不是很多，其中最著名的就是暨南大学的高级秘书与行政管理专业。据我所知，我们学校秘书学的学长学姐大都选择了直接就业或者考公考编，有考研意向的不是特别多。

秘书学虽然属于中国语言文学类，但我们不仅学了语言学、文学，还学了管理学类，这就意味着你可以按照自己喜欢的方向进行跨考。如果你喜欢语言学、文学，那么就抓住大一大二的学习，如果你喜欢管理学，就抓住大三大四的学习。

问：就业情况如何？

答：各级企事业单位都需要秘书人才，所以无论是企业招聘还是考公考编都是可以选择的。尤其是考公，秘书学专业课程与公务员考试题目相似度很高，会给有考公务员想法的同学有很大帮助。

问：报考秘书学的话假期可以提前准备什么呢？

答：如果你的普通话不够标准的话可以提前练习一下普通话，有很多软件可以帮助练习。

其次就是多读书，学无止境。无论是什么方面的知识都可以尽可能多地了解，并培养多读书的习惯。如果要有侧重点的话可以多读一些官方发布的公文，多注意用词与口语的不同，提前培养应用文语感。

另外，可以适当参加一些社团、协会的活动，尽量作为组织者、策划者而不单单是参与者。拿我来说，在以策划者的身份组织过大型活动后，发现策划者与参与者在同一活动中的关注点确实不同。策划者需要统筹全局，协调各方，这也是作为秘书学专业学生需要具备的能力。

俄语：
我的痛苦和我的骄傲

文 / 六十七

俄语专业当然不是我的第一选择，事实上，在上大学以前，我对俄语以及俄罗斯这个国家的了解都十分浅薄。但我仍然可以说，四年前我误打误撞考上俄语专业，是我人生的第一个转折点。

2018年夏天，我窝在家里翻看报考手册，根据自己的分数填报学校，分数并不是很理想，所以填报志愿对我来说是一件非常痛苦的事情。我认为我已经放弃了选择优秀城市的权利，因此我对专业的考量格外仔细，我考虑过各种文科类专业，甚至中医，我填报了五所学校，前两所我都是用心填写的，之后的几所只是我的备选，所以我没有太放在心上。

过了没多久，录取结果下来了，我被第三所学校第一专业俄语录取了，我的人生改变了。

那一天我看录取通知的时候，心里是十分矛盾的，第一是我有学上了，我很开心，第二是我不了解这个专业，我很迷茫。此后每一天我都会上网搜索有关这个专业的各种词条和信息，希望能够在入学以前获得一点经验，不至于在学习中变得笨拙，因为那时我的英语并不是特别好，我心里会有一些顾虑。

但我没有退缩，我决定接受这个挑战。

开学第一节课，老师没有讲课，她让我们每一个人上讲台说一说自己为什么选俄语这个专业，有的同学说是因为普京，有的同学说是因为俄罗斯文化，有的同学说是因为从小就学习俄语，到我的时候，我说是因为我喜欢俄罗斯文学，这不是我编的，高考之前我读完了陀思妥耶夫斯基的《罪与罚》，读了阿斯塔菲耶夫的《鱼王》，读了马雅科夫斯基的诗歌，老师很惊讶，她说我是她从教十几年来第一个因为喜欢俄罗斯文学而选择俄语的人，她立即送给我一个俄语名字，音译萨沙。

必须承认，语言学习很枯燥，俄语学习更加枯燥，我们要从基本的字母学起。俄语共有33个字母，其中两个不发音，一个是颤音，还有几个不好发的音，光是学读字母就需要花费一段时间，然后我们开始学单词。俄语的学习和英语的学习是完全不同的，因为俄语的体系更加复杂，发音非常多变，并不是简单的字母结合，需要考虑各种清浊辅音的变化。

俄语语法更加令人崩溃，不同于英语，俄语的单词变化非常多，尤其体现在词尾，几乎每一个单词在组成句子的时候都要进行变化，单词分为六个格：主体格、所属格、给予格、客体格、工具格、前置词格。每个单词至少要进行这六个基本变化，而随着不同词性的延伸，还有形容词、形容词短尾、形容词长尾、定量数词、顺序数词、集合数词、反身代词、物主代词、限定代词等。作为动词的单词，不仅要区分格的变化，还有完成体和未完成体的变化，过去时、现在时和将来时的变化，而动词也要区分为运动动词和定向动词，及物动词和不及物动词，主动形动词、被动形动词以及副动词。

俄语有一个特殊的词，叫作前置词，如果在一个语句中失去了前置词，那么就无法形成语言的逻辑，这种前置词有长有短，但绝不可缺少。

如今回想起来，我仍然觉得很艰辛，很乏累，明明已经学过的词形变化，到了另一个句子里就要重新来过，我不止一次向老师提出这种疑惑，老师总是讲，如果我们习惯用中文的逻辑理解俄语，那我们永远也学不好俄语，只有用最纯正的俄罗斯方式理解俄语，才能体会俄语的奥妙。带着这样的答案，我开始阅读有关俄罗斯文化的各种书籍。

在我刚开始学习俄语的时候，我就希望能够进一步深造。我在知乎、豆瓣、微博等社交媒体上搜索了大量俄语考研和俄语就业的内容，却发现前景一片惨淡。而到现在，对于小语种的唱衰趋势也愈演愈烈。我就是在这样的环境下思考自己的未来的，知乎上一开始有很多唱衰俄语的，理由五花八门，千奇百怪，有现身说法的，有罗列数据的，我当时心惊胆战了很久。我对我自己的人生感到非常绝望，但是我仍然有一颗坚持的心。通过一段时间的学习，我确定我热爱这门语言，我希望在未来我能够继续学习它，不管是以何种形式，所以我初步确定考研。但是考研的专业范围非常狭窄，出于未来职业的考虑，我决定不考俄语相关的专业，而是跨考，同时充分发挥自己的语言优势。

几番挑选以后，我选择了国际关系这门学科作为我的深造专业，我从小就对国际问题非常感兴趣，也非常喜欢了解一些国际大事，同时俄罗斯也是国际关系研究中的重要内容，我选定了外交学院国际关系研究所作为我的理想学校。

回顾我的四年大学生活，我觉得非常充实，我们老师常说，选择俄语还你四年高三生活，我们那时候总是大笑。如今想来确实不假，这四年我从来没有放弃学习俄语，几乎每天都在这种折磨和愉悦中反复交替。尽管我水平不高，但是我很喜欢这门语言，我认为俄语学习的特点是这样的：你以为自己千里跋涉走过一村又一村，又累又渴，但你的食物储存量还够用，沿路也会有人为你撑伞，甚至为你端茶倒水，让你不至于那么辛苦，这样长此以往，你习惯了在这样千里跋涉中行走，然后你慢慢不再需要那些帮助，最终达到一个很好的终点，这是前者。

而后者就是，你走在漫无边际的沙漠中，没有食物和水（单词储备），没有人帮助你（优秀的老师），甚至没有人与你同行（学的人不多），但是你还是咬着牙挺下来了（不行就退学或者转专业），有时候会出现海市蜃楼（比如时态考题，刚分清一个又做错一个，但二者的微妙差别，如果对语法没有完全掌握几乎无法察觉），有时候会痛苦不堪（每次读课文都让人舌头打结），这样一段旅程，走起来很艰辛，还要忍受有的人能跑（有经验），有的人能飞奔（有天赋），长时间打磨下来，就算一个耐心为零的人，最终也会变得非常有韧性。

对于我而言，学习俄语不光是一个结果，更是一个过程，在学习中吃苦是一件非常值得的事，这样得来的知识才弥足珍贵。

除了俄语知识，俄语学习带给我的还有逻辑能力的培养。

逻辑感是俄语学习的重要技能，我并不熟悉其他语言，但是做俄语语法题和翻译俄语文本的时候，每一步都好像在拆弹，甚至像在寻找凶手一样激动，因为关键的制约点就一个。我们往往认为一个词限定一个词，但其实一个词可以限定很多词，如果找不到最重要的词，这一句话就理解错误了，所以俄语会强迫大脑把整个句子的逻辑链条串联起来，然后分析组合，找出最不适合出现的，将它揪出来，是变格还是换词就另当别论了。这个过程需要大脑非常快速地抽取、判定和验证，往往都是三秒之内完成的，现在我做事情仍然按照这个步骤走。

说回到更加直接的就业问题，我明白现在小语种的就业率非常低，就业情况也不乐观，有关这个问题我问过不同的老师，不管是专业课老师还是其他专业的老师，他们统一的回答都是人工智能无法替代人类，原因就在于我们的学习并不是简单的单词检索器，也不是语法拼接器，这些简单的事务的确可以交给机器来做，但是人类本质的社会属性并不能被机器替代，我们对俄罗斯逻辑的理解对俄罗斯的研究,并不能被机器替代,我们与俄罗斯朋友建立起来的真实的情感并不能被机器替代。我希望同学们能真正地热爱这门语言,尽管它让我很痛苦,但是它教会我的,远比我知道的多得多。

我是幸运的,四年的学习结束,我成功地被外交学院录取,此后我将继续学习俄语,继续使用俄语,用俄语开始我的新生活,用俄语去开创我的新研究。此时我会想起四年前的夏天,我因为选择俄语辗转反侧,我从来没有想过它会带给我怎样的改变。如今,我要感谢它,它让我迷茫也让我自信,它让我痛苦也让我重获新生。

法语:
比英语要难学很多

文 / 浅醉青梧

Bonjour, tout le monde！小可爱们,大家好！作为一名大三的法语专业老学姐,今天我将为大家介绍一下关于法语专业的那些不得不说的事。

当提到法语一词,你是不是自然而然地将它与高大上、浪漫、奢侈品联系在一起呢?

然而,现实是,法语就是一门有点难学的语言,一个沟通交流的工具而已,其他的不要想太多。

首先,我们从语言本身说起。

法语是小语种,属于罗曼语系,是世界上最严谨的语言之一,而且还是联合国六大官方语言之一。

当你学了法语后,你才会发现当初学习英语的日子是多么幸福快乐,而我却没有珍惜,等到失去了才后悔莫及,如果上天再给我一个机会,我会对英语说,呃,扯远了。

回到法语本身,法语作为一门严谨的语言,其实很难学。

小语种圈有个段子叫"三分钟的韩语,三小时的英语,三天的法语,三月的日语,三年的俄语,三百年的阿拉伯语"。法语的难度介于英语和日语之间,但是绝不是三天的难度。看似没比英语难多少,但其实要比英语难上很多很多。

具体难度有以下几点:

首先是法语基本的语音语调问题。法语被称为美丽的语言，其最重要的原因就是元音很多，使得法语读起来圆润又性感。法语有45种口音，法国人以巴黎口音作为本土口音代表。其中图卢兹口音被称为最性感的法语口音。法语是一门发音十分有规律的语言，通过单词拼写就能读出单词的发音。每个字母和字母组合有固定的发音规律，所以记住这些规律并能正确读出来是个难点。语音中还包括臭名昭著的吐痰音，啊，不，小舌音。就是用小舌头发出像吐痰一样的r（同"喝"）声。很多同学觉得这个音很难发，但老学姐告诉你其实不用刻意去练这个音。你只要跟着法语MP3认真读上一段时间，自然能发出地道又不刻意的小舌音。同理，练出地道的法式口音也是一样，多跟着MP3读，相信你也能发出优雅又性感的法式口音。

然后是关于法语单词。首先法语单词是分阴阳性的。阴阳性，太阳是阳性，月亮是阴性，爸爸是阳性，妈妈是阴性，看似很简单很好理解对吧？但是，桌子是阴性的，沙发却是阳性的，这要做何解释？而且法语中此种莫名其妙的阴阳性单词数不胜数，只能死记硬背，悲催啊——法语单词跟英语单词很像，很容易将二者弄混，所以大学时法语专业的学生英语水平都是直线下降的。

最后是动词变位、语式和时态。这是最难的！

法语有直陈式、虚拟式、条件式等语式。有直陈式现在时，直陈式过去时，条件式现在时，虚拟式现在时等时态。总之不同语境分别有不同的时态。

法语的动词放在句子里就有变位，不同人称代词，变位，不同语式，变位，不同时态，变位。对了，告诉大家一下，法语有八种主语人称代词，六种语式，二十一种时态，变位的时候你需要综合考量以上所有。听着就很蒙对不对？没关系，做起来更蒙。而且你以为把变位按着一定规则记下来就万事大吉了？孩子，你太天真了，因为你会发现法语中不规则动词比规则动词还要多！

以上是关于法语本身的大部分难点，还有一些其他的小难点就不一一论述了。

除了法语本身，我们介绍一下关于法语专业的情况。

上大学重要的无非是三件事：学习，找对象，毕业规划（保研，考研，出国，找工作）。

说到学习，法语专业的课很多很多。大一一整年和大二上学期都是二十多节，就是从早八点上到下午五点半，有时候要上到晚七点半。对了，早七点还有早读。大二课少一些是不是就轻松了？你太天真了。要考专四的。专四很重要很重要，毕业后找工作专四是证明你法语水平的重要标准，且一生只能考两次。两次都考不过别灰心，大四还有专八。专四不过也可以报考专八。好好弥补还是有机会过的。总之学会一门语言，是要付出很多的。你会面对听了两年还听不太懂的听力课，大量的单词（老师一考考一百多个，然后错四五十个的那种），说了两年的法语还磕磕绊绊等一系列难题。所以报考法语请做好吃苦的准备。

说到找对象，你在高中时想过在大学谈一场风花雪月的恋爱吗？如果你是法语专业的，本专业和本学院就不要想了。如果你是外国语大学或者师范大学的，本学校也不要想了。

当我刚上大学时，一直听闻外语专业男生少。但没想到，居然这么少。

刚去学校报到的时候，我发现我们一个班仅有四个男生！很少是吗？不，这已经是我们系建系以来男生最多的时候了。据说打破了系纪录。大二的男生是一个，大三的两个，大四的，很不幸，一个都没有。你以为仅仅是数量不多吗？你还是太天真了。怎么说呢，横看成岭侧成峰，远近高低各不同。你懂的。

因为人少，外国语学院的男生都被老师各种宠，随随便便就被各种夸奖。女生却被锻炼得一个比一个汉子，夏天如果你看到一个柔弱娇小的女生抬着水桶一口气上八楼不带喘气的，这一定是外语专业的妹子。夏天如果你看到一个一米八却斯斯文文扇扇子的，有可能是外语专业的汉子。

最后就是毕业规划的问题，我们也可以分为三点：

一、保研和考研。很多人都关心考研和保研的问题。目前我国开法语研究生专业的大学很少，大部分是985，还有少数211和专业外国语学院。所以保研和考研都不是很容易，需要你一直努力。

二、出国。很多外语人都有一个出国梦。说法语的国家欧美除了法国还有瑞士、比利时、卢森堡、摩纳哥和加拿大魁北克。

很多学校的法语专业都有到法国的交换生机会，免学费，只出生活费就行。所以好好学习机会还是很多的。还有一个不可忽视的法语区，那就是广袤的非洲大地。非洲很多国家都将法语作为第二语言或者官方语言。

毕业后一些人去了法国、加拿大、瑞士等发达国家。但更多的一部分人去了非洲。为什么呢？因为待遇好。

三、找工作。说到找工作。大学毕业最重要的就是找工作。**法语作为一门小语种，只要学好了，是有很多机会的。北上广需要大量的法语人才，翻译、文案、老师、营销等等，且薪酬不菲，上万是很容易的。**出国那一块我曾提到去非洲，没错。非洲的薪酬非常高，且都是中建、华为这种大公司。非洲苦点的刚果第一年税前10万到15万，第二年税前23万，好一点的地方20万左右。且工作节奏慢，压力小。物价很低，据说一块钱可以买一个猪蹄。而且公司补助很多，住房补助，交通补助，防暑补助，独生子女补助，防虫补助……缺点就是紫外线太强，容易黑。而且局部地方有战乱，疟疾比较严重，要时时刻刻备着青蒿素。总之，非洲机遇与风险并存。

说了这么多，你是否对法语专业有了大致的了解了呢？总之，报考法语专业需谨慎。如果你热爱法语并且愿意吃苦，那么法语专业欢迎你，加油！

网络与新媒体：
我们仰望星空与擦亮星星

文 / 巫却云

"有人在污泥里仰望星空，也有人架起梯子擦亮星星"，在我看来，大部分社会科学专业都在发挥着社会"瞭望塔"的功能，即"仰望星空"；大部分应用科学专业强调实践，即"擦亮星星"，而新闻传播下面的网络与新媒体专业则是兼具仰望星空和擦亮星星两种属性的学科。

我小时候因为语文成绩比较好，很多大人都说我将来长大了可以当记者，那个时候，记者在我印象里就是收入微薄、枯燥无聊的代名词。我暗暗下过决心，未来绝对不要当记者。很难想象，小时候斩钉截铁说绝不要当记者的人，在高考填报志愿时，3/4志愿的第一专业都是新闻传播——根据我当时的了解，从新传专业毕业的学生未来不一定要做记者，互联网运营、品牌策划、广告文案等工作也属于新传的"专业对口"工作。

似乎是冥冥之中自有安排，我的分数一分不多、一分不少，刚好足够让我进入志愿学校的网络与新媒体专业学习。

网络与新媒体专业是教育部2012年才批准设立的新学科，按照学科门类划分属于文学类专业，按照专业类别划分属于新闻传播学类。作为第一批设立网络与新媒体专业的学校，我们将这个专业简称为"网媒"，而在另一些学校，这个专业也被简称为"网传"。

网络与新媒体作为一个年轻的专业，各个学校的培养方案相差较大。以我们学校为例，在课程设置上，既有强调理论的新闻学概论、传播学概论、网络传播概论，也有偏重实践的新闻采访与写作、广播电视采访与写作、平面设计，因为院校特色，大一还会设置微观经济学、宏观经济学等课程。

在传播学概论课上，我学会了用更宽阔的视角、更理性的思维看待社会事件；在网络传播概论课上，我学会了作为一名网络原住民，应该怎样拥抱自我进化、万物皆媒、人机共生的web3.0时代；在新闻采访与写作课上，我学会了综合分析各种采访方式的利弊，根据实际情境选择采访方式；在中国新闻史课上，我看到了那些"挽狂澜于既倒，扶大厦之将倾"的民国报人们起笔挥毫、激荡风云，无愧于"铁肩担道义"的盛赞；在外国新闻史课上，我看美国报业起于微末，于20世纪60年代到达黄金时代，也看报业终至穷途，人们的媒介使用在电视业的侵蚀下步入"娱乐至死"的困境。

当前网络传播理论日新月异，追逐前沿热点固然重要，但仔细想来，许多技术的创新变革都有迹可循。唯有学好理论基础，培养独立思考的能力，才能以不变应万变。

近年来，考研人数、分数双双攀升已经成为大趋势，而2022年考研367的A区国家线无疑"巩固"了新传"卷王之王"的地位。如果说高考填报志愿时，选专业还会将兴趣爱好放在第一位考虑，到了考研阶段，专业选择则是直接和就业挂钩，"新传热"既有新传考研不考数学的因素，更重要的是新传未来广阔的就业方向。而网络与新媒体作为综合了理论性与实践性的专业，相较新传学科之下的其他专业就更具有优势。仅仅互联网运营之下就有新媒体运营、KOL运营（即pr）等数十个细分领域。

在深入了解新传的就业情况后，我纠正了对记者的偏见，这个职业并不是我小时候印象中的收入微薄、枯燥无聊，一二线城市大报的收入完全足够一个记者体面舒适地生活，跑线时积累的资源更是晋升或转行的有力凭借。

相比"生命不息，考证不止"的金融类专业，网络与新媒体专业更看重实践和作品，最好的作品就是自己运营一个账号。我运营的个人同名小红书收获了4000位粉丝，凭借这个账号，我获得了更多的实践机会，获得了一银二铜的国家级奖项，我成了更自信、更善于表达的自己。

网络与新媒体毕业生的发展主要有两个方向。如果你未来计划本科毕业后直接就业，就要在比赛经历和实习经历两方面下功夫。网络与新媒体专业学生可参加的比赛种类丰富，专业方面，被列入学科竞赛名单的全国大学生广告艺术大赛（即"大广赛"）、具有一定行业影响力的中国大学生广告艺术节学院奖都是不错的选择；或者也可以和其他专业的同学合作，参加策划类的商赛。大学期间的实习经历在很大程度上决定了本科生的就业质量，大一新生可以先大致确定毕业后的目标岗位，了解目标岗位的能力要求，利用寒暑假或者大三、大四课余时间，积累和目标岗位相关的实习经验。

如果你未来计划走学术道路，有考研的想法，那就需要学好专业课，通过四六级之后也不能放松英语的学习；如果想去更高水平的学校读研，参加挑战杯、互联网＋等比赛，积累科研经历，提前培养学术思维，学习学术论文写作，甚至在本科期间发表高质量论文，都能帮助你在考研复试中拥有更大的优势。

仰望星空与擦亮星星并不矛盾，在理想与现实之间，我想借着传播的力量，去看更大的世界，做更有趣的人。

学长学姐有话说

读**文学**是一种怎样的体验？

汉语言文学

文学是丰富的，同时也是狭隘的。能丰富你的心灵，但不会对你的人生负责。

文学院大多数都是女生，男女比例达到3∶7，可能是本身专业性质更符合女生的选择方向和性格特点。这就关乎找对象问题，由于男生特别少，师范类的就更少，若不是高中自带情侣装备的，在大学期间找到另一半的概率很小。我们当初四个班就十几个男生。

新闻学

新闻传播类专业最大的特点就是万金油，从党政机关、事业单位到大小企业、学校、医院，从电视、广播、报纸到B站、抖音、快手、小红书，从镁光灯聚焦的主持人到后台奔波的记者编辑，从设计产品的产品经理到反馈舆情的运营人员，在这样一个高度媒介化的时代，各行各业都需要从事媒体宣传工作的人员。

广播电视新闻学

需要注意的是，考公务员时，专业要求的新闻学大多数情况下指的是新闻学专业，广电新闻学是报不上名的，同样，也不属于汉语言文学类专业，虽然很不理解，但事实就是如此。不要问我是怎么知道的，有想考公务员的同学请避开。

英语专业

二外是英语专业学生必须学习的一门课，我们学校只提供了日语、法语、德语、俄语四个选择。日语、法语选的人是最多的，俄语好像只有一个人，后来就没开这门课。哦，对了，我们在上专业课的时候都是小班授课，差不多二十几个人。我们就和高中差不多，都和自己本班同学在一起上课，这一点就没有体会到别人口中形容的那种大课堂的感觉。

英语专业

学习英语专业的绝大多数都是女生，男女比例高达2∶8，我所在的班级只有三个男生。作为男生去学简直太吃香，但如果你是女生，那就准备好平平无奇吧。

上课都是用英文授课的，听不懂的时候常有。好的老师会用中文提点一下，一般的老师也就那么过去了，只能靠自己课前预习，课后复习。

书本也是全英文，用手机下载一个翻译软件就很有必要了，我怀疑这些软件就是专门为英专生研发的。

近几年英语专业屡被红牌警告，就业不景气，如果真的非常喜欢，非常想学英专，就要做好一定要把业务能力学扎实的准备，同时，选修双学位、学好第二外语。来自老学姐的忠告。

历 史 学 大 类

历史学类

历史学、世界史、考古学、文物与博物馆学、文物保护技术、外国语言与外国历史、文化遗产、古文字学、科学史

历史学：
寻找"不标准"答案

文 / 施舟

不同于很多人在专业选择时的纠结不定，填报志愿时，我的目标非常明确，那就是历史学。因为从小到大我最爱的事情就是看书，最爱看的书就是历史书，早在上小学前，大部头的《中国通史》《世界通史》就被我翻了个遍，我日后也无数次想象着自己成为一名历史学家。所以，即使经常听到诸如"历史没啥好学的，出路也有点窄"的论调，我还是坚定地选择了这个专业。

确实，历史学听起来就像是一个不用学的专业，毕竟，谁不或多或少地了解些历史呢？放眼望去，街上十个人至少五个算得上是历史爱好者，对许多历史典故如数家珍，侃侃而谈几个小时不成问题。而且，对大多数人而言，学历史的难度好像也没有那么大，好像主要就是看看书、背一背的事儿。既然如此，历史学专业又要做什么呢？难道是比拼记忆力，看谁脑子里装的历史知识更多吗？

当我真正进入历史学专业，才发现——竟然好像真的是这么回事。

大一那年，上课的密度非常大，可以说上课和课后的复习占据了我一天至少三分之二的时间。我的高中班主任曾经和我们开玩笑说，初中一个月的知识内容，在高中顶多算一节课；如果这样换算，大学一节课的内容，大概等于高中半本教科书。而且，由于"历史学类"是一个大专业，在大二后还要面临更具体的分流，每个人都要进一步选择古代史、世界史、近代史、档案学等领域作为今后研究的主要方向，所以我们要在一年的时间学完整整一部《中国通史》和《世界通史》。此外，还要学习中国历史史料学、史学理论等课程，因此不论是老师还是同学，脸上都写满了三个字：赶进度。往往是上一节课讲的知识内容还没完全消化，下一节课又一堆新的知识铺天盖地地砸了过来。而对于这些新知识，学习要求其实也很简单，是高中常见的套路：熟悉并背诵。

如果这些新知识像市面流行的历史普及读物那样生动有趣倒还好，那看历史就像看小说似的，反而成了一桩美事，只要用心看，看完怎么也能把知识点记个七七八八。但难的是，现在，这些鲜活、形象的历史动态，已经变成书本上干巴巴的文字。例如，高中课本里的隆中对，有刘备的礼贤下士、诸葛亮的运筹帷幄，他们的一言一行、一举一动，都那样飘逸潇洒，尽显风度，但此刻，在你的笔记本和教辅书里，这件激动人心的大事，用科学而严谨，客观而冷静的文字表现出来，就变成这个样子——

【名词解释：隆中对】东汉末，诸葛亮隐居隆中（今湖北襄阳西），建安十二年（207），刘备造访，三顾茅庐，终于相见。诸葛亮提出占据荆、益二州，安抚西南各族，联合江东孙权，整顿内政，伺机北伐的策略，以图统一中国，恢复刘氏王朝。隆中对策对蜀国政治和军事起到了重要的指导作用。

没错，现在你要做的，就是把这一堆白开水一样的表述记在脑中，而且你要记的不是仅仅这一条，是能写满好几张纸的N条。一天背个几百字确实不难，难的是坚持一学期，跟着进度，把所有课程内容涉及的类似的文字都背下来，每天背好几页。实不相瞒，有一天，我终于把六镇起义的"高平镇"和"高平陵事变"弄混了。作为一个文科生，我头一次发现了一个令人惊恐的事实：原来记忆力，真的有山穷水尽的一天。这也是情有可原，毕竟我每天六点就起来背，晚上睡前再接着背，这样每天比高考还拼的生活，让我不由得产生了错觉——或许做数学题，也可能是一种有趣的消遣？毫不夸张地说，在我人生的前18年，不论是多么苦的学习，都没有这个苦啊！这种苦，苦到足以让我动摇和后悔，苦到足以让我反复质问自己，为什么要选择这个专业，我是否真的适合这个专业。大概，不少和我一样"闻鸡起舞"的同学也有同样的感慨，于是，在大二分流时，不少同学抓住时机，选择了不需要如此恐怖背诵量的档案专业。

不过，我没有离开，而是选择留下，因为在熬过这段艰难的背诵岁月后，我找到了历史学的深度乐趣，那就是：寻找一个"不标准"的答案。

真正的历史学，是一种"学术研究"，而非"摆龙门阵"。此时，比拼的不是谁能复述最多的历史事实，而是对一件事情，你是否能从事实和逻辑出发，形成自己的看法。这种看法或许不是教科书上最标准的"答案"，但它一定是言之有理的。

例如，从小到大，所有的历史学读物都在说，从战国开始，中国向封建社会转型，这也是我认知中的"标准答案"。但直到我沉下心来，在图书馆认真查找这个问题的答案和有关讨论时，才惊讶地发现，在史学界，这并不是一个已经盖棺定论的问题，甚至，目前对这个问题，已经存在至少八种较为主要的观点：西周封建论、战国封建论、魏晋封建论、春秋封建说、秦统一封建说、西汉封建说、东汉封建说、东晋封建说。我们所熟知的教科书上的观点，只是其中被选择的一种而已。而这八种"不标准答案"之中，每种"答案"所持的观点都是基于史实和史料阐发的，都有相当的拥护者和反对者，但目前，谁也未能最终"一统江湖"。都说"真理越辩越明"，不断挑战"标准答案"，提出新的见解，正是不断逼近真相的过程，而这，正是历史学学者的工作，也是历史学的意义所在。而想要"登堂入室"，前提条件就是掌握足够且扎实的基础知识，如此，才能在前人研究的基础上真正做出有意义的推进工作。

回到现实，选择历史学专业确实也有不得不直面的问题：读这个专业，就业前景和职业发展如何呢？"著书都为稻粱谋"听上去有些功利，但不能否认，在面包和精神之间，面包是基础。相较于热门的理工科，历史学专业的发展前景不是特别明朗，但近几年由于大家对基础学科越来越重视，所以总体上还是较为乐观的。就业的方向也有不少，传统的包括做中学老师、考公务员、进入其他教育培训行业等；如果对学术研究确实怀有浓厚的兴趣，也可以继续深造，读研、读博，毕业后进入高校或科研机构，从事专门研究，不过，这样的机会相对还是比较少的，必须有相应的成果作支撑，难度较大，所以近年来，能够留在高校的毕业生比例实在不高。而以上种种职业，薪资待遇一般都较为稳定，至少可以维持较为体面的生活，但也着实无法与热门行业"年入百万"的高薪相比。不过，谁说，人生的全部意义，一定在于获得的金钱和名利呢？正如同刘浦江先生说的，找到自己所热爱的事业，"沉潜其中，足以安身立命，也就够了"。

如果你真的热爱历史，而且愿意在前方充满未知和挑战的旅途上披荆斩棘，用爱发电，那么，跟随内心的兴趣，或许，你可以选择这个专业，试着做一只"黄昏起飞的猫头鹰"！此时，你可以看见整个白天所发生的一切，也可以追寻其他鸟儿在白天自由翱翔的足迹，更会发现一个不一样的世界——它充满了各种可能，充满了各种答案，但唯一不存在的，是"标准答案"。

文物保护技术：
这是个需要耐得住寂寞的专业

文 / 夕句

大部分人对于文物保护技术专业的了解，可能来自《我在故宫修文物》这部纪录片。

在繁华的京城中，在金碧辉煌的紫禁城之中，在熙攘纷乱的游客之中，在这个时间飞速流逝的时代，这里的一切都显得那么缓慢和与世隔绝，有的只是匠人手底下的慢工出细活。在纪录片里，老师傅们数十年如一日的坚守，正是无数默默无闻的文物保护工作者的缩影。

在我入学的时候，老师向懵懂的我们提出了一个问题：文物保护，保护的是什么呢？这个问题我至今仍在思考。文物保护，保护的是文物本身，保护的是一种信息，保护的是从哪儿来到哪儿去的过程与思考。人类历史拥有过太多灿烂的文明，有些文明在时间长河的变迁中慢慢凋零，文化是可感而不可见的，而这些遗存就是最好的寄托物。

在历史面前，每个人都是渺小的。历史的巨翼在天空下伸展开，投下巨大的阴影，我们每个人都在它的怀抱里。

在数千年的长河中，人群与荒漠消磨了太多的时间。

第一次去敦煌，站在广袤的大漠前，站在敦煌莫高窟前，看着被风沙磨砺过的壁画，我脑海中出现了这句话。

在这里参加完实习后，我和朋友半开玩笑地说，看到此处我就想起了读过的一篇文章《白杨礼赞》。这里的文物保护工作者何尝不是大漠里的一棵白杨，守护着文化的绿洲。这里的文明，灿烂了一千年，凋零后埋藏了百年，在文物保护者的努力下，必将保存更多的千年。

很多人说，文物保护技术是一个需要耐得住寂寞的专业，事实也正是如此。

问：文物保护技术学什么呢？

答：文物保护技术是一门涉猎非常广泛的学科，主要以实验为主，包括各类化学物理实验和专业实验，即修复各类文物，其他课程涉及多个领域，包括历史、艺术（绘画、陶塑等）、化学、法学、专业课等。专业课分类非常多，主要是各类文物的保护，包括土遗址、青铜器、陶瓷类文物等多种，课程内容也与实践息息相关，例如动手制作壁画，修复古钱币、刺绣等，课程形式也不拘于课堂，有时是在实验室，有时是在户外，还记得大一时刚刚在教室上完八点的课，就坐车去钟楼上下一节课了。

问：什么样的人适合学文物保护技术呢？

答：这个问题可以从多个方面回答。首先从性格来说，文物保护技术虽然是一门听起来具有历史厚重感的学科，但却不是一门因循守旧的学科。保护文物注重的是传承与发展，无论你的性格是跳脱或是稳健，在文物保护领域都可开辟属于自己的一片天地。同时，文物保护非常适合磨炼性子，可以让你变得认真谨慎。

接下来说说兴趣和学科，只要你对历史、美术、文物、手工、化学等感兴趣，那么你就可以尝试学习这个专业。文物保护技术需要理工类知识作为基础，尤其是化学。这类实践性较强的专业，学习过程中需要大量的实验作为研究基础，需要较强的动手能力和实践能力。

不过文物保护技术是一个经济回报相对来说比较慢的专业，需要漫长的积累与沉淀，在平时学习工作中，可能也需要配置较好的电脑用以绘图和跑数据，包括外出调查时平板电脑会显得十分便捷，这些也都需要一定的费用，在报考的时候需要斟酌一下现实情况和未来预期。

问：文物保护技术的就业方向是怎样的呢？

答：文物保护技术有很多的方向，包括陶瓷砖瓦类、金属类、纸质文物、石质文物、竹木漆器、土遗址、纺织品、壁画等诸多门类。在就读过程中，可以去很多的博物馆和考古研究所做志愿者或者实习（可以到达很多游客不能参观的区域，还可以免费逛各类博物馆哦），从而接触到不同门类的文物，以便确定自己喜欢的方向。

就业方向主要以博物馆、研究院为主，此外还有文保公司。目前，我国文物保护从业者是比较紧缺的，人才缺口比较大，但与其他专业相同，想要留在更好的城市发展，需要付出更多的努力以获得更高的学位。

问：文物保护技术专业对艺术要求高吗？

答：文物保护技术专业对入学考生并没有艺术要求，但要有一定的审美水平，只有学会欣赏文物，才能更好地投入文物保护事业，所保护的文物才会更加和谐自然。在平时的学习中，会有艺术类的课程，包括素描、色彩、国画等，所以不用担心。

问：害怕自己找不到实习单位，学校会给予实践机会吗，实习又是什么样子呢？

答：在西北大学，文物保护技术专业的实践实习机会是非常多的。以我个人为例，除了疫情期间，大学的寒暑假基本都是在外实践中度过的，博物馆、考古工地、研究院等都有去过。老师会给提供很多的实习机会，若自己有需要，也可以向老师寻求帮助。在我们学校，这个专业在大一就会分导师，每个学期都会有实践周，由各自导师带领参与调查或实践。同时学院会在大三组织同学们去全国各地进行实习，基本都是业内顶级的研究院和博物馆，可以说是知行合一了。

我大三实习时，有一次是在锁阳城遗址，主要工作内容是调查遗址病害，包括对城墙进行分段拍照，统计和记录病害发育状况和绘制 CAD 病害图。那是我第一次去沙漠地区。四月本应是春风和煦的，但在锁阳城，却是另一番景象。热浪滚滚，日照异常充沛，孤城一座，丛生的骆驼刺与一望无际的荒漠，充满野趣却也令人生畏。第一天为了轻装简行，每个人只背了两小瓶水，很快我们就发现，真是太年轻了！烈日之下，带着仪器、图纸在沙漠与骆驼刺中穿行，几分钟就能让人口干舌燥，沙漠中异常的干燥加速了人体水分的流失，外加每个人都严密裹着防晒服（有一天没穿当场晒伤），更是汗流浃背。而且，因为大家手中拿着仪器等物，在不熟悉的沙漠中行走，很容易滑倒，周边的骆驼刺也不会对你客气，第一天结束时，基本全员带彩。沙漠不只有酷热的一面，也有冷峻的一面，在即将离开锁阳城的那天，我们有幸见到了它的另一面。那日气温骤降，忽然就下起小雨，风大到走路都困难，前一天汗流浃背的我们只能取出棉服。最后去拍摄城墙顶部照片时，我们爬到城墙顶部，几次感觉自己要被风吹下来。现在回想，那次实习虽然辛苦，却也是一种难忘的经历。

问：文物保护技术专业男女比例怎么样呢，能不能找到对象啊？

答：从我们这届来看，男女比例是完美的1∶1，无论是男生还是女生，这里都非常适合你谈恋爱。试想，学文物保护的哪一个不是内心细腻、心灵手巧之人呢？学习内容的广泛与大量的外出实践注定了每个人的眼界和见识都将更加广阔，也就意味着拥有多方面多角度的共同话题。学文物保护专业的学生的包容性超乎你的想象。

文化是不能被消灭的，历史在注视着一切。文物保护工作者就像是一位医生，让沉寂的信息再度鲜活。每一位文物保护工作者，都是在茫茫历史中寻古探今。从紫禁城到大漠，我愿意做一棵白杨，扎根于文物保护事业，追寻千年之前的梦。

考古学：
人类记忆的修复师

文/念衡

得知高考成绩的那一刻，我欣喜若狂，超常发挥的我超越了原有的目标，我可以报考更好的大学并选择自己喜欢的专业了，于是我头脑一热，匆匆填了志愿后便与好朋友一起享受快乐假期了。由于是平行志愿，前三所经过和家人的慎重商议，后两所是随便选的，因为我根本不觉得自己会被后两所院校录取。

可没想到我真的被第四志愿录取，当时凭借"眼缘"填写的考古学也成了我后续四年的青春。

虽然没有被理想的院校和专业录取，但作为《盗墓笔记》的忠实粉丝，我一直对于考古有着浓厚的兴趣。入学前，我信心满满，作为一名文科生，语文和历史都是我的强项，因此觉得自己学习起来绝不会吃力。

正式入学后，熬过了酷热的军训，大学生活正式开始，拿到教材的那一刻我承认我是发蒙的。看着课表上的课程，我简直觉得自己又上了一次高中，课程排得满满的。但看着课程的名称《考古学导论》和《中国古代史》等，我认为姑且只是高中历史的升级版，反正不用再学习万恶的数学了，逃脱万岁！

开始上第一节课以后，我的想法完全变了，课程的速度之快完全超乎我的想象，需要记忆的时间节点以及历史知识多如牛毛。老师在讲台上引经据典讲得津津有味，我们下面的学生一个个奋笔疾书，双眼紧盯着笔记，双耳紧跟着老师的声音，生怕漏下什么知识点。

经过一个学期的学习以后，我发现自己一直在积累各个朝代的历史知识以及挖掘古物的实践操作要领，不过我们一直都停留在理论层面，没有得到实践的机会。

教考古学导论的老师看出我们非常着急想要实践，便语重心长地跟我们说了一席话。他说："提起考古，许多人想到的都是握着手电筒在昏暗的甬道里摸索并四处挖掘的工作，像是盗墓一样。然而，考古却是和盗墓南辕北辙的一项工作。盗墓是偷窃本属于国家的文物，而考古则是负责保护和记录这些文物。而你们正是未来这项工作的负责人，因此绝对要拥有扎实的基础知识，才能让该有的文物发挥正确的价值。"

这段话一直深深篆刻在我的记忆里，它也成为我后续三年学习考古的醒世恒言。

大学四年，考古学的课程设置得特别均衡，有类似考古学史的基础理论课程，有类似旧石器考古的历史阶段考古课程，有类似古文字学的专门历史科目，有类似陶瓷考古的考古专项课程，也有类似考古绘图的技能型课程。总之安排得非常全面，因为考古是一项细致且不容马虎的工作，要求工作者必须拥有过硬的理论知识作为支撑，否则会判断失误。考古就是根据古代人们遗留下来的物品，再参照古代历史将物品进行分类和整理，而且考古的地点也不仅仅包括墓地，旧址和遗迹等都在考古的范围之内。

起初的两年，我真的以为考古学所学习的东西跟我想象中的考古背道而驰，直到大三的见习我才发现自己真的爱上了考古这门学科。

学校在大三设置了我们去古都长安见习，也就是现在的西安。见习不等同于实习，见习大多是观察和吸取经验。毕竟从理论到实践不能一蹴而就，要有一个循序渐进的过程。在陕西省博物馆和大雁塔，我感受到了国家丰厚的文化底蕴以及众多考古工作者辛勤工作所取得的丰硕成果，这更加坚定了我以后从事考古工作的决心。一座城市最美的地方，在于它的灵魂，而灵魂也就是它的历史，而灵魂是否完整，是需要考古学来界定的。

考古路上，每一个人都在负重前行。考古和其他的工作有所不同，它需要工作者背井离乡，到条件艰苦的偏远地区去工作，有时甚至享受不到干净的食物和水，并没有电视剧中所演的那样充满乐趣，这些都是我在大四"田野实习"时得到的感悟。

许多人在毕业后选择工作的时候，要么转行，要么回到家乡从事相关考古的工作，敢于离开家乡从事考古工作的少之又少。 不过我认为考古不仅仅是一份工作，更是一种精神的传承。每一位考古人都是人类记忆的修复师，时间的齿轮没有一刻停止转动，物理、化学和生物能够帮助我们科技进步，展望未来，而考古的价值便是帮助我们回溯过去，把沉没在时间长河中的记忆碎片一个个打捞出来拼接完整，呈现出一幅完整的历史画卷，让今人能够回顾古人的生活。一件文物的出土、评估、修复到收录，可能要经历十几天甚至数月的时间。这些考古学者的付出，是我在这条路上前行的最大动力。

如果说历史是一条充满荆棘的路，那么我便要披荆斩棘，去还原这条路的本来面貌。余秋雨曾说过："文明的人类总是热衷于考古，就是想把压缩在泥土里的历史扒剔出来，舒展开来，窥探自己先辈的种种真相。那么，考古也就是回乡，也就是探家。探视地面上的家乡往往会有岁月的唏嘘、难言的失落，使无数游子欲往而退；探视地底下的家乡就没有那么多心理障碍了，整个儿洋溢着历史的诗情、想象的愉悦。"

考古学在大学专业中算是冷门专业，开设的院校和招收的人数均不多， 那么考古学的毕业生以后究竟有着怎样的就业方向呢？

一、进入考古所或者博物馆工作。

二、选择与考古相关的公司，例如出版社或者报社等。

三、考取教师资格证书，进入中小学从教，也有些人学历深造后，获得硕士或博士学位，选择留在大学中从事科研或教学工作。

四、考取公务员。

的确，无论科技发展如何迅猛，它都是向前迈进的。历史是我们日常生活中不可或缺的宝贵精神资源。今年本科毕业的我刚刚考取了研究生，准备在考古学领域继续深造。

学长学姐有话说

读**历史学**是一种怎样的体验？

历史学

历史在文科中本来就是一个冷门，如果单从就业形势上看，肯定不好，从近两年的形势来看即使教师也不乐观。

历史学专业的男女比例在3:7，毕业生的出路基本只有考公务员或是当老师，许多学生因为没有研究生的学历，甚至被很多的中学拒之门外，近年来就业率也是持续走低。

考古学

考古专业的学生都会在大三或大四经历田野发掘实习，然而与《盗墓笔记》《鬼吹灯》里神乎其神的倒斗不同，真正的田野发掘地点并非是堆满金银财宝的墓葬或遗址，而往往是不起眼的农村地区。

考古专业是一个很考验耐力和吃苦的行业，不能吃苦的别来。当然提起考古学，就不得不讲与之配套的文物保护技术、文化遗产、文化史等专业，这些都是围绕着历史所划分的专业区块。无论是哪一块，都不是粗枝大叶的人能做好的。

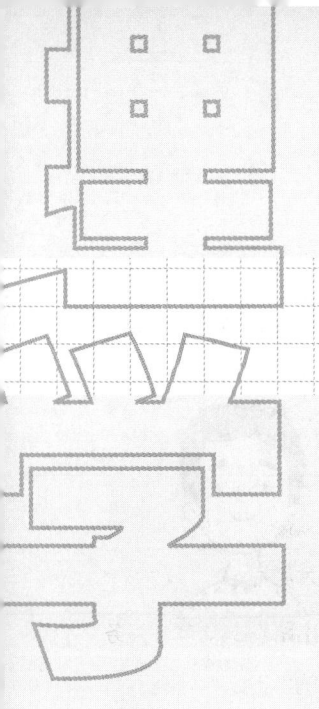

理学大类

数学类
数学与应用数学、信息与计算科学、数理基础科学、数据计算及应用

物理学类
物理学、应用物理学、核物理、声学、系统科学与工程、量子信息科学

化学类
化学、应用化学、化学生物学、分子科学与工程、能源化学、化学测量学与技术

天文学类
天文学

地理科学类
地理科学、自然地理与资源环境、人文地理与城乡规划、地理信息科学

大气科学类
大气科学、应用气象学、气象技术与工程

海洋科学类
海洋科学、海洋技术、海洋资源与环境、军事海洋学

地球物理学类
地球物理学、空间科学与技术、防灾减灾科学与工程、行星科学

地质学类
地质学、地球化学、地球信息科学与技术、古生物学

生物科学类
生物科学、生物技术、生物信息学、生态学、整合科学、神经科学

心理学类
心理学、应用心理学

统计学类
统计学、应用统计学

数学与应用数学（师范）：
数学人，师范魂

文 / 袁一湛

人们往往是谈起数学而色变。

提及语文，大家总会扯几句风花雪月；提及英语，也有时不时想拽几句的欲望。但一提及数学，大多数人都会恭恭敬敬道一句：难啊难。

数学源自于古希腊语，是研究数量、结构、变化、空间、信息等相关概念的一门学科。它透过抽象化和逻辑推理的使用，由计数、计算、量度和对物体形状及运动的观察而产生。

由于数学本身可以应用于解决现实世界的任何问题，于是其专业名称便应运而生——数学与应用数学专业。

该专业的培养目标中隐隐涵盖了两层含义，一层是要求专业学生掌握数学与应用数学的基本理论、基础知识和基本方法，能够运用数学知识和使用计算机解决若干实际数学问题；另一层则是要求学生具有现代教育观念，适应教育改革需要，具有良好的知识更新与创新能力，能够为中等学校提供数学教育、教学管理工作及科学研究。

大环境下，走纯数学方向的专业基本都处在研究生阶段，而本科阶段，数学与应用数学基本都属于师范方向。

于是，当我填完志愿后，家族群里总是产生如下对话：

"小湛啊，你大学报了什么专业啊？"

"数学师范专业。"

"哇哦，老师好啊，女孩子当老师最好了。"

如您所见，教师，作为一个以教育为生的稳定职业，其社会地位、社会评价、隐形福利都是相当友善的，这也是每年有那么多人选择报考师范专业的原因之一。

而数学，作为三大主科之一，一向是令千万学生学到崩溃的科目。但对于师范生而言，却是一个非常好的选择。

一来，由于疫情影响，相当多的英语专业学生囿于环境无法出国，在编制考试中的报录比低到令人发指，直接媲美一向惨淡的音教与美教，而数学师范专业的报录比，在我所接触到的资料里，约莫是英语的4倍至10倍。二来，数学灵活啊，太灵活了！理性思维强点的，去高中不错，中等程度的，去初中合适，稍弱点的，去小学也未尝不可。就算是不打算考编制，那么在私立学校、培训机构里，数学也绝对是香饽饽中的香饽饽。

那么问题来了，数学与应用数学（师范）专业究竟在大学里学些什么呢？是一来就天天拿着三角尺上讲台比画，还是轻轻松松练就一手数学老师独有的徒手画圆的本事？

非也，所谓凡事皆要先做个铺垫。

大一大二期间，以学习数学专业课程为主：空间解析几何、数学分析、高等代数、常微分方程、概率论、复变函数、解析几何、初等数论等，以学习算法、英语、物理、计算机知识、心理知识为辅。

到了大三，像实变函数这样的纯数学类课程变少，更多地，则迎来了与师范相关的课程：数学课程与教学论、教师资格证考试技巧、数学课堂教学技能与微格训练、数学教育研究方法与成果表述等等。切实地做到把"数学+师范"融入每一位数学师范学子的内心深处。

这时，我仿佛能听到一些高考生内心的哭天喊地：妈呀！选了这个专业会不会很难啊！学不会的话挂科率会不会相当高？

这时，我便忍不住要像老学究一样搬出小板凳给你们唠上一两句：大学期间，但凡是每天上课认真听，仔细做笔记，及时独立地完成作业，做好提前预习的工作，那么恭喜你，"挂科"这两字离你相当遥远，而无限贴近你的，则是"奖学金"三个字。

就拿我们寝室来说，我们寝室四个人，有三位原先都是语文科代表出身。刚大一时，理性思维比起其他寝室稍显薄弱。一心两用者如我，还总是潜伏在写作投稿的领域里欢乐游泳。但由于我们寝室长的带动，从大一起，我们便每天天没亮就早起，去抢占教室里第一排的位子，四个座位，一字排开，用目光迎接每一位同学的姗姗来迟。

在概率论的课上与老李斗智斗勇，在复变函数课上狂做笔记，在教研活动中积极地刷存在感，努力准备每一次的微格训练，在马原与毛概的洗礼中升华思想。三年后，全寝单单校级综合奖学金便拿了整整十次，在我们班可谓独占鳌头。

那么，问题又来了，大学期间的我们，是如何"学会上课"的呢？

这也是一个较为漫长的成长过程，我将其概括为四步走：看+模仿+（初步）掌握+实践。

一开始与之相关的任课教师会给我们提供很多优质课堂的视频资源，我们从看视频入手，模仿里边老师的教态、语言、课堂组织与教学设计等，学会从学生的视角转变为教师的视角去看待每一堂课。

接着，便开始训练每节课"引入"部分的无生模拟课堂，在这个阶段里，很多同学都是仿照着网上的优质视频，和里面的教师做一模一样的PPT，说着一模一样的教学语言，模拟千篇一律的学生回答的预设，完成10分钟的教学录制。

随着次数的增多，我们便开始一点点地从"模仿"过渡到"理解创新"，会学着去设计一节课的引入、探究、归纳、练习与总结。如上"平面直角坐标系"这节课时，我们既可以用棋盘的例子来引入，也可以用蜘蛛结网的故事来引入。在理解教材的基础上，不断探索出属于自己的教学风格与课堂结构设计。

到了这个时候，我们便会开始到处拉人，找热心的同学来充当我们摇头晃脑的"学生"，从"无生"到"有生"，时长也从原先的10分钟延长到整节课40或45分钟。到了大四期间，就开始到学校里边实习，更是直接接触到活泼可爱的小朋友们，学着巧妙应对他们五花八门的问题与各种各样的课堂生成效果。

总而言之，数学师范专业，对于那些开朗、有耐心的人而言非常合适，若是性格慢热内向，对于帮助他们变得开朗、爱说话也十分有效。

再来唠点现实点的，在就业方面，单是专业对口程度，我们就显得尤为强悍。可能很多人到了大四便开始迷茫，自己的这个专业究竟去找一份什么样的工作，或是真的找到了工作，又发现干的活与大学期间所学的知识完全不匹配。这种迷茫的问题，在数学师范专业的学生身上，出现的概率几乎为0。你会发现，大学期间所学的知识，清清楚楚、踏踏实实地落实到了之后每日的教学工作中去，甚至你还会悔恨当初为什么不掌握得再扎实一点。

除却真的不想教书的那一拨人，其余的，便是直接在每年10月份开始，便投入考编的火热浪潮中。大家都说考编难，但比起考公，考编其实简单很多，只需在大学期间努努力，满足一下当地考编的条件，上岸其实也算比较轻松。我们班，作为二本院校的一本专业班，12月份中旬以前，便有一半的学生上了岸。

应用物理学：
物理的应用之道

文 / 程廿安

高数课上，几百人凑在一起上同一节课，坐到一起总不免要打个招呼，彼此开口的第一句话往往是："嗨，你是哪个专业的呀？"

"嗨，你好，我是理学院应用物理学专业的。"原本我只是基于礼貌很平常地回应了对方一句，却没想到会引起对方更激动的回应。

"哇，你是学物理的呀？"只见面前的同学眼眸里一下子冒出星星，像是看外星人一样看着我，我当时确实有这种感觉。

"你好厉害啊，居然是物理专业的，我高中物理都还没学明白呢。"

当时我也没太在意，只是十分平淡地说："只不过是读物理专业，也没你想的那么厉害啦。"

我们专业确实有能和各专业老师讨论几个回合的大神级的人存在，但物理学渣也还是有的，比如说沉默的我。

其实我觉得大家是在高中的时候被物理虐惨了，才会觉得在大学读物理专业的同学都很牛。我也经常觉得我们专业的同学既特别又厉害，于是总是怀有疑问，他们考了那么高的分为什么不选别的专业，偏偏选择物理专业呢？我给自己的答案是他们是真的厉害，也是真的喜欢物理这一专业。而我就不是了，我是被调剂到这个专业的。我自己本身就是在高中被物理虐惨了的那个。

我入学的时候理学院只有三个专业：应用物理学、应用化学和应用统计学，其他两个专业的人数都比我们多一点，男生与女生的比例也比较均衡。我们专业一共49个人，有12个女生，37个男生，比例严重失衡，或许这也是其他女孩子在听说我的专业是应用物理学时，特别惊讶的原因之一吧。

一开始我甚至怀疑过自己能不能毕业，但正式开始上课后发现我有点杞人忧天了。我们的专业名虽然叫应用物理学，听起来要学的内容很多，但其实专业方向是光电通信。大一大二学的都是很基础的物理课程，比如力学、热学、光学和电磁学，也就是说会把我们在高中时学习的每一个章节的内容，扩展成一门课程来学习。

大一大二的基础课程结束后，我们就主要上信号与系统、信息光学、光通信原理与技术和光电子学这些专业方向的课程了。虽然像量子力学、理论力学这些听起来就很难学的课我们也上，但真的没有大家想象中那么难，毕竟有老师带着你往前走。

当然啦，哪个专业期末的时候不被虐呢？只是虐我们的人就比较有段位啦，像爱因斯坦、牛顿、傅里叶、拉普拉斯、薛定谔、伽利略等等，这些连我们的老师，还有老师的老师都挨个虐过一遍的人，虐起我们来自然是小菜一碟了。像我的舍友就比较有远见了，每学期一开学她就会先看看谁的理论比较难学，然后就会把自己的网名改成"最爱牛顿"、"喜欢傅里叶"、"偏爱拉普拉斯"……每学期只爱一个人，从始至终，学期中间绝不换网名，期末求保过。

说起物理，就不能不说实验课，每学期一门，每周至少跑两次实验室。当然，喜欢做实验的同学每天除了上课时间会一直泡在实验室里面，他们会参加一些大学生物理竞赛，或研究自己喜欢的课题，每个人都很厉害。

像我这种动手能力比较差，还不太喜欢做实验的人，就比较适合写一写实验报告，所以我最喜欢小组实验。每次实验课我都会和喜欢做实验但不喜欢写实验报告的同学成为一组，我们分工合作，他们做实验我负责记录数据并写实验报告。每一个人都能参与其中，每一个人也都不会被落下。

在教室和实验室待了三年后，升大四前大家终于开始思考物理的实用性。物理这个专业在很多人看来是一个不太接地气的专业，大多数人在问我们为什么选择这个专业的时候，其实更多的是在问"你学这个专业将来能做什么"。

我们在学课本上的纯理论知识的时候也经常自问，我学这门课或这个知识点究竟能做点什么呢？除了用这些知识做做实验，我们究竟如何从理论走向实践？这个问题我们在大三期末的实习里得到了答案。

大三期末，专业课老师用几天的时间带着我们去了当地的几家公司，让我们亲眼看一看我们的专业，或者说我们上过的课学过的知识究竟可以用在哪些领域、哪些行业或哪些工作当中。

那几天我们去了不同的公司，看到了不同性质的工作状态。大到钢铁集团公司、光伏发电公司，小到光纤制造公司、清洁能源设备设计公司。它们属于不同的行业领域，运用着不同的物理知识，这些知识我们都曾在书本上学到过，工作人员运用的原理和公式我们也都在做题考试的时候计算过很多遍，但我们从来没有想过当这些知识真正用到工作中的时候会是什么样子。

老师甚至还带我们去瓷砖制造工厂进行参观，因为我们学过数字电子技术和模拟电子技术这两门课，而那家瓷砖厂就是通过数控来生产不同花纹或不同需求的瓷砖。老师看着在车床上刚刚做好的一块巨型瓷砖，兴奋地问我们："这种设计我们是不是也能做？你看你们这三年里学过的每一本书里面的知识随便拿出来一点，就可以开创一番事业了，还怕以后没工作？"

那几天我们很兴奋，仿佛看到了我们光明的未来。好似一年后，我们当中就会有人戴着安全帽在钢铁公司里制铁，有人穿着工作服在巨大的设备下面跟着大佬一起拉光纤，有人在实验室里面研究清洁能源设备，还有人回家开办瓷砖厂一样。不管怎样，学物理学，我们能做的事情真的很多，并不仅限于以上的行业与公司。

其实老师想要告诉我们的也很简单，没有知识是没用的，重要的是我们怎么去运用它们，怎么用它们改变我们的生活，如何利用它们开创我们未来的事业，这些都需要我们在学会了理论知识的基础上进行更多的思考。

以上说了许多我自己对我的专业的主观看法，现在到了结尾的时候，也应该客观一点了。本科的物理学可以说是一门基础学科，虽然每个学校的物理学都会分专业方向，但它始终不像金融学或统计学这样的专业非常有针对性，毕业后可以直接找相关的工作，所以本科的物理学注定不是一个很容易就业的专业，因此想要一毕业就进入某个行业的同学在物理学面前一定要：慎报！

但对热爱物理学的同学来说就不一样了，如果你想在物理专业上深造下去，那么，正因为物理学是一门基础学科，在考研选择方向时，你反而会有更多可选择的方向，因为物理囊括的范围非常广阔。

天文学：
天文真的不是去看星星吗？

文 / 阿敏

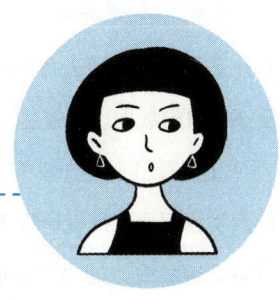

天文学是个非常浪漫的专业，似乎很多人都是这么认为的。选个晴朗的夜晚，去个漆黑的地方，带上天文望远镜，寻找美丽的星星，想想确实挺浪漫的。然而，天文学专业真的只是看星星吗？事实并非如此。

简单来说，天文学是一门研究天体和宇宙的科学。其中，天体不仅包括太阳、月球、地球、星系等自然天体，也包括人造卫星、宇宙飞船等人造天体。通俗地讲天文学就是研究星星的轨道、质量、组成成分等问题的学科。

对天文学了解不深的同学或许会觉得这个专业只需要学习一些地理知识就行了。因为有句话说得好,"上知天文,下知地理"。但是,一般情况下,天文学的知识结构更复杂,课程难度系数更大。稍微了解的同学就知道,天文学在各大高校中一般都附属于物理学院,所以课程和物理系的同学相差无几,只不过比他们多了一门天文学专业课。

那么天文学专业的同学究竟要学些什么呢?概括地说有天文、数学、物理、计算机这几个大类,细分下来就有:大学物理、四大力学(理论力学、电动力学、热力学与统计物理、量子力学)、计算物理、高数、线代、概论、数理方法、普通天文学、天体力学、天体物理、相对论、射电天文学、星系物理学等,这些课程都是围绕数学和物理展开的。

另外,学姐在这里划重点了哦——英语非常重要,天文学的核心课程一般都是英文教学,因为全世界 90% 以上的天文学文献都是用英文书写的,所以英文是学习天文的主要语言工具。还要注意一点,天文学的数据一般都是需要自己编程处理的,所以天文学对计算机水平的要求也很高,一部分天文学本科毕业生未来也会转到 IT 行业。

如果你非常热爱天文,并想一生从事与天文相关的工作,学姐建议你做好读完博士的心理准备。因为天文学专业必须攻读完博士学位,否则很难有对口工作。不过也不要着急和恐惧,这些事都太过久远了,当务之急是在高中的时候把数学物理这两科拿下,这样的话,大学的课程就更容易学好。

至于看星星之类的事情,我可以负责地告诉你们,天文学专业的同学不是通过小型天文望远镜或者肉眼观看星星的,因为这样观测天象很难得到有效可靠的信息。在大学四年的学习中,天文学专业的同学会申请去各个天文台、研究所以及高校参加夏令营或者实习,使用计算机处理天文仪器反馈回来的数据。这就是真实的天文学,是不是感觉幻想破灭了?

相信看了上述介绍的小伙伴,都会觉得天文学的课程已经不能仅用一个"难"字来形容了,各种数学物理公式简直让人想原地爆炸。有句话说,"随机过程随机过,量子力学量力学"。意思就是,概率论这些统计的科目随机过,量子力学则要量力而学,反正最后都会挂科的。还有个与《复仇者联盟4》相关的段子:"遇事不决,量子力学。解释不通,穿越时空。篇幅不够,平行宇宙。"

最关键的是,物理界的两座大山"量子力学"和"相对论",我们都要学,莫名地想同情一下自己。当然,再难也要好好学习,沉浸其中才能感受到学习天文的快乐。

天文学是个非常冷门的专业,很多人或许都还没听说过这个专业。每次亲戚得知我的专业后,都以为我是学气象或者航天的。事实上,天文学是一门非常古老的学科,同时也是自然科学六大基础学科之一,与人类的生活密不可分。

随着时代发展,我们国家对于天文学这个专业越来越重视了。比如投资六七亿人民币的"天眼"(射电望远镜,简称:FAST),还有人造卫星、北斗导航、嫦娥工程等项目,都与天文学有关。

目前国内学习天文学的人很少,毕竟开设天文学专业的也就只有几所重点大学,比如清华大学、北京大学、中科大等高校。学这个专业,本科生就业有些难度,需要你继续读研和读博。天文学专业博士毕业后基本都是在各大高校或者天文台、研究所工作,相对来说也比较体面和轻松。

天文学虽没有我们想象中的浪漫,但也绝对不枯燥。天文楼有很多天文望远镜,天文学专业的同学可以申请观星活动。观星的时候一般都会有其他学院的同学来参观,在回答他们的问题之后,就能得到他们投来的星星眼;或者遇到一些喜欢天文的同学,大家一起探讨,这些都是很开心的事。当然还有其他活动,例如天文周、天文科普活动等。不过,我最喜欢的是参加学术餐会,可以一边吃着系里发下来的盒饭,一边听着国内外大佬的学术报告。虽然英文报告有些晦涩难懂,但是听他们用英文为某个观点"吵架"真的很好玩,此刻我便会化为他们的小迷妹,同时也会暗下决心要加强自己的英语水平。

如果大家对天文学很感兴趣,推荐大家观看《星际穿越》这部电影,可以更直观地了解黑洞、四维时空等知识。

地理科学:
一门自然学科与社会学科的交叉学科

文 / 梨子

哲学家说,有三种学科是人类不需要刻意地学习了解,而是天生具有贯通共情能力去理解的。那么这三种学科是什么呢?美术,音乐,还有今天谈到的地理。

一般来说,不管哪个年龄段的孩子都对遥远的地质时代充满兴趣,甚至心驰神往,我也不例外。三叶虫、菊石动物、恐龙等等,它们中的每一个都像一把开启新世界的钥匙,迷幻又具有无穷的吸引力。再说宇宙世界,银河、太阳系、无穷尽的小行星……随着时间流逝,它们不断衍化,化学物质不断变化，最终展现出一个神秘莫测、美妙绮丽的世界。

我从小就对地理情有独钟。上学时，刘慈欣老师的《三体》在同学间传得火热，我尤爱看里面关于宇宙的描写，伟大而又浪漫，猛烈而又宁静。后来了解到费孝通老师的《乡土中国》，让我对地理又有了新的认识，它贴近生活，无比质朴，尽管和我传统认知上的地理有着天差地别，但同样具有吸引力。而这些也正是我选择地理科学的原因。

然而俗话说得好，"想象很丰满，现实很骨感"。

很多人认为这个专业是高中所学的地理的延伸，其实不然，地理科学与高中学的地理有着相当大的差异。首先高中地理属于文科，而地理科学属于理学，它是自然学科与社会学科的交叉学科。不过近几年政策发生变化，文理生都能报考。地理科学在当今社会发展中具有相当重要的作用。从城市规划到南水北调，从推进城镇化发展到河道治理，再比如我们常说的"一带一路"这一国家顶层战略，以及新冠疫情中时空扩散和人口流动，没有一个不是地理科学支撑的。目前全球都面临着资源利用、城市建设、环境保护等一系列问题，而综合地研究不同社会发展阶段人地系统的协调关系与空间结构的地理变化规律及其差异特征的只有地理科学可以做到，这也决定了地理科学在社会发展中的地位和作用。

地理科学有一个特别显著的特征——交叉性极强，它和生物学、化学、物理学、天文学、地质学、计量学乃至心理学等许多学科都有关系，这也意味着地理科学的课程会比较多，但大多涉入不深。综合部分高校的情况，地理科学较为典型的课程包括：自然地理学、人文地理学、测绘学、遥感学、地理信息系统、城乡规划、世界地理、中国地理、区域地理、计量地理学、人口地理学、地质学与地貌学、水文学、植物土壤学、气象学等，师范类院校还开设有地理教学论等师范类课程，除去专业课和英语、政治以外，地理科学的学生还要学习高等数学、线性代数、概率论与数理统计，虽然要求有所下降，但仍然有难度。

之所以说现实与理想之间有着巨大差距，是因为课堂远不如想象中有趣。

例如地质地貌，大多是死记硬背的知识，除了老师课堂上讲的调研经历，大部分时间都很枯燥乏味，再比如地理信息系统，东拉西扯到计算机的硬件软件上，晦涩难懂，唯有上机课能稍稍放松一下。

但并非所有课程都是如此，有意思的课也不在少数，比如地球概论，老师会带我们去天文台上看行星，看月亮，会让我们去观察月亮阴晴圆缺的变化，做月相图等等，再比如人文地理课，老师带领我们聚焦于时事发展，讲南京的乡镇发展，讲郑州武汉的中心位置争霸，讲云阳梯田的发展……从天南讲到地北，引经据典，引人入胜。

我尤其喜欢我的人文老师，他不喜欢用现成的课本，而是利用和学生接触的机会去探索一些新奇的课题，他引出一个问题，就仿佛一块石头扔进湖里，溅起一大片绚烂水花，激发出一整个教室的奇思妙想，引导学生敢于向未知领域进军。

谈到地理科学，就不可避免地会谈到"实习"二字。大学四年，我们曾去过戈壁沙漠、黄土高原、河西走廊、日照、嵩山、太行山、连云港（具体线路各校不同）……不得不说，地理科学简直是爱旅游的人的人间天堂。只要你选择了地理科学，你就会拥有最划算的旅游团。但是，问题来了，比如今年的六月份我们本该去嵩山实习，但由于疫情，实地考察变成线上，好在学院尽心尽力，为同学们设计了一个虚拟仿真系统，寓教于乐，充满趣味。

地理科学的就业方向大致分为两种，一，部分本科生会选择考研，继续深造。地理学包括四个专业，各专业考研情况不尽相同。拿学科地理来说，师范生竞争较大，所以它的专硕形势比较好，但是伴随着双减政策的来临，招编或招教的压力也相应增加，但自然地理与资源环境专业的对口性不强，所以本科就业情况不会有太大影响。二，地理专业毕业生的就业方向以政府公务员和事业编制为主，如地方气象局、测绘局、水务局、地震局、规划局、旅游局等与地理相关的政府部门或事业单位，高中、初中地理教师也是主要的就业方向，重点师范院校的毕业生尤为抢手。

如果要说通过这几年的学习，我最大的感触是什么？

大概可以用课堂上老师的一段话做结——

没学地理之前，看山就是山，学了地理后，看山不是山，你会不由自主地分析这是块什么石头，什么时期形成的，它的质地构造是什么，但当你学精地理后，看山又是山。

海洋科学：
对口工作大多要出海

文 / 佚名

很多人调侃厦大的专业只有三种：经济、管理和其他。然而我今天要说的却是厦大的"其他"专业中的海洋科学专业，也是网红厦大唯一的 A+ 学科。

但是就像你所猜测的那样，这个学科似乎并没有那么热门，所以即便是 A+ 学科，在厦大也是免不了被打进冷宫的命运，归为"其他"专业。绝大多数人甚至都没听说过海洋这个专业，从字面意思来看就是搞科研，是不是所有人无形之中就会把这个专业未来的前景定义为在无边的大海上漂泊？其实不然，海洋科学所涉及的方面极为广泛，正所谓"海纳百川，包罗万象"。海洋科学不是只需要学习与海洋相关的知识，还要求学生掌握物理、化学、生物、地质等学科知识。将来就业更不可能仅仅局限于海洋，还有气象局、石油开采、海洋生物医药、海产养殖、食品工业等等。而对应的大二分专业也有着海洋生物、海洋地质、物理海洋、海洋化学等专业。

说到食品，大一的普通动物学那可是几乎把所有美味的海鲜都学了一个遍！还记得老师每次说到一种生物的时候，都会兴致勃勃地和我们讨论起那些年吃过的海味。什么软体动物中的蚝、牡蛎、鲍鱼，节肢动物中的中国对虾……一节课下来把学生说得口水直流，把要学习的那些结构特点都抛到九霄云外去了。老师还说，只要以后在和别人吃饭的时候能把自己吃的这些东西给别人讲清楚它的身体构造、它的类别、它的个体发育史，那么这门课我们就算是登堂入室了。这吃个海鲜敢情还有这等学问在里头，那么以后在餐桌上岂不是可以和别人炫耀自己的专业？

另外还要给这些"美食"做解剖，当划开它们的肚皮，不小心刮到那个叫作肝的东西时，接下来几天基本上一看见那东西都会食欲尽失。而在充满鱼腥味的实验室里给这些"美食"画生物制图更是最最折磨人的时间。还有一些解剖对象生命力甚是顽强，在被开膛破肚之后还会突然跳起来将你吓一跳。做解剖实验这半年手上不知道染上多少鲜血，但是只有这样才能更真实地了解生物的发展史，更好地探索未知。

可是学习海洋还远远不止这些，海洋地质学告诉我们海洋的形成离不开大陆漂移、板块碰撞以及海底扩张。我们现在所看见的这一切都是地质数百万年的变迁。现在的陆地有可能是过去的海洋，现在的海洋有可能是过去的陆地。所以我们海洋学子还要经常与各种各样的岩石、化石打交道，需要学习岩石学与矿物学，通过隐藏在它们身上的秘密了解过去的地球。不管是显微镜下五彩斑斓的岩石和形形色色的化石标本，还是实地考察漳州滨海火山地质公园时那雄伟壮观的玄武岩石柱景观……这些都与海洋密切相关，更是海洋科学不可分割的学科知识。

陆地的运动久远且浩大，那你可知海水的运动？作为物理海洋的入门课程，海洋科学导论讲述了海水极其复杂的运动，包括风生环流、热盐环流等等。海水的运动看似平静，但当它发怒时，便会是人类的灾难，破坏力极强。研究海水运动，那学习流体力学是必不可少的。

除此之外，海洋化学又将带你揭开海水中化学元素所隐藏的秘密。看不见的元素分布，反映的却是整个地球的变迁，影响的是数不尽的生物。海洋化学的入门课程是海洋化学基础，并且与其他化学专业一样，也需要学习无机化学这门课程。

最后谈一下海洋物理专业（注意它与物理海洋不同），这个专业对比其他专业有着截然不同的上课内容和研究方向，更偏向于一些实验仪器的开发，主要课程是声学基础与数字电路。同时，由于其特殊的性质，对于比较注重找工作以及对电子信息类学科感兴趣的同学来说是一个不错的选择。

学习海洋肯定不止这些书本上的知识，对于我们海洋人来说，出海考察一定是最激动人心的时刻。那么这个时候就不得不说说有着厦门大学第五校区之称的海上科考船——嘉庚号。

这艘耗费巨资建造的科考船，作为我国深远科考的主力船之一，也是厦大海洋学科实力雄厚的象征。海洋的学子们本科有机会通过"海丝计划"登上嘉庚号进行出海考察，虽然时间不长，但那却是对学生综合素质的考察与检验。

目前世界各国都在大力发展海洋，海上运输带动了无数城市的发展，海洋石油的开采前景可观，还有每年海洋所带来的食物、能源、旅游等资源数不胜数。我国的海域更是无边无际，海域之中有待开发的东西还有很多。

那么落到实处，海洋科学专业到底适不适合大家报考呢，坦白来讲，海洋科学专业比较偏研究型，本科毕业是不太好找工作的，对口的工作一般会要求较长时间的出海。大部分海洋科学专业的学生会选择继续读研。

倘若你只是对海洋有一点好奇或是没什么感觉，对于这个专业还是要慎重报考。毕竟相对于汉语言、经济或电气类的万金油专业，海洋专业的学生改起行来可要难得多。

生物科学：
探索生命的奥妙，解密多彩的人生

文 / 花落夏

我所就读的内蒙古大学生物科学专业在生命科学学院里共有两个班级，分别是生物科学国家基地班和生物科学班，两个班级所学课程和教课老师差别不大，但是报考志愿时，基地班比普通班所需要的分数更高，大学里的有些专业课程，基地班的要求也会更高一些。理所当然，基地班的保研率也就更高。两个班级人数相差不多，男女比例也还算正常。

如果你觉得选择生物科学只需要学好生物那就大错特错了，作为一个过来人，我可以负责任地告诉你，生物科学其实是一个综合学科，大一时需要学习高数和写作，之后要学三个学期的化学和两个学期的物理，课程类型较为多样，绝对不会让你的大学学习生活掉进单一的生物漩涡中。而专业课，那就更是多种多样了，植物生物学、动物生物学、微生物学、细胞生物学、遗传学、基因工程、分子生物学，这些都是必修课。除去这些，你可以按照自己的兴趣选修专业课，植物生理学、动物生理学、细胞工程……可谓是方向繁多，应有尽有。

另外，因为全球化趋势，未来为了深造，有些同学必定会去国际上进行交流，这样生物科学专业就需要有一定的英语水平，大学期间英语课一定要认真学习。除此之外，你还需要培养自己阅读英文文献和口语交流的能力。毫不夸张地讲，目前国内已经有很多高等院校在一些专业必修课的讲授中用双语教学了，而且在期末考试中，要求都是英文出卷，英文答题，写中文是不会给分的。

学好了专业基础课、核心课和方向课，有了一定的英语学习能力，你还需要拥有一项技能，那就是画图技能。生命是复杂的，我们要想深入了解生命的活动以及细胞的功能，就要充分解析它的结构，所以为了更好地掌握这些知识，免不了会有老师让你临摹一些细胞的结构或是绘出代谢图。画得丑没关系，只要你能把那些结构完美地展现出来，明白其特点和功能，那你就是生物学科的"绘画王"。

作为学习生物科学的一名学生，免不了要进实验室去做实验。而实验室的器材设备和试剂之贵，可以让你在做完一次实验就成为日花销过千甚至过万的"土豪"。当然，实验器材和试剂都是学校提供的，所以不必担心做完几次实验后自己就会负债累累，你需要做的只是认真实验，将理论知识加以验证并进行思考，让每一分钱的流失都有其价值。实验室里的高额消费其实在所难免，因为只有精准的仪器设备和优质的实验试剂才能得出最为准确的实验数据。或许是因为过于心疼钱，一进到实验室里，同学们立刻一改进门前嬉皮笑脸的神情，做起实验来一丝不苟，一个步骤都不敢马虎。这无形之中也培养了我们实验过程中谨慎的思维和操作方式，到底是勤俭节约的好孩子啊！

动手能力强的学生在实验室里可以将自己的特长发挥到极致，抛开理论课的枯燥无聊，实验课上你可以亲手栽种番茄苗，并给它取个心爱的名字看着它茁壮成长，最后结出果实；你可以自己亲手操作，运用红细胞表面特异性抗原的原理，鉴定自己的血型；你还可以自己制作装片，翠绿的植物叶子、绽开的花朵的花粉粒都可以作为材料，你会在显微镜之下从微观世界里进一步观察到它们美丽外表下细胞的形态。实验课的目的在于把理论知识转化为实践，让我们对专业课知识有进一步的了解和认识。可以这样说，实验课上的成功不仅能巩固你的基础知识，而且能锻炼你的动手能力，让你拥有很多乐趣。对于我们学习生物科学的广大大学生来说，实验课绝对是我们枯燥的学习生活中一剂快乐的调味料。

每年高考生填报志愿时，网上都会流传有关"冷门专业""天坑专业"的榜单，生物科学往往名列前茅。其实，说实话，学习生物科学这个专业，本科毕业后想要找专业相关的工作确实不容易。毕竟在本科期间学到的生物知识比较宽泛，并不完全针对某一个方向进行细致研究，所以本科毕业后我们班级有很多同学都选择了考研，去国内各大高校和研究所进行深造。

到了研究生期间生物科学这个专业会细化研究方向，每个人都会有一个属于自己的课题，早出晚归、废寝忘食的科研人的生活就是从此开始的。这样的同学一般都是热爱科研且以后想要继续在生物科学知识领域继续发展的，大学讲师或是教授都可能是他们未来的就业选择。还有很多同学选择了去生物制药公司工作，但因为小城市里和生物相关的公司和企业一般较少，所以他们大多远离家乡，去了北京、上海等一线城市寻找更多的机会。在这样的公司里，一般从事生产、研发和质量管理相关工作。当然，班级里也有目标清晰的同学在大学期间就早早地考好了教师资格证，一毕业就进入学校，成为一名生物老师。

全面的课程内容，有趣的实验操作，实用的生物知识，多元的就业选择，这就是生物科学专业。

古生物学：
它会"告诉"人们，恐龙一直在身边

文 / 丸久小圆

当你站在喜马拉雅山顶，感受着印度洋吹来的风，忽然有人说，麻烦你抬抬脚别踩着珍贵的珊瑚和菊石，那么除了边境偷渡的神棍，他也可能是搞古生物的。

古生物学这个专业刚出现在我面前的时候，我是好奇的。远古的生物，无论是两米的蜈蚣还是自带"三叉戟"的鱼，绝大部分已然灭绝，所以为什么研究它？难道是为了使它复活吗？可复活的意义又在哪里呢？

后来学了一段时间后才发现，与其说这是一门研究性学科，不如说它是另一种形式的"翻译"，翻译什么？翻译化石的语言，那化石会说话吗？

当然，你仔细听——

古生物学这个专业在百度百科上的官方解释是隶属地质学类的专业，是生命科学和地球科学的交叉科学，因此，矿物学、岩石学、普通地质学、构造地质学包括地化地物一类的科目都还是要学的。很多学校的古生物学都在地科学院里，和地层学一起学习，并称为古生物与地层学。很好理解，当今人类能跟古生物进行交流的唯一媒介不是做梦，就是化石，化石都压在地层里夹缝中求生存呢，就跟买螃蟹虽然只吃肉但人家得连壳给你一起称一样，关系太密切了，不好剥离。

我学古生物，是因为我搞地质的父亲说这是一门贵族学科，像它的奠基人拉马克啊，居维耶啊，达尔文啊，都不太缺钱，我心想那既然不能当一辈子贵族，还不能当四年的贵族吗？

这时候就有人举手提问了：啥？古生物学这么能赚钱？

不是，公主王子需要打工吗？贵族不是在赚钱，而是在花钱啊。

学古生物跑野外的机会是比较多的，天南海北，可以在张家界的石梯上找到二十厘米长的角石化石，也能在贵州山里的采石场边角料中摸到密密麻麻的笔石化石，甚至在依山而建的老乡家里都能有古生物的遗迹。这些化石证据可以作为研究目的的参考，不过相对更权威的取样方式还是钻井。

地质上的"井"和通常意义上的井有些差别，一般是先根据地质学家对板块和沉积的研究成果，先确定打井的位置，然后利用中空的钻头，取出若干千米的岩心，在这岩心柱的横截面处，有丰富的化石痕迹，拍照，留样，带回实验室。面对着花重金搬回来的、堆积如山的石头，此时需要安静，因为古生物要说的话，都在这里了。

把古生物的语言"翻译"出来，是需要雕琢的，也就是前期准备工作。

化石一般分为实体化石、遗迹化石和化学化石，这些都有各自适应的研究手段和处理办法，例如实体化石，虽然实体化石在自然界数量最多，但能够遇到它真的很积德，毕竟是实体啊，还原度高，爱说"实话"。它的保存条件相对苛刻，一般是要避开氧化作用和腐蚀作用，也就是尽量不接触空气，不被风化，不接触细菌，也不碰水。经典例子就是在西伯利亚的冻土层里就挖出过完整的猛犸象，骨骼皮肤血肉毛发，连胃里没消化的食物都保存得很好，一下子就告诉世人这个大家伙的生活环境以及爱好吃啥；还有就是琥珀，不过树脂封存的一般都是比较小的古生物。

也有"遮遮掩掩"的，比如在一片区域，根茎叶花果实分散保存，或是因为化学作用，原本的物质成分和矿化物发生了交换，这就需要强大的想象力和各种证据支持着"拼"回原样，因为古生物生存环境跟现在的环境条件天差地别，为了适应环境它自己的形态也大不相同，看起来长得像叶片的局部化石，没准儿就是它的其他器官，看起来像植物的说不定会是动物呢。

当然也有一部分"嘴硬"的，这些就要借助于化学分析和现代科学技术还原手段，重塑它的结构以及形态，如同CT扫描一样，逐步还原，"撬开"它的"嘴"。像遗迹化石和化学化石，都是古生物的代谢物或生存痕迹，包括排泄的便便啊，走过的脚印啊，住的洞啊，挖的坑啊……很能反映当时的生物多么倒霉，可能正上厕所或是路过，"哗啦"一下，地震了，滑坡了，海啸了，火山爆发了，反正是被铺天盖地的沉积物压住了，一压压了几百万年，然后可能在某一次地科学院的野外实习中被一个看不懂它的学生拿起来，也可能随着地壳运动被风化，永远湮灭了存活过的痕迹。

古生物基础理论"进化论"的提出者达尔文曾指出"化石记录的不完整性"这一缺陷，所以我们不光得让它说，还得判断它撒不撒谎。

当你拿到一块生物化石，首先得知道，它"生前"是什么。这些都是专业课的内容，比如古植物学、普通生物学、进化生物学以及微生物学等等，这些学科主要帮助构建一个相对完整的进化树，告诉你谁先出现谁后出现，谁长成什么样子，期末的时候会出连连看，用以熟练地区别它们微小却具有决定性的不同。

当一块化石被确定是某种古生物后，那几乎就可以圈定地层的年代，同时它还能够指示出非常多的信息，例如它是海生还是陆生这点可以确定这个地区在当时是陆地还是海洋，根据它的习性又可以确定当时是浅海还是深海，是沙漠还是绿洲，甚至可以协同其他证据一起反推出当时的大气或海水中的元素含量。

古生物说得最算的就是地层的时间线，因为开学第一天学概论的时候老师就说过，我们这个学科的重要任务就是"划分和对比地层"。这依赖于有的古生物只在特定的地层中出现，也就意味着只要找到它们，那就是这个时期形成的地层沉积；根据古生物演化的先后我们还可以有效地判断地层的新老。

那它要是撒谎怎么办？不能怎么办，我们做的古生物研究终将会"戳穿"它的谎言，比如我们知道进化规律是"低等到高等、简单到复杂、水生到陆生"。那么，一个地层里存在水生的生物就一定比存在陆生生物的地层年代久远吗？

未必，虽然这个发展不可逆，但生物不仅有进化还有退化的呀，比如海洋哺乳动物鲸，已经有学者认为它虽然爬上了岸，但是实在斗不过其他陆地对手，缺食物，缺生存空间，最后没办法，又钻回水里生活。

还有些化石受到地质活动的影响，漂流瓶一样跑到别的地层中被夹起来，这也给古生物研究带来了困扰，曾经我们在开学术会议的时候，就有学者指出腕足类化石的原产地存在疑点的问题，后来愣是追踪到它在不同时期的坎坷遭遇，被冰川冲，被海洋卷，从现在格陵兰岛的位置一路奔向华南板块……不得不感叹，我确实过得还没有一只贝壳的遗体丰富。

话说回来，古生物学的发展和其他学科一样，都是不断地寻找新的证据，否定前人错误的推断，它甚至需要在学习的时候锻炼出强大的想象力和推断力来解释"不可能"的情况。所以，或许不该说是古生物在"撒谎"，而是我们理解有误。

古生物是一门挺依赖于运气的学科，有的人跋山涉水一辈子，也找不到什么有价值的东西，有的人在路边吃冰激凌也能一不小心踢到新物种，这估计也是它"贵族"的表现吧，你不能太强求它的结果，只能纯凭一腔爱好研究。

古生物学承担着为地质学和生物学服务的双重任务，再加上它专业面的确比一些所谓"万金油"专业要窄一些，因此，古生物学子大多都需要深造，然后在科研机构、博物馆或者能源、地质矿产、海洋等各级单位从事相关工作。不过也正是由于它的专业性，得以使它处于一个较高的、不可替代的位置，还是比较具有发展前景，能够实现从业理想的。

古生物学的美，在于它的神秘和复现的体验感，就是那么确定它曾经存在，但你依然无法见证的遗憾。这种跨时空的交流，注定相错的结局，很是具有悲剧美学的特质。一万年在地层里不过一厘米的厚度，如果一个物种只坚持了百八十年，甚至宇宙里都不会有关于它的记忆。

它讲"消失"，也讲"延续"，就像是侏罗纪的恐龙，虽然在如今只是博物馆里被玻璃封存的化石，但演化的证据明明白白地告诉你，它们血脉的后代用千百万年退化了牙、生出了喙；退化了前肢，长出了翼膜；熬过了灭绝、冰期，终于来到这里，成为每天早上和你打招呼的小鸟。

你终将为这种奇妙折服。

心理学：
心理咨询师与心理医生并不相同

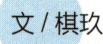文 / 棋玖

不知你可听说过精神分裂症、抑郁症、自闭症等心理疾病？
不知你可见识过犯罪心理大师的传奇推理或是心理咨询师的奇妙催眠？

心理学，似乎就是这样一门神奇的学科。

许是沉浸在这样奇妙的"幻想世界"许久，尽管高考分数比一本线高出很多，但是我依然坚定地选择了心理学这一专业。

进了大学，我才发现，和许多被迫调剂到这个冷门专业的同学不同，我几乎是专业七十多人里面，唯一一个以本专业心理学为第一志愿的学生。

心理学是研究心理现象的科学，而不是部分人误解中的"算命学"——给人看脸看手相的，或者是"死背书"的——心理学要做实验，心理学学生要具备科学素养。

和其他理学科目类似，本学科下的二级学科有基础心理学与应用心理学之分，其中基础心理学研究心理学基本原理和心理现象的一般规律，应用心理学研究心理学基本原理在各种实际领域的应用。

作为一门中间学科，心理学看起来可有可无，实际上必不可缺。这也就导致了从大一开始，我们要学习的不仅有心理学的相关知识和实验方法，还要学习其他基础性知识来打好基础，既有文科类专业所需要的背诵功夫，也有理科类专业的数学原理与实验操作。

高数很重要，但更重要的是基础统计学知识的学习，在以后不论是实验法还是问卷法的研究中，都有广泛的应用。

虽然与医学并不相同，但我们也要了解基础的生理学知识，生理心理学是必学的基础课程，部分大学在课程设置时会给新生安排基础解剖学的学习，但以我个人经验来看，不会有上手实操解剖的部分，而是观看蛙神经反射等解剖实验视频。

计算机知识也很重要，心理学研究常用的软件有SPSS，其在问卷法研究的结果统计和分析上相当方便。绝大部分实验法研究需要实验室环境和专业器材，尤其与脑科学、神经相关的精密仪器造价不菲，并非所有大学都有此类条件。在进行实验时，有部分需要自己根据说明书和教程上手学习全英文软件的使用和实验程序编程，本科生常接触的相对便宜的器材就是反应时测定仪等。

本学科要学的专业课内容就更"花哨"了，基础心理学、实验心理学、心理测量学、教育心理学、临床心理学、社会心理学、儿童心理学、心理学史……另外还有可以根据自己兴趣爱好、专业发展方向等选修的微表情心理学、犯罪心理学、情绪心理学、心理咨询等。

大众认知中的心理学、心理咨询师、心理疾病等，绝大部分来自国内外影视剧中的形象，"犯罪心理"系列剧集中强大到近乎无所不能的破案大师、微表情大师，电影《雨人》中孤独但又学习能力超强的自闭症患者，电影《美丽心灵》中传奇又伟大的精神分裂症数学家……

无可否认，这是一门从外国传入我国的学科，心理学的起源和早期发展集中在欧美——威廉·冯特于1879年在莱比锡大学创立了世界上第一个专门研究心理学的实验室，这被认为是心理学成为一门独立学科的标志。

我国在心理学的研究上起步较晚，在历史底蕴上略有不足，在前沿领域的研究也略显逊色，因此英语的学习很重要，需要阅读相当多的外文文献，目前的热门研究方向与医学类相关，在脑与神经方面。

想在基础心理学上有所建树的学生，深造是相当必要的，北京师范大学算是国内心理学专业的领头羊。

从就业选择来说，像我们这样的心理学学生，如果一开始选择的就是应用心理学专业门类而非专注研究的基础心理学专业门类，在高年级时会有两个方向选择，一是心理咨询，二是人力资源。

心理咨询方向培养的就是广义上的心理咨询师，但心理咨询师与心理医生或者说精神科医生不同，心理咨询师仅能为普通人提供心理咨询，不具备治疗病患、诊断和开方的资格。

在2017年，人社部公布的《国家职业资格目录》中没有心理咨询师职业资格认证，这意味着国家取消了心理咨询师资格证的考试。目前仍有的心理咨询师证书，一部分是在此之前考取的，依然保持效力，一部分则是各省市心理协会推出的，有一定的效力，尤其是部分沿海发达省市。还有一部分是私人机构推出的，这种风险较大，含金量比较低。

但不论是本科还是研究生出身的心理学专业学生，在选择成为心理咨询师后，依然需要进一步学习并始终保持海绵一般吸水的状态。不论是接待来访者的语言技巧，还是咨询手段的学习，都需要一定的金钱和时间来支持，并做进一步的训练与学习，咨询者也更青睐有经验、有资历、更为亲和的心理咨询师为自己做心理咨询。

人力资源方向培养的本科生多会进入企业、公司等工作，相比心理咨询方向在就业选择上会更有优势，常规的就是HR，此后发展看企业对员工的晋升和培养方案。

心理学是一门极有前景的学科，在城市人心理问题愈发复杂的当下，在科技手段一步步代替人力工作的当下，心理学必是一门无法被替代的新兴学科。

🔍 学长学姐有话说

读**理学**是一种怎样的体验？

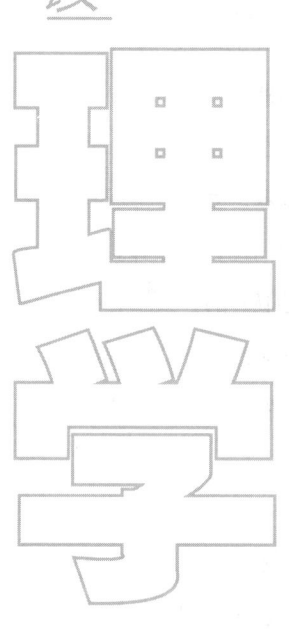

数学与应用数学

大学学知识和高中是有很大差别的，是真的需要有一点天赋的，不然学习会很吃力很痛苦。像数学、大气科学、统计学等等这一类的理学，是要大量计算的，对于公式的演算推演能力要求高，不爱动脑子的慎入。

天文学

目前国内本科开设天文学专业的大学并不多，比较好的学校有南京大学、北京大学、中国科技大学、上海交通大学和北京师范大学。

心理学

心理学也是理学的一种，但是它并不是研究什么星座、血型、精神分析的，也是要做实验的。不要拍着脑袋说什么什么都算好了，如果抱着这种想法来学，还是别入。

地球物理学

地球物理学专业，看这个名字，字好像都认识，但完全不知道是学啥的。学了才知道这个领域又难就业又难学，本科基本学不到啥，硕士更是失业。和这个相关的有空间物理、地质学、地球化学等，强烈不建议学，这是一个只适合深造的学科，毫不夸张地说，你想混得好必须读博，比医学还卷……而且研究内容又多又复杂，你累死了，学的也不过是皮毛。如果真的喜欢，我建议可以报考武大、中山、南科大等。很多地球物理学科干的就是软件开发、算法开发的活儿。

生物科学

生物科学专业要求理论与实践并重，野外实践必不可少。由于生物技术创新的基础是生命科学发展的前沿。为了把握前沿学科的发展动向，一些顶尖高校本科教学中比较重视英文（或双语化）教学，强化学生学习国际最新科研成果的能力。生物专业的教科书"非常厚"，做好心理准备吧。

社会上有一种误解，"生物专业不好就业"。有的媒体在报道专业就业情况时，说生物科学或生物技术的就业率在倒数几位。其实，统计数据显示，生物科学近几年的全国就业率在85%—90%，属于较高水平。当然，学校之间也存在差异。包括北大、清华、浙大在内的985高校的生物科学的就业情况是很好的，大部分选择读研。就业主要方向包括化工、医药、金融、教育行业等。相比之下，一些之前盲目开设生物学专业的高校，师资、科研等跟不上，其毕业生就业肯定会遇到困难。

地质学

我之前一直以为地质学属于文科的范畴，毕竟地理也是高中文科学的科目。但是直到高考填专业的时候我才知道地理属于理科范畴。这个专业最通俗的就业方向就是去探测地质环境，然后发现一些矿产资源，这个专业以后就业的时候条件肯定会比较艰苦，说不定还要跑到深山老林去，所以不太适合女孩。男孩相对比较适合学这个专业，所以这个专业毕业后的竞争压力会比较小。

化学

初入大学，学长和学姐带我们做的第一件事不是熟悉学校，也不是布置寝室，而是参观实验室。

化学专业的一大特点就是，大学四年，在实验室的时间要比在教室的时间长。

第一堂课，无机老师就告诉我们大学四年要学习四门最主要的课程：无机化学、有机化学、分析化学、物理化学，统称为"四大化学"。它们相辅相成，环环相扣。无机化学一直处于基础和母体的地位，是其他三大化学的基础，所以一定要学好。

海洋科学

海洋这个行业在中国刚刚发展起来，从业人数还比较少。有一个很有趣的现状就是，海洋这个行业低端的人才没人要，高端的人才只有政府要。要想进高校和研究所，除了一路硕博，几乎没有选择。

海洋科学是一门非常大的学科，本科学到的东西只是一点皮毛而已，而且这门学科和实际的生产生活距离太远，所以海洋科学本科毕业的人几乎不会从事本专业相关的工作。我本科就出去工作的同学都是在银行、游戏公司、化工、国企之类的地方找到工作的。

大气科学

我觉得大气科学是个冷门但又不是特别冷门的专业，物理类课程特别多，如大气物理学、普通物理、数学物理方法等，还会有动力气象学、数值预报等听着就难受的专业课。实习单位有点难找，我曾在求职网站搜索"气象"这个关键词，只找到四个岗位，假如搜"大气""天气"等，基本都没有相关的岗位。毕业后大家考公的比较多，一般是气象局，不过比较卷，很多都要求硕士以上学历。

统计学

世界上的一切都和数学有关，我们做的事情可以说是在世界的底层构成上面跳舞。统计虽然后来作为独立学科存在，但是依然是把数学作为基础的工具在使用，我们做的一切都可以用公式和数字、编程来表达，其实也是一种很奇异的浪漫吧。

应用统计学

统计学本科阶段数学课程比较多，但学习的课程比数学系简单点，主要课程有数学分析、数学实验、数理统计、随机过程、多元统计、计算机应用基础、回归分析等。区别于计算机类的大数据分析，统计学会偏数理一些。

这个专业就业前景比较好，主要就业方向有保险公司、互联网公司、经济咨询师、市场调查类公司等，考公的话，统计局是不错的选择。

地理信息科学

本科阶段学了不少数学和计算机相关的课程，还有物理。这个专业有的学校偏测绘方向，有的学校偏遥感方向，不太适合文科生。我当年就是跟风选了这个专业，课程令我痛不欲生，编程数据库什么的真的很难，但毕业找工作时，编码能力必须要很强，否则就会成为很普通的画图女工，还是努力学吧。

应用化学

已毕业三年，说实话很后悔读应用化学，虽说专业不重要，重要的是自己要努力。但学化学真的比较难找到好的工作，本科毕业后大部分学生都去了化工厂，考编也比较困难，在公务员考试中，应用化学并不吃香，且竞争激烈。

如果不是对化学特别感兴趣，就快逃。我们本科同学毕业后基本都转了行，喜欢做实验的同学发展得还不错，继续考研读博，在喜欢的专业里发光发热。

生态学

我很喜欢生态学。

小时候喜欢认识动植物、看科普书、做标本，上了大学，进校园后的第一件事就是用识花软件把学校里的花草树木全都扫了一遍，完成的第一笔大额消费是买望远镜，参加的第一个实习是去青海湖做环颈鸻研究。我也一直很感激生态学带给我的知识、认识事物的新视角，以及与众不同的体验。

不过，我们很多同学都在大二转了专业。

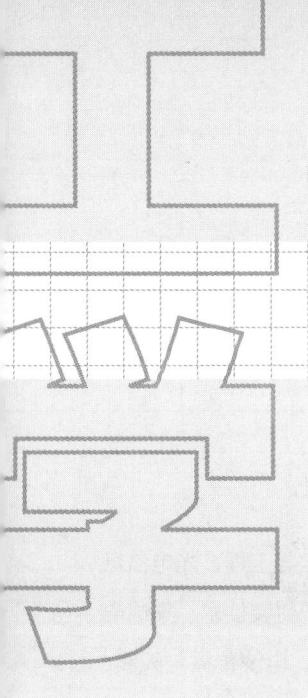

工学大类

力学类
理论与应用力学、工程力学

机械类
机械工程、机械设计制造及其自动化、材料成型及控制工程、机械电子工程、工业设计、过程装备与控制工程、车辆工程、汽车服务工程、机械工艺技术、微机电系统工程、机电技术教育、汽车维修工程教育、智能制造工程、智能车辆工程、仿生科学与工程、新能源汽车工程、增材制造工程、智能交互设计、应急装备技术与工程

仪器类
测控技术与仪器、精密仪器、智能感知工程

材料类
材料科学与工程、材料物理、材料化学、冶金工程、金属材料工程、无机非金属材料工程、高分子材料与工程、复合材料与工程、粉体材料科学与工程、宝石及材料工艺学、焊接技术与工程、功能材料、纳米材料与技术、新能源材料与器件、材料设计科学与工程、复合材料成型工程、智能材料与结构、光电信息材料与器件

能源动力类
能源与动力工程、能源与环境系统工程、新能源科学与工程、储能科学与工程、能源服务工程、氢能科学与工程、可持续能源

电气类
电气工程及其自动化、智能电网信息工程、光源与照明、电气工程与智能控制、电机电器智能化、电缆工程、能源互联网工程、智慧能源工程

工学大类

电子信息类
电子信息工程、电子科学与技术、通信工程、微电子科学与工程、光电信息科学与工程、信息工程、广播电视工程、水声工程、电子封装技术、集成电路设计与集成系统、医学信息工程、电磁场与无线技术、电波传播与天线、电子信息科学与技术、电信工程及管理、应用电子技术教育、人工智能、海洋信息工程、柔性电子学、智能测控工程

自动化类
自动化、轨道交通信号与控制、机器人工程、邮政工程、核电技术与控制工程、智能装备与系统、工业智能、智能工程与创意设计

计算机类
计算机科学与技术、软件工程、网络工程、信息安全、物联网工程、数字媒体技术、智能科学与技术、空间信息与数字技术、电子与计算机工程、数据科学与大数据技术、网络空间安全、新媒体技术、电影制作、保密技术、服务科学与工程、虚拟现实技术、区块链工程、密码科学与技术

土木类
土木工程、建筑环境与能源应用工程、给排水科学与工程、建筑电气与智能化、城市地下空间工程、道路桥梁与渡河工程、铁道工程、智能建造、土木、水利与海洋工程、土木、水利与交通工程、城市水系统工程、智能建造与智慧交通

水利类
水利水电工程、水文与水资源工程、港口航道与海岸工程、水务工程、水利科学与工程、智慧水利

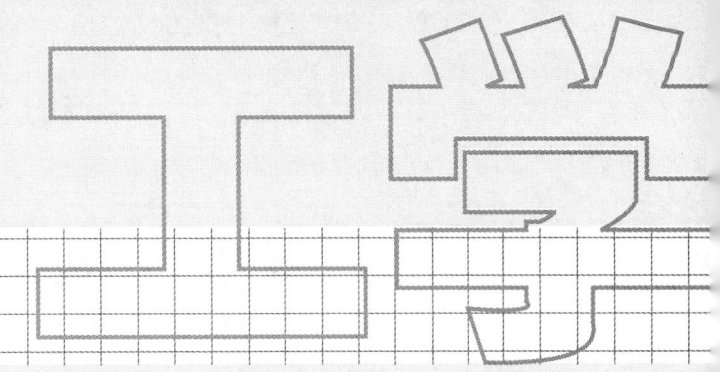

测绘类
测绘工程、遥感科学与技术、导航工程、地理国情监测、地理空间信息工程

化工与制药类
化学工程与工艺、制药工程、资源循环科学与工程、能源化学工程、化学工程与工业生物工程、化工安全工程、涂料工程、精细化工

地质类
地质工程、勘查技术与工程、资源勘查工程、地下水科学与工程、旅游地学与规划工程、智能地球探测、资源环境大数据工程

矿业类
采矿工程、石油工程、矿物加工工程、油气储运工程、矿物资源工程、海洋油气工程、智能采矿工程、碳储科学与工程

纺织类
纺织工程、服装设计与工程、非织造材料与工程、服装设计与工艺教育、丝绸设计与工程

轻工类
轻化工程、包装工程、印刷工程、香料香精技术与工程、化妆品技术与工程、生物质能源与材料

交通运输类
交通运输、交通工程、航海技术、轮机工程、飞行技术、交通设备与控制工程、救助与打捞工程、船舶电子电气工程、轨道交通电气与控制、邮轮工程与管理、智慧交通、智能运输工程

工学大类

海洋工程类
船舶与海洋工程、海洋工程与技术、海洋资源开发技术、海洋机器人、智慧海洋技术

航空航天类
航空航天工程、飞行器设计与工程、飞行器制造工程、飞行器动力工程、飞行器环境与生命保障工程、飞行器质量与可靠性、飞行器适航技术、飞行器控制与信息工程、无人驾驶航空器系统工程、智能飞行器技术、空天智能电推进技术

兵器类
武器系统与工程、武器发射工程、探测制导与控制技术、弹药工程与爆炸技术、特种能源技术与工程、装甲车辆工程、信息对抗技术、智能无人系统技术

核工程类
核工程与核技术、辐射防护与核安全、工程物理、核化工与核燃料工程

农业工程类
农业工程、农业机械化及其自动化、农业电气化、农业建筑环境与能源工程、农业水利工程、土地整治工程、农业智能装备工程

林业工程类
森林工程、木材科学与工程、林产化工、家具设计与工程、木结构建筑与材料

环境科学与工程类
环境科学与工程、环境工程、环境科学、环境生态工程、环保设备工程、资

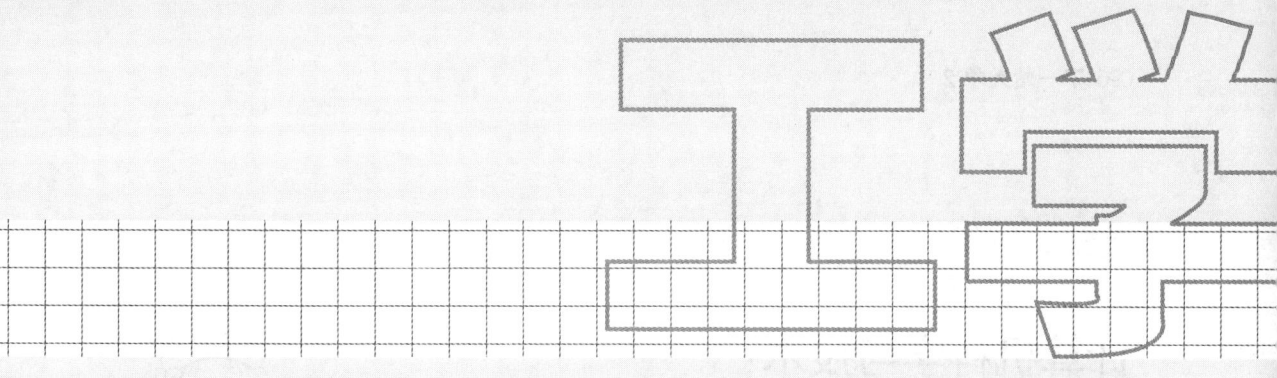

源环境科学、水质科学与技术

生物医学工程类
生物医学工程、假肢矫形工程、临床工程技术、康复工程

食品科学与工程类
食品科学与工程、食品质量与安全、粮食工程、乳品工程、酿酒工程、葡萄与葡萄酒工程、食品营养与检验教育、烹饪与营养教育、食品安全与检测、食品营养与健康、食用菌科学与工程、白酒酿造工程

建筑类
建筑学、城乡规划、风景园林、历史建筑保护工程、人居环境科学与技术、城市设计、智慧建筑与建造

安全科学与工程类
安全工程、应急技术与管理、职业卫生工程

生物工程类
生物工程、生物制药、合成生物学

公安技术类
刑事科学技术、消防工程、交通管理工程、安全防范工程、公安视听技术、抢险救援指挥与技术、火灾勘查、网络安全与执法、核生化消防、海警舰艇指挥与技术、数据警务技术、食品药品环境犯罪侦查技术

计算机科学与技术：
如何做一名合格的码农？

文 / 阿多

提起计算机，映入你脑海的首先是什么？

是电影大片中手速快到极致、屏幕上一片乱码的炫酷黑客，还是生活中穿着格子衬衫趿拉拖鞋的秃头程序员？

计算机这类专业对于很多人来说都有一种神秘的高级感，同时也是很多理科学生，尤其是男学生的志愿所向。基本上问选理科的学生，尤其是男生，想选什么专业，大概率会回答计算机。但其实对于计算机这个专业究竟学什么，以后做什么，大家其实可能还是模糊的。

计算机是一门非常年轻的学科，其历史至今不足百年，但发展速度之快令人咋舌。作为第三次工业革命的主要技术，是现在这个时代比较核心的学科之一。简单来说，最狭义的解释就是，人类研究如何通过现代的各种电子器件（晶体管、电子电路等）的组合，使得它可以按照人类预定的流程工作。

从底层来讲，计算机学科是工程学科，就是构建电路用来完成基本的逻辑运算（有点类似高中与，或，非），如何提高效率，如何大规模集成，这些也是比较深层的硬件知识。

大学学习基本侧重于计算机学科的抽象层面，比如算法，数据结构，面向对象编程等等一系列的组织数据和解决问题的方法论。它锻炼和需要的是面对一个问题的逻辑思维能力。

学习以上东西之前，我们必须要先掌握一门编程语言，用编程语言来实现自己对于这个问题的逻辑构思，从而解决这个问题。

我认为，编程语言就像一门外国语言，比如英语，而计算机就是一个只能听懂英语的人，你必须用英语去和它沟通，告诉它你需要做些什么，如果你的语言和语法不对，那么计算机就听不懂，就会报错。

当人们想通过计算机解决一个问题，举个简单例子，比如把一组乱七八糟的数字从小到大排序，因为机器不是人，它只能一步一步来，那怎么去让计算机解决这个问题？

有一个比较简单的方法：依次比较相邻的两个数，将小数放在前面，大数放在后面。在第一趟中，首先比较第一个和第二个数，将大数放在第二个，紧接着第二个与第三个数比较，大数放在第三个，依此类推，这一组数字中最大的数字就会被放在最后；紧接着开始第二趟，让第二个最大的数字放在倒数第二个位置，一直循环直到排完。这种方法学名叫：冒泡排序。

当然，不止这一种方法，这种自己想出来让计算机解决问题的方法，就叫算法；而数字谁大谁小这种运算关系，就是数据结构（其中一种，还有储存结构，逻辑结构等）。

说到这里，大家可能理解一些了，计算机这个学科主要就是来学习编程语言、数据结构和算法的。

编程语言中主要是学习 C 语言，C++，java，python；C 语言是基础语言，学会它，别的语言就会好学许多；python 比较简单，一般是非专业学生学习的，因为把 c++ 忘得差不多后就是 python。

看完以上内容，你大概会明白，编程语言其实不是最重要的，只是必需品，没什么技术含量，就如同学习英语一样，重要的是解决问题的思路，以及用编程语言能够写出来思路，而且这种思路还能让事情变得简化、效率更高。

编程语言是基础，各个语言各有优缺点，学完后挑自己用得最舒服的或者最适用当前问题的编程语言即可。

当揭开计算机神秘的面纱，其实本质上并不难理解，虽说历史不到百年，但大学对于计算机学科的课程规划体系，还是比较完善的。

计算机学科的培养方案比较复杂，不同学校也有各自的特点，不能一概而论，但主体部分是差不多的。

大一基本上学的是数理基础课，一部分要延伸到大二，主要内容是理工科必备的各项现代数学，高等数学（微积分）、线性代数、概率论、离散数学等等。我们学校大一是学高等数学，大二学的线性代数、离散数学、概率论，但有的学校大一就学这些了。另外还有一些专业基础课程，比如 C 语言、数字电路与逻辑设计、计算机组成原理等。我们学校还要求学习大学物理。

等大一构建好基本的语言基础和数理逻辑思维，大二、大三就开始学习核心专业课和一些可选方向的专业选修课。我们学校一般大一是计算机大类，大二根据成绩和志愿再分专业，这也是现在很多高校的做法。

虽然计算机细分的专业学的内容其实有很多交叉融合，但还是各有侧重。

最热门最全面也是最累的便是计算机科学与技术，简称计科；第二选择最多的就是软件工程；这两个一直是比较热门的专业。

计科比较偏硬件，包含比较全面，侧重数学基础和算法研究，录取分数也比软工高。基本上软工学的计科都学；软件工程偏向软件，更侧重应用的设计与开发。

其他分支还有许多，我的学校还有大数据与人工智能专业，前两年还有电子商务，但前景不好后来撤了。

计算机专业非常注重编程能力，学校会安排实践课，就是自己去机房写代码，一般学校有官网，里面有很多编程题，是需要我们解决的，这些编程题也事关考试分数的考核。好好做这些题，基本期末没啥问题，不需要背什么，需要的是自己大量的思考；当然，挂科率确实不低，如果学这门专业，请一定要自己多独立思考，多敲代码。

我们学校暑假会安排为期一个月的小学期用来锻炼写代码能力，主要内容就是两人或者三人组合去机房自己选课题然后做一个完整的项目出来。课题分很多类，有游戏类，比如五子棋，拼图，数独等等，管理类，比如学校教师资源管理系统，土地资源管理系统等等。

我上学期和两个人选的是土地资源管理系统的设计与开发，学习到了很多知识。比如用 qt（一个前端设计软件）来做我们应用程序的登录和跳转界面，增添按钮；用数据库存储土地大小、型号、地理位置、价格、人员名字、代号、职位等一系列信息；拿到课题时如何设计，比如先注册再登录，密码怎么核对，土地申请、土地删除、土地查询等模块怎么分工，都是我们要考虑的。最后做出来的程序虽说还有很多不足，但都是我们一行一行敲出来的，充满了成就感。

虽说每个学校安排不同，但我在别的高校学习的同学也有类似任务，大部分学校针对计算机还是非常注重编程能力的。想想自己到时候亲自动手写出来一个五子棋或者贪吃蛇小游戏，是不是很有成就感？

不过中间过程也不是一帆风顺，要不然也不会有那么多人说这个专业费头发了。我有的朋友怡然自乐，而有的朋友不堪压力转了专业。

那到底该不该选这个计算机科学与技术专业，或者选择它有什么好处和要考虑的地方呢？

计算机作为当今时代的核心学科，市场需求是非常大的，薪资也很高，这也是计算机成为当今热门专业的主要原因。我个人当时选这个专业的原因也很现实，就是好找工作，薪资可观，加上我本身就是理工女，对数学这方面比较敏感的，所以专业志愿填的基本都是这个方向。

很多人也会说，这个学科难学，在我看来，大学学习的东西其实还是比较皮毛的，认真学习拿一个好成绩并不难，但如果要做出一些创新和突出的东西，可能需要你的天赋，比如逻辑思维强的就比较适合。

个人觉得也不存在女生不适合或者学不好，理工科男女比例基本男多女少，这个专业大概2比1的比例，我们学校计算机大类有十个班，计科专业有四个班，基本一个班三十个人，女生十人，男生二十人左右，女生学得好的也比比皆是。所以不要有自己是女生会不会不适合学，而应多想想自己的逻辑思维能力，比如自己研究数学题时的成就感，看看自己是否有兴趣。

关于掉头发这个问题，秃头属实有些夸张，个人觉得还是基因占主要因素，作息规律的话没什么问题，好多程序员的头发也是很茂密的。当然大学生很少见到作息规律的，所以秃头这个锅，计算机专业表示只背一半。

至于就业前景，就业基本分两个大方向，一是学术，进入大学高校，成为老师，而大多数人是另一条道路，就是进入企业，成为一名码农。如果能力强，本科毕业直接进入像阿里巴巴、腾讯、网易这种大厂也是极有可能。

比较优秀的学长学姐，本科毕业年薪六七十万也是有的，像有点优秀的，年薪也差不多二三十万，即使是比较普通的计算机学生，薪资相比别的专业也要高出许多。

一般选择计算机的学生，不是看重了它的薪资，就是对编程有兴趣，这个专业考公的不是很多，但在考公方面，计算机专业还是有优势的。

大学里见到在编程方面有着异常天赋的同学，在一次次竞赛中大放异彩；也见过觉得自己学不会编程而痛哭流涕后来转去别的专业的同学。如果你对编程或者数学感兴趣，且自身条件比较适合，非常欢迎大家进入计算机专业，成就属于你的未来。

机械电子工程：
机械制造未来，芯片创造未来，智能引领未来

文 / 赵嬰嬰

听到机械电子工程这个名字，大多数人都会好奇这个专业究竟学什么，是机械？电子？还是工程管理？答案是都要学。但是因为机械电子工程专业归属于机械工程这个一级学科，我们最主要学习的还是机械及制造相关的知识，但同时也要学电子、控制、信息处理、人工智能等方面的知识。

专业选修课则有更多的方向，大部分是机器学习、物流、单片机、大数据等与机电信相关的一些与应用领域相结合的课程。

机械方面，是我们主要学习的内容，基础课程是大学物理、理论力学、材料力学等内容，简单来说就是高中物理力学运动学的升级版。但是除非考研类的题目，基本题目也不是很难理解，认真听课我觉得基本没有问题。基础课程学完之后，我们就要学习机械原理、机械设计这两个最主要的与机械相关的课程，其余还有制造、传动、机电一体化、机器人学等课程。

机械原理会介绍一些最基础的构件比如连杆（简单来说就是连起来的杆子）、凸轮（一个水滴型的椭圆）、齿轮（有齿的轮子）之类的，介绍这些构件并进行相关的设计计算；机械设计则是对一些具体的零件、构件进行学习并且要会查相关的设计手册进行选用，然后校核、组装，是对于整个机械结构的系统性的学习，比如如何分配传动比，选齿轮，选轴承，设计轴等等，学习完之后就可以进行一些机械结构的设计了。

制造方面则是由精度分析和制造两门课合成了一门课，就关于零件加工有一个更为具体详细的介绍，例如选用零件的材料，毛坯的制造方式，如何选用机床刀具和相关的计算，还有一些关于精度的要求，让你可以从无到有把设计出来的零件真正制造出来。传动课程有液压与气压传动，介绍传动方式。机电一体化课程介绍如何把电机转动变成你需要的运动。机器人学则会教你一些计算机械臂状态和位置的方法。

总之，机械方面的专业课涉及从设计到制造的各个环节，教你如何制造出一台安全可靠符合要求的机械。纯机械的发展已经不能满足现下的一些实际生产需要，所以我们就会和电子结合，比如加上一些微处理器例如单片机，用单片机控制电机再带动机械就可以使机械自主地完成我们的要求。所以这个综合方面我们就涉及电子、控制、信息处理等方面的学习。

在电子方面，我们主要学习的基本课程是电路，模电和数电，高一级的课程就是微处理器原理与应用。电路也就是高中电路的 plus 版。至于模电数电，模电就是处理模拟信号的电路，主要涉及二极管、三极管之类的问题；数电就是处理数字信号（0和1）的电路，主要涉及一些逻辑电路的问题。微处理器原理与应用课主要学习底层的汇编语言，然后要了解基本单片机的结构，比如各种接口，储存器什么的。

控制、信息处理方面主要学习工程控制基础和信号与系统。工程控制基础会教一些自动控制的基本内容，主要是高数的应用，学习了高数才能理解这块（所以一定要学好高数！！！），简单来说就是把电路、机械之类的实际的系统模型转换成数学表达式，再研究这个数学表达式得出系统模型的一些性质，更好地使用系统；信号与系统则是介绍各种传感器，这些传感器的原理，然后传感器把检测到的物理量（比如力、温度、电流电压什么的）转换成信号，再教你如何处理各种信号，根据处理的信号调节系统（需要在工程控制基础之上）。

另外，我们还有人工智能的课程，学习的方向主要是机器学习方面，用python写算法进行预测分析，可以检测数据，进行视觉学习什么的，当下比较实用，比如智能驾驶，智能系统，大数据分析之类的都能用到。

以上就是我们的主修课程，可以看到确实涉及很多方面的知识，是一个综合交叉的学科，而对于选修课则更为广泛，你可以选择喜欢的方向进行更深入的学习，也可以拓宽知识面进行学习，比如我选修了PLC可编程控制技术，在控制方面掌握了一种新的控制方法；选修了物流管理，对于码头集装箱的管理运输也有了一定的了解；你也可以学3D打印、高级单片机、数电应用等各个方向的相关知识。

与实践相关的环节，磨铁、数控机床切削、焊电路板则会让你感受到车间的快乐。

单就机械电子工程本身所处的机械工程来说，今天制造业还是一个很基础的行业，需要大量的人才，所以即使是本科生就业也很容易，但是整体的薪资并不高，并且一些地方的工作环境不是很好（比如在车间里），性别歧视也较为严重。虽然我自己就是工科女，但是制造业的就业环境确实对于女性并不友好，有的岗位限招男性。

如果引申出相关的专业的话，现今大热的一些专业其实都可以"擦边"，比如电子芯片设计开发、自动化控制等。

如果有很明确的意向，比如想做机器人，想设计人工智能，其实可以考虑去自动化、计算机等方向，这些方向更为符合当下的技术需求。

机械电子工程的考研是在机械工程一级学科之下；学硕主要是数一、英一和专业课，专业课大部分学校是机械设计基础，就是前文中提到的机械原理和机械设计，其余一些学校考机械设计（例如我的学校）或者机械原理，还有部分学校考的材料力学，都是内容比较多比较难的，但是国家线就是理工科的国家线，比动辄370的经济教育好很多。不过一些顶尖的学校也是需要差不多370才能考上的。本专业开设学校较多，可以根据自己的学习水平未来的职业规划等方面进行选择，选择面较广，很多上了国家线就可以有书读。

当然不想学机械也可以在控制工程、计算机、通信等专业进行跨考，有一定基础，跨考难度相对简单一点。

出国方面，美国、英国、德国、日本、法国等国家都有非常不错的学校，可以根据自己的实际需求、经济条件、语言能力等进行选择。

如果你也对机械、电子、控制等感兴趣，觉得"拜托，这超酷的"，那欢迎你加入。在这里你可以自己做机器人,可以自己制造出一个机械,可以自己写代码点亮一个 LED 灯,可以创造你自己的机械世界,更好地用机械代替人工,为人类创造更美好的未来。

宝石及材料工艺学:
疯狂的石头

文 / 周日正义

我记得《疯狂的石头》里众人为价值连城的翡翠所疯狂,我记得《血钻》里战争分子为几颗闪耀的钻石所流血,我还记得《泰坦尼克号》里杰克与罗丝为海洋之心所许下的爱情誓言。不承想,那些停留在电视荧幕上的珠宝玉石在高考志愿填写后真的走进了我的生活。

入学前期拿到录取通知书,我对大学生活充满着期待,而关于宝石及材料工艺学这个专业却一无所知。宝石是什么?是金银首饰吗?是翡翠摆件吗?还是一堆有价格的石头吗?就这样我怀着激动喜悦憧憬等诸多感情走进了我的大学生活。

进入大学,自然有了系统性的认知。此专业在我所处城市地理环境中占有一定优势,一是临近玉石原产国,二是设立了专业的玉石交易场所,三是城市玉石文化底蕴浓厚。

可当我拿到教材匆匆一看后便为自己的大学成绩单而担忧。也许,这是一个完全的理科世界。

之前,珠宝玉石在我眼里只是金铺里售卖的配饰,结婚时交换的钻戒,别人手腕上的玉镯,但现在它成了书本里长串且复杂的化学公式和晦涩难懂的专有名词。

书桌上的《结晶学与矿物学基础》《贵金属珠宝首饰评估》《钻石分级的原理与方法》《宝石鉴定》等教材看起来都像恐怖片里的水井,你明知道它恐怖,却不知道它有多深。

矿物和矿物学这门课程是大学课程中的重中之重。除此之外,中国玉器文化的课程学习将使我们领略中华文化的玉石魅力。

将东西方珠宝玉石基础知识扎实地学完后,老师便会带着矿物标本与同学相见。

实际操作课程将占据大学专业课程的后半部分。老师会结合实践教授如何辨别各类矿物,并准确说出其特征。分组讨论与鉴定,成为所有同学看得见的硝烟。同时,学院里还会开展鉴定大赛。

专业仪器与化学实验操作的课程为我们打开了新的天地。从肉眼鉴定升级成显微镜鉴定，那五彩斑斓的矿物切片成为万花筒与色彩板的存在。

一般来说，大学第一学期的课程会被牢记，可我却忘了。兴许是大一的课程非常反转。

前一堂课我还在死磕黑板上写的类质同象中菱镁矿 $MgCO_3$ 与菱铁矿 $FeCO_3$ 到底是什么关系，后一堂课老师已经在教我们如何快速地编出一个中国结，只因中国玉器演变发展总跟中国文化有着密切联系。

这般奇特的课程内容在一天结束后，我觉得不止脑子打结，嘴巴也打结。那些拗口的专业名词就如同难嚼的食物，总要在口中反复咀嚼方可下咽。一旦做到，那就自然而然成为自身的东西了。

但这远远不够，消化后的知识还要运用到课后作业中，那才代表真正理解了。

每当作业布置完，都会听到老师们十分放心的声音："我们专业的题目，你们尽管大胆放心地去网络上搜，能搜到算我输。"

事实证明，有些专业名词在网络上分开的确能查到，可合在一起你只能收获"对不起，网页已走失"的字样。这般情况下，所有专业课出勤率都极高，大家生怕落下一堂课，那样你会连作业题目都看不明白。

有时，我看着满面文字的专业书就会想，这些石头在书上看着挺疯狂的。

万万没想到，实物更疯狂。

珠宝，自然需要亲眼看。

从大二开始，课程种类变得丰富起来。老师们从书里生硬的专业名词里跳脱出来，开始引领我们接触真实的宝石。当然，是作为标本的"宝石"。

实体落在手心，带着重量，带着缺口，带着切面，并不完整地展示给我们。我们需要珍惜这几分钟接触的机会，仔细翻看后回到书本里依次验证观察到的特征，最后牢记于心。

因为指不定什么时候老师就塞给你一块石头，问你"这是什么矿物？""什么硬度？""晶体是什么？""有味道吗？"等等使你猝不及防的问题。

对于这种能碰到标本的课堂，专业老师时常提醒我们要轻拿轻放，善待标本。只因特征突出的标本并非市场批量购买，而是老师们在各地实地勘察时寻来的。随意对待只会让标本受损，从而报废。因此对于个别珍贵的标本，老师还会站在一旁监督。

但这类珍贵的"宝石"在其他专业同学的眼里只是一块石头。他们对我们的课程也同样表示疑惑，其中就包括为何对着一块石头自言自语。

我答，在鉴定呀。

除了矿石鉴定，在后续的课程中还能接触到钻石鉴定。

钻石，美丽、珍贵和闪耀的代名词。在现实中它的价值昂贵，在书本里它只是几行文字概括的事物。

"钻石恒久远，一颗永流传。这样的广告词相信大家都听过吧？"负责此专业课的老师与我们提起这句耳熟能详的句子，当时大家都齐声回答："听过！"

"那今天我们就来讲讲，怎么鉴定钻石。"老师把一本小蓝册子放在了讲台上，"鉴定钻石首先要明白一个概念，什么是4C。所谓的 4C 是英文中的克拉重量（Carat Weight）、净度（Clarity）、颜色（Colour）和切磨（Cut）。"

在基础课上完后，终于迎来能亲手拿到钻石标本的日子了。当时的心情，可以用一句话来描述——"激动的心，颤抖的手"。

激动于摸到真钻石了，颤抖于怕丢了要赔钱。

鉴定钻石，除了镊子、放大镜、白纸槽等基本工具外，还需要能够平稳夹起钻石的手。钻石有平行腰棱，将钻石台面向下放在平面上，左手持镊子平行于钻石腰棱处后轻轻夹住，不可使蛮劲，要用巧劲。对于这一系列动作，我都是在胆战心惊中完成。耳边还不时传来同学夹飞钻石而发出的惊呼。故此，每每上到此堂课都会看见全班同学打着电筒趴在地上找飞走的钻石。

标本种类随着我们的学习越来越丰富，有时老师拿出来的标本都能让我们惊呼几声。可这些标本在亲自参与到钻石琢磨工艺实操课后就逐渐失去了兴趣。

能够打磨切割钻石可是我从来没有想过的事情，这是件很奇妙的事情。

"我竟然能刻钻石了！"我兴奋不已，结果专业老师是这么回答我的，"严格来说，是磨钻石。"

"更严格点说，你们是在磨玻璃。"

我从老师手里接过啤酒玻璃瓶底般厚度的绿色玻璃后，垂头丧气地坐到了操作台前。小心打开机器，把玻璃凑到打磨盘上，刺耳的声音与水渍相互交错。

首先我要先把不规则的玻璃磨成圆柱体，然后止步于圆柱体。

那是因为整个学期下来，废掉很多玻璃后，我还是连圆柱体都磨不规整。对此，老师评价很正常。要把玻璃磨成圆明亮式琢型，需要磨出 1 个正八边形的台面及其周围的 32 个小面所组成的冠部，24 个刻面的亭部和 1 个很扁的圆柱体的腰棱。这些小面一旦稍不注意就会出错，要万分细致耐心。

可是一旦打磨成功，会非常有成就感。

"虽然它只是一块玻璃。"专业老师再次补充道。

而那块还不够完美的圆柱体玻璃却因搬离宿舍而消失了，这也如我的大学生活一样迎来了结束。

一旦结束了大学的专业学习，面临就业，那可有许多途径在此行业中继续"发光发热"。

一可继续学业深造，考取专业珠宝鉴定师资格证，例如 GIC 钻石分级师，进入到相应的珠宝鉴定所工作。二可以成为一名优秀的珠宝设计师，参加各类国际珠宝首饰设计大赛。三可选择不为朝九晚五所束缚的自由职业，到玉石交易场所发掘原料，为购买者寻找称心如意的首饰物件。四可成为如今火热的电商，通过网络销售珠宝首饰，并介绍宝玉石保养等等知识。

最后，还是要说，宝石及材料工艺学的确是一门冷门小众的专业，但其又具备着很高水准的专业技能，是"术业有专攻"的典型代表。在这个行业中，耐心学习与内心喜爱才会给你带来更多的动力与发展。

材料科学与工程：
四大劝退专业之一

文/何苹苹

记得大一刚开学，发生了一件很有意思的事情。辅导员有一次问全专业的同学："你们之中有多少人第一志愿填的是这个专业？"大教室里，将近 150 人，黑压压的一片，举手的人用一只手都能数出来。辅导员诧异，又问："有多少人是在六个志愿之一填了这个专业的？"大教室里，将近 150 人，黑压压的一片，举手的人用两只手差不多就能数出来。辅导员没控制住，笑了，全专业的人跟着笑了。你看，"材料学"不受欢迎的程度大抵就是如此。

可是"材料学"为何让人望而止步？它究竟是何方神圣呢？第一次思考这个问题是我在录取志愿上看到自己被材料学专业预录取的时候，只记得自己当时脑子轰一下，明明在高考后还和同学起誓今后再不触碰化学和物理的，这下啪啪打脸了。我妈还在旁边宽慰我说，可能这个专业不是你想的那样，是跟整理材料档案之类相关的呢？你要不先查查。等我怀抱着七分忐忑和三分侥幸在网上搜索到了这个专业的相关介绍和就业前景之后，我几乎是立马确定了将来要转专业的想法。

网上对这门学科的介绍比较简单宽泛，其中所描述的专业名词也非是一个普通高中生能一眼领悟到位的。比如说：材料科学与工程是一个涉及材料学、工程学和化学等方面的较宽口径专业。该专业以材料学、化学、物理学为基础，主要研究的是材料成分、结构、加工工艺与其性能和应用。通俗具象一点来说的话，这个专业就是研究一些生活中常见材料的性能和应用，小到一张纸、一个塑料袋、一件衣服，大到交通工具、医疗器械、工程建筑、航天航空等，处处都会有材料的身影。拿一个最近的热点举一个简单的例子：比如刚刚返航的神舟十三号，在升天的时候速度极快，摩擦作用下会产生大量的热，这时它的外体材料就要求具备高耐热性；再加上飞船本身需要携带燃料，如果飞船自身过重的话，就需要抵抗更大的重力才能上升，这时就要求飞船的材料要轻便一些。如此推导，我们就要去研究和开发这么一种既轻便又具备高耐热性能的新材料去投以生产应用。

材料科学与工程属于工学里的一个学科，要学习的课程很多，也很泛，所以常常被人诟病说"泛而不专"。你要说我们是学化学的吧，它又没有化工专业学得精；你要说我们是学物理的吧，它又没有光电专业学得深，所以"材料学"就成了四不像，还屡屡被网友认为是一个"坑"。

材料学大一要学的课程其实不算基础，但与专业的关联性比较弱。比如大一的课程有高等数学、大学物理、无机化学等，其中无机化学的前半部分与高中化学重合度较高，包括基础化学反应方程式、电子正负极反应等等，最多是换了一种名词，包装成了一个新的知识点。总的来说，前半部分相对后半部分简单得多。

大二要学习的课程相对专业一些，开始从理论性课程往实践性课程过渡，我们不仅要学习一些理论课程，还要动手实践搭配做一些实验。理论课程有线性代数、有机化学、分析化学、物理化学等，部分课程难度直接攀升，课程变得有些晦涩难懂。但此时也不要太过紧张，有些课程的内容是有交叉的，相当于同一知识点你会多次碰到，这对于增长记忆点是很有帮助的。并且每次期中考和期末考也不用太过担心，老师会根据大家平时上课的实际情况出题，加上有往年学长学姐的题库赞助，考前积极复习，考试不挂科还是可以保证的。

实践课程就是无机化学和有机化学实验，每周要做2次，课前需要写好实验报告，了解反应原理和操作步骤，这样在动手实践的时候也会更熟练一些。实验会有失败的可能，比如可能做出来的成品是一瓶被烧黑的碳，或者没有明显的反应特征，这时候不要隐瞒，只要如实请教老师、写进报告并分析失败的原因即可。

前面说过，材料学是一个宽泛的称谓，到了大三开始，我们需要二次选专业。国内每个大学不太一样，像我们学院有两个专业可供选择：高分子材料与工程和复合材料与工程，前面主攻高分子化合物材料（由相对分子质量较高的化合物构成的材料）研究，后面主攻复合材料（由两种或两种以上不同性质合成的材料）研究，考虑到专业发展的成熟度和未来就业问题，一般选高分子材料的人会更多一些。

分专业以后，意味着要分班学习。大三的专业课有材料加工工程、高分子材料、工程材料力学等（专业课程因各校侧重不同会有一定差异），理论性强，实践性也同样强。我们从原来的实验室做一些仪器实验转到厂房做车间实验,看着通过自己和小组成员亲自做出的塑料成品,听着老师不时的表扬,我心里有一股自豪感油然而生。

和其他专业不同的是,我们大四还安排了好几门实验课程,学院里的很多同学都开始变得异常忙碌,一部分准备毕设,一部分准备考研,还有一部分人已经开始实习。准备毕设的人整天待在实验室,设计方案,捣鼓药品,忙得天昏地暗、头重脚轻,一沾上公交座椅就能睡着;准备考研的人每天三点一线,宿舍——食堂——自习室,在日复一日的枯燥书海中默默积蓄着向上迸发的力量;开始实习的人则是天天两点一线,公司学校往返跑,不时地和公交地铁作斗争。每个人都按着自己的频率忙着自己的事情,好像一条条的火车轨道一样,轻易地就将我们每个人的未来方向分隔开来。

总的来说,大学四年我是过得非常充实的,也确实在这门学科里学到了很多东西,原本计划在大一转专业的,后来也放弃了。大一伊始,专业里就有对未来规划比较清晰的同学去跟导师研究感兴趣的课题并拿到了专利,也有同学因为转专业失败便下决心辅修其他专业,最终在大四成功拿到了双学位。所以,如果你也有清晰的规划和足够的自制力的话,也可以考虑往这两个方向去发展。因为你一个小小的想法和行动,都有可能帮你决定你未来的方向。

大学毕业后,专业里很多人去考了化学学科的教师资格证,也有人继续考研深造,还有人进入企业的研究室当一名助理工程师,当然也不乏像我这样的,深思熟虑后还是转行做了其他工作。

当然,作为过来人,我还是建议如果想要做本专业相关的工作的话,最好继续考研深造,因为材料学算是研究性质较强的专业。

当然话说回来,其他人的经历也不能成为你的经历,其他人的经验之谈也并非适合你,拥有辩证的思想,一步一个脚印去探索,走出属于自己的道路才是最重要的。

电气工程及其自动化:
电流世界,我的梦工厂

文 / 许丹

高中的时候,因为家里离学校近,我选择了走读。父亲每天起早贪黑忙自己的小店铺生意,根

本没有工夫理我。每次做完作业，我都会看着父亲工作。父亲在研究电器方面总有自己的想法，而我也正好对电流有着特别的兴趣。为了做父亲的小帮手，有时候，我会背着父亲偷偷摸索小电器，研究电路板到底是个什么。高考那年，我拼尽全力，终于在 2016 年的盛夏拿到了心仪大学的录取通知书。

在开学第一课中，我第一次接触到的公共课是高等数学，看着这些公式，我的兴趣就上来了。而在专业课上，我的第一门课是电路分析，电路分析课的老师虽然看起来不怎么外向，但他的教学能力是非常棒的，大一上学期的期末，我的电路分析课竟然考了专业第一，这让我无比惊喜。

往后的日子，我陆续接触到了概率论与数理统计、大学物理、模拟电子技术、数字电子技术、程序设计方法、自动控制原理、电气 CAD、专业英语、电力系统分析、电力电子技术等课程。其中，我最喜欢的是数字电子技术这门课。因为给我们上课的老师是专业里最有气质的美女老师。她上课的风格也特别棒，讲解的知识点清晰且让人容易理解。在她的课堂上永远不会出现昏昏欲睡的场面，就连校园里偶尔放养的猫咪都会认认真真地端坐在教室的座位上看着这位气质女神。另外，她教授知识时，不会照着书本念定理，更多的是引导我们去思考，所以在课上，多数时间是用来思考和提问的，一节课下来我们的脑子都是在转动的。

理论课之后，我们还有属于自己的实践空间。

我们的实践课主要分为两类：一类是与课程相关的实验课，几乎每一门专业课都会有相应的实验课，比如电路分析实验、模拟电子技术实验、数字电子技术实验、电力系统分析实验等；还有一类是操作性更强的实训。

记得那是在大一下学期，我们有一个实训叫作电装电调实训，大意就是每人有一个只有必要零部件但是还没有组装好的收音机，然后用一周的时间进行组装调试，待组装调试好后交给老师验收。当时，我拿到未组装的收音机心里还挺开心的，感觉捣鼓这种小玩意特别有意思，从那时候开始我便学会了焊接，把一个个元器件认真完美地焊接到电路板上，然后按照调试步骤调试好，通过收音机收听到清晰的声音后就算任务完成。

看着眼前的成品，再看看老师给我打的高分，我有着满满的成就感。那次的实训后，我就喜欢上了焊接，有事没事我就想找东西来焊，在学期期末时，我还做了一个精致的电子时钟，帮同学焊接元器件复杂的万用表（一百多个小电阻）等等，我的焊工得到了小小的提升。

大二上学期，实训难度又稍微上升了一些。这次是自己选择一种弱电类的产品（当时选择了做一个直流电源），然后自己进行电路图的设计改造、自己画图、制作 PCB 板、钻孔、焊接、调试、测试。废寝忘食的我终于做好了成品却卡在了调试环节上。

在调试环节中，感觉自己是在拆随时会爆炸的炸弹，迟迟不敢通上电测试。后来，我又拉了几个同学来帮忙，虽然好不容易通上电了，但是测试结果表明第一次测试是失败的。再一次检查后，我重新调试了元器件的组装位置，然后大胆地通上电进行测试，然而，通上电之后元器件发生了爆炸，吓得我的小心脏都快跳出来了。原来，是我把整流桥的元件位置接反了，所以才会发生爆炸事件。直到后来，在老师的协助下，终于完成了实验。

说了这么多关于专业实训的事情，现在来谈谈电气工程及其自动化专业的情况吧。其实，在上学之前，我也曾向学长学姐们了解过专业的情况。电气工程及其自动化专业涉及电力电子技术、计算机技术、电机电器技术、信息与网络控制技术、机电一体化技术等诸多领域，专业的主要特点是强弱电结合、机电结合、软硬件结合。其综合实力不错的院校有：清华大学、华中科技大学、西安交通大学、浙江大学、重庆大学、华北电力大学、哈尔滨工业大学、华南理工大学、上海交通大学等。

曾有新闻报道："电气工程及其自动化专业就是以电能、电气设备和自动化技术为手段来创造、维持与改善人类生存空间和环境的一门科学。小到一个开关、一个手机，大到航天飞机、宇宙飞船以及工农业生产过程都离不开电气自动化控制。几乎所有的制造类企业都需要电气工程及其自动化专业人才。"而我所在学校的电气工程及其自动化专业的就业前景也是很光明的。像中国南方电网（世界五百强之一）在我校通过统一考试选拔人才以来，几乎每一届本专业的应届毕业生一半以上都考进了南方电网，主要从事的还是电力系统方向的工作。当然，也有部分是从事应用电子技术方向的，这个和个人的兴趣爱好有关。如果想在原有专业的基础上有大的提升，也可以选择考研，跟着导师多交流，积累经验。

能源与动力工程：
传说中的"烧锅炉"专业

文 / 赵梓沫

七年前经历高考，成为一名"能动人"，却总是被调侃是"烧锅炉"的，甚至连整个系也被称呼为"锅炉系"。那时经常问自己：我现在在学什么？以后我又能做什么？

如今，经过四年本科学习、三年硕士学习，感觉终于能以一名过来人的身份来分享这两个问题的答案。

我们要学习的可不只是"烧锅炉"，我们的目标是学会利用一切可以利用的资源，把它们转换成我们日常生活所需的能源。

能源与动力工程（以下简称为"能动"）是研究各种能源并且最终将其转换为动能来供给人们使用的一门学科。能动专业一般有两个发展方向，一个是热能动力工程以及控制方向，另一个是热力发动机方向。

对于能动专业来说，高等数学是基础课程，工程热力学、传热学、流体力学等则是更深一步的知识内核。

温度变化、热量传递、流体运动，日常生活中，这些情况无时无刻不在发生。那么热量如何传递？压力、体积、焓、熵、功又是如何变化？通过学习，你会找到答案，也能以更客观、理性的角度去思考生活中遇到的种种问题。无论是高达上千度的航空发电机，还是低至 −196℃ 的细胞冷冻；无论是高速列车运行空气流场，还是细胞溶液中微不可见的微尺度流场都在能源与动力工程专业的研究范围内。不得不"自夸"一句，任何与热相关的问题，能动都能用专业知识予以解答。

作为一门工科类专业，能源与动力工程不像法学类专业那样有着对社会现实案例的探讨，也不像理学类专业那样专注于定理公式的推演，我们所要做的是集中百分之百的精力，把工程项目中的每一个具体细节计算得清清楚楚。

例如学习了流体力学，我们就要知道怎样控制锅炉的运行，每一股空气受热后的运动情况都要了然于胸；学习了输入输出系统，我们就要知道如何通过计算机操作，远程控制有着上千度高温、上百吨重的熔炼炉，可谓"运筹帷幄之中，决胜千里之外"。实践操作不仅与课堂知识密不可分，而且为大家后面所学的专业课打下了基础，也相当于对未来工作的"提前演练"，绝不可大意。

在能动专业，无论是专业大课还是细支小课，第一排位置永远是个"香饽饽"，或许因为课程难度系数，后排"摸鱼"的做法几乎为零，每个人都恨不得这课讲得细一点、再细一点。

在教学安排上，本科前两年我们主要学习基础课程，后两年则学习专业课程。到大二的下学期末，同学们就可以根据自己的兴趣和规划来选择自己的学习方向了。如果你未来想要从事相关科学领域的研究，到大三便可以联系老师，成为研究实验室的一员。如果你想要在其他学科继续深造，跨专业考研是一个挺不错的选择。

大部分情况下，能动专业的老师会将自己承担的科研课题转化为创新项目，让同学们能够参与到科学研究中去,这也是让专业学生最直观了解和掌握最新前沿科学知识的方法之一。

对于能动专业来说,学以致用和反复钻研是非常重要的,但怎么才能检验自己所学是否到位?参加学科竞赛便成为最佳选择。

和能动专业有关的学科竞赛有很多,例如全国大学生"挑战杯"科技竞赛、大学生节能减排竞赛和校内组织的各种操作技能竞赛等。还记得当时我和几个同学组成了一个小队参加学校的节能减排竞赛,跟学校申请借用了实验室,对前期准备好的样品进行反复测试。

在实验室中,我们操作泵阀试验台,用软件进行流场分析和结构模拟;还利用风洞试验台,模拟和测试飞机在不同风速、风向下最节省燃料的状态。我们常常会因为一些数据出错而被迫熬至深夜,也会因为操作问题难以解决而茶饭不思。不过到了最后,当一个完整的作品展现在我们面前时,那种令人欢喜和振奋的成就感实在是令人难以忘怀。

能源是人类生存之本,它与我们的生活息息相关,与能源相关的研究始终伴随着社会的发展,能动专业学子的就业前景不容小觑。

我们之所以自我调侃,说自己是"烧锅炉的",是因为我们所学的知识常常用于发电厂,通过烧锅炉让水变成高温高压的水蒸气,从而推动发电机发电,但实际上我们能做的事情远超于此。如果将发动机比喻成复杂机械的心脏,那么我们就是维护这颗"心脏"的心内科医生。无论是翱翔天空的飞机、出征浩瀚宇宙的火箭,还是潜入深海的潜艇、不断完成自我超越的动车,都离不开能动专业学子的努力,这些相关专业也都有着能动学子的身影。

而随着绿色转型发展意识增强和科技的发展,核能发电崭露头角,此外"碳达峰""碳中和"口号的提出,能动专业更是拥有了更加广阔的发展空间。中国石油化工集团公司、中国石油天然气集团公司、中国海洋石油总公司、国家电网公司、中国移动通信集团公司等大型企业自然是不必说的,各种制冷、汽车等装备制造商,还有现今大火的新能源技术的开发商,甚至于与计算机技术相结合的芯片散热技术、与生物医学重叠交叉的生物组织冷冻技术相关产业等,这些企业都很青睐能动专业的毕业生。同学们可以在这些单位从事如动力设备(发电机、电动机等)的系统设计与信息处理等工作。

最后再说说能动专业的男女比例吧,作为工科专业,普遍现象就是男生多,女生少。用数字说话,翻阅各大高校招生简章,基本上比例维持在8∶1甚至9∶1。这倒也不是说女生不适合学习这个专业,相反,在保研、考研的成功率上,女生几乎达到100%,而进入正式单位,女生虽然不能像男生一样在现场发挥力量,也存在体力上和生理上的遗憾,但不可否认,在信息细致处理、图纸设计和改良等细致工种上,女生更具有优势。而那些石油工程、石油化工和电力领域的设计院,岗位也非常适合女生。

光电信息科学与工程:
传说中的"见光死"

文 / 何许

实话说,我高考填志愿选这个光电信息科学与工程专业,完全是瞎蒙的。在那个手机还是按键+触屏的年代,信息和资源远远不像现在这么爆炸。即便学的是理科,拿到各学校专业的时候,我看着电气工程及自动化、计算机科学与技术、软件工程、航天科学与工程等专业名称也是一头雾水。当时我爸觉得光电信息科学与工程这个名字听起来太牛了,又听说是学校的优势专业,就极力推荐我填。一直是个乖乖女的我也听话照做,于是稀里糊涂地成了光电人。自此,不知不觉,我已在光电这个专业待了六年半,走过了本科和硕士的岁月。其间,按部就班地上过各种课,参加过中国光学学会开办的学术大会,在其他高校光学方向的老师和同学面前做过会议报告,也展示过学术海报,发表过SCI和EI论文,在重点实验室搭建过激光器,最后从这个专业毕业。

很多人都抱怨这个专业"见光死",课程太难了,就业面也窄,不好找工作,事实是这样吗?可能我浅薄的经历尚不足以讲清这个专业的所有方面,但是我想把我看过的、经历的、了解的光电讲给大家。

光电专业都学些啥?

2012年教育部下发文件设置了光电信息科学与工程专业,从此就将世界上最快的两种物质——光和电结合在了一起。甫一进校,我才发现这个专业学的就是半个物理,而且比较综合,要学的内容很杂。首先会学一些数学、编程及画图类课程,这些课程算是引入了理工科处理问题的必备工具。还会学一些物理类课程比如四大力学,这些课程简直就是地狱级难度,都快把人学秃头了。但是学完了回过头来看,好像也对物理的世界有了一个简单的认识,大概知道很多问题"原来是这么回事"了。还会学光学类的专业课比如激光原理与技术、物理光学、应用光学、光纤通信、光电技术等等,这些基本上就解释了激光是怎么产生的，镜头是怎么设计的，光是怎么探测的，等等的知识，实话说很有用也很有趣，但是每门课的篇幅有限，其实只能算是一个入门的简单介绍。除此之外，还有一些电路方面的实验比如模拟电子技术和数字电子技术。当时我们的实践作业是需要焊个电路板实现三角波、正弦波、方波等等，实不相瞒，我做这个差点不及格，动手能力超级差，多亏有老师和同学的帮忙。还有电工实验，记得最深的是每人砸个小铁锤，很有意思，像车间工人一样，体验到了劳动的乐趣。最后还有一些电信号处理方面的课，比如信号与系统。

这些课中确实有很多比较难，而且光电学科交叉，涉及的课很多，所以需要良好的理性分析思维以及扎实的数学基础，最重要的是能静下心来坐冷板凳，如果不喜欢物理或者毅力、耐心不够的跳脱性格可能不太适合。

"光电"专业用在哪里？

首先可以说现代科技方方面面都用到了光电技术，小到照明，大到航空航天，简单如放大镜，复杂如集成光路，都要用到光电技术。举个例子：你到超市买了瓶水，拿出手机扫码支付，这里面就用到了好几处光电技术：手机屏幕是光学材料，显示二维码涉及光显像技术，扫码用的相机是光传感器加上光学镜头，手机面部解锁以及扫描识别二维码是光电视觉检测技术，传输付款信息给商家用到的网络依赖于光纤通信，超市招牌上的LED是半导体固态发光技术，甚至水瓶上的标签也可能是激光打印的。

既然这么一件小事都用到了这么多光电技术，那这个专业是不是特别吃香？

非也非也。在我们的生活中，能接触到的这些是基于光电知识创造出的产品，而学校里教的只是光电的理论，或者说，是一种从光电的角度去认知世界的方式。

大体来说，光电相关的研究及应用方向有：

传统的光学系统设计，手机、相机镜头、摄像头等等；激光方面的研究，例如激光器、激光电视、激光近视手术等等；成像方面的，比如新冠之后各地安装的红外测温成像、激光雷达的对空间的图像感知等等；光学材料方面的，比如手机和电视的屏幕，曲面屏等等；光通信方面的，比如5G，以及现在扼住华为和很多中国企业咽喉的光芯片。

"光电人"能去哪儿？

如果是读到本科直接毕业那么选择最多，可以去光电设备公司当销售，去激光器或者光通信相关公司比如移动联通电信这些公司当工程师，各大硬件公司比如海康威视一类当硬件工程师（毕竟学过电路）。硕士毕业可以去华为中兴等通信公司、中芯国际华虹等半导体行业以及卓立汉光、大族激光等激光和光电器件公司。博士毕业一般会留在高校或者研究所当科研人员，甚至自己创业，武汉光谷就催生了一大批新兴的激光器、光伏产品及光电器件公司。

然而光电专业确实有些留不住人，基本每年都会有一部分学生转去计算机专业，有的是在大一大二，有的是在毕业之后转读计算机的硕士，因为在我国光电相关的成熟企业太少，支撑不了那么多毕业生找工作，其次，工资也比计算机专业要低。现在国家在举全国之力造芯，背后需要的是整个光电行业的发展。我相信总有一日我国的光电会雄起，成为一流的科技强国，而这一刻只有年轻一代才能亲手创造！"苟利国家生死以，岂因祸福避趋之。"纵使国内工艺还有诸多不足，美国欧洲在一些光电技术上领先我们，但是国内还是有很多热爱光电的老师们前赴后继，也有一批批的学子为之奋斗。如果你跟我有同样的理想，那么，加入我们吧。

道路桥梁与渡河工程：
土木骗局？

文 / 钨金粒籽

"顷刻间，桥栏断裂，桥身倾塌，断裂声似乎被喝彩声和锣鼓声覆盖，但随着人们身体失去平衡，身体向桥下落去，在桥上欢庆端午的人们才意识到，文德桥，塌了。随之是绝望无助的嘶喊声和连续不断落水飞溅的水花声，几百人落入秦淮河中，不少人丢掉了性命。幸免于难的茅以升自此立志造桥，并将毕生投身于此"。

这段故事我们都曾有所耳闻，也皆为茅以升的决心和志向所打动。但桥梁、道路这些在身边随处可见的基础交通设施，它们的重要性也值得我们去关注。它们不仅仅是连接全国各地的通道，更承载了数亿人的生命。我们很少听闻到，何处的桥、何处的路因为自身质量问题而造成无法挽回的后果，我们习惯默认这些基础设施万无一失，而它们一旦出现问题，将酿成难以估量的损失。

道路桥梁不仅仅是交通系统中重要的元素，也在经济、旅游、行政、文化等等领域中起着绝对性作用。因此，我今天所讲述的是，道路桥梁与渡河工程这一专业在大学中，是以一种什么形式融入我们的生活的。

高考毕业，满心想着放松愉悦，在填报志愿时亦不愿做过多的思考，最后出乎意料，被调剂到了道路桥梁与渡河工程这个专业。起初，看到这个陌生的专业，我一脸茫然，下意识在搜索引擎中寻找相关内容，了解到这样一条信息" 2013年颁布的《国家公路网规划（2013年-2030年）》，规划国家公路网总规模约40万公里，其中国家高速公路共36条，计11.8万公里；普通国道共200条，计26.5万公里。根据规划，目前尚有约10万公里普通国道需要升级改造，约2.2万公里高速公路在建，2.5万公里高速公路待建，基本建成普通国道网和国家高速公路网，大约还需要20年，这也给道路桥梁与渡河工程专业迎来新的发展机遇。"

尽管如此，我还是无法提起对这个专业的兴趣，但经过冷静思考，我认识到，既然已经被调剂到这个专业，亦无他路，那我就既来之，则安之。因此，我更加深入和细致地去了解这个专业，渐渐发现了它的可爱之处，也意识到自己今后将面临的挑战，以及所要接受的打磨和历练。

道路桥梁与渡河工程主要研究道路、桥梁、地下工程等方面的知识和技能，进行对道路和桥梁的规划、设计和建造。这门学科将工程理论和技术方法相结合，这意味着，在学习这门专业的过程中，不仅仅需要认真地学习理论知识，更需要动手实践，在实践中掌握知识，同时印证理论。

当我真正在大学中接触到这个专业，发现这个专业虽然属于本校龙头、实力强劲，但仍有不少人不愿意选择这个专业。接下来我将较为全面地描述道路桥梁与渡河工程这一专业的学生在校的学习内容和情况。

首先，这个专业的学生需要学习线性代数、大学物理、材料力学、理论力学等等理论性较强且挂科率较高的学科。学习这类课程，需要认真地学习基础理论公式，并且大量做题，跟高中的数学、物理、化学这些课程的学习方法和程序并没有太大的区别。

除此之外，本专业的学生在大学期间，每个学期都会有许多实验课，这意味着要完成很多实验报告，并且亲自动手完成实验内容，但只要在实验课认真听老师讲解实验步骤和原理，实验本身的完成并没有想象中那么难。

最后，不仅仅是实验，每个学期需要完成一项为期两周的实习，包括工程地质实习、测量学实习等等，同样需要完成实习报告，并在实习过程中利用课堂所学知识完成相关实践内容。

这门专业的学习充斥着实验和实习，这也印证了这是一门实践性非常强的专业。值得一提的是，有些实验和实习的内容任务量虽多，但往往消耗的是精力，例如工程地质的实习，在老师的带领下，我们前往各地分析土质、岩石情况，这并没有什么体力消耗；而有些实验和实习需要消耗大量的体力和精力，比如测量学实习，不仅仅需要精细操作仪器测量数据，计算和处理，还需要搬运一整套沉重的测量仪器前往不同的测量地点，这点对女生是比较不友好的，同时，女生在本专业毕业寻找工作阶段亦存在诸多困难。因此，学习本专业的女生数量极少，女孩子在选择此专业时，需要结合自身情况慎重考虑。

工科类专业虽然没有计算机、金融等专业那样光明的前景,但在学习道路桥梁与渡河工程这个专业时,我也有了不少收获。比如完成实验时培养的认真仔细的工作态度,顶着烈日完成测量工作的吃苦耐劳的精神,绘制地形图时精益求精的品质。

选择何种专业,在一定程度上能够影响我们的未来,但真正决定我们"前景"的,是我们在学习专业过程中培养的处事态度和品质。

水文与水资源工程:
想象之外的大千水界

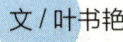文 / 叶书艳

想必大多数人都没听说过这个专业,是的,有点冷门,而我也是在大学录取通知书上认识它的。四年前,二战高考,分数不是很高,热门专业抢不到,为了有个学校上,走了调剂。或许很多人会认为这是一个悲哀的故事,毕业离校的那天,我曾问自己是否后悔,答案是,我从不后悔读了这个专业,不管它给我带来些什么。

河南理工大学的水文与水资源工程专业是工科专业,偏重于地下水,主要研究地表水和地下水的运动特征和赋存状态。大一期间学的是高等数学、大学英语、物理、化学等基础课程,到了大二才开始学习专业课,有地层学、矿物岩石学、水文学、构造地质学、气象与气候学等等,这是一些基础的认识地层岩性、水力特征的课程,之后是更深入的专业课程,比如地下水动力学、专门水文地质学等。大三大四会有一些选修课,你可以根据自己的喜好选择学习的方向,但是为了修够学分,大多数的选修课会变成必修课。

大部分课程在考试的时候背的偏多,地质类的需要大量的记忆,不过上课的时候还是非常有意思,大部分专业课的老师都是有着几十年工作经验的老教授,说话幽默,会讲很多他们遇到的一些实例,比如,山西的某个煤矿往外抽排水抽了一个月都没排完,找不到原因,不久后听说北京一个地方水库水位在无缘无故地下降,那边也是在开会研究这个问题,然后恍然大悟改抽水为补裂缝。

老师们像讲故事一样绘声绘色，他们也会在黑板上画地形图，然后问在山上哪个地方打井可以出水。我比较喜欢这样的上课方式，故事加实例加分析，老师的 PPT 里面大部分都是图片，是他们在去的各个地方拍的，表面上看像是旅游拍的风景照，实际上是一些地质构造和地质现象。教授们上课幽默风趣又儒雅，野外工作时又很酷，他们都参与过很多的项目工程，有着丰富的经验，并不是那种照本宣科的讲课。

工科专业除了密密麻麻的专业课，还有大量的实验和野外实习，大部分时间是在学校的实验室里，跟高中时一样，老师讲一遍，自己做。有时候也会去学校里的湖边测水位、水流、水质，去学校的小树林里取样测土壤湿度和测水的下渗，有时也会去学校旁边的河里测水速。野外实习的话，像是公费旅游，而且老师带队，大巴车一辆接一辆地驶离学校，学生的热情很高。地质填图的时候，每天早起，背上午饭，跟小组的同学一起去山上，一般会在山上跑一天，都是一些野山，每天走没有路的路，如果是秋天的话，山上有很多野生的枣和柿子，有时还会遇到山腰上只有几户人家的村子，年纪很大的独居老奶奶和她的猫，我们会同她说说话，逗逗猫，她的门前是很清澈的山涧水，有小小的螃蟹和鱼，我们一行人仿佛是误入了一个古老的世界。当然野外实习不止摘摘柿子、玩玩水，每天都有一定的工作量，回去还要整理、画图和写报告，结束之前老师还会面试打分。

工科女生，尤其还是偏地质类的，就业其实还是挺难的，如果是男生的话待遇还是不错的，大部分的毕业生会去一些事业单位，或者国企。事业单位如地质勘查队、资源环境调查院，还有一些需要水工环的国企或私企的岗位。当时怕不好就业，在大学期间辅修了会计的双学位，几年下来，对会计这个专业有了了解，之后又找了个会计的工作。小会计做一些简单的活、工资低、望不到未来，之后跨专业考会计研究生，竞争惨烈，被刷。还有一个很有意思的现象，在我认识的各个专业的同学，几乎每个人都觉得自己的专业是个坑，认为别的专业或许会更好一点。也许就没有更好的专业，适合、喜欢的或许才是最重要的。

每个人都对自己的专业有很深厚的感情，我对水文的喜爱也有点说不清道不明，好像就是很喜欢，或许是那些专业课为我打开了大自然的门，也许是很有意思的上课方式，也许是可以和大家一起近距离接触山山水水，也可能是某一次实习时山顶吹来的风，或是某次在山林里的穿行，让我觉得世间还可以这样美好，这是一个很浪漫的专业。

测绘工程：
上山下海，丈量九州

文 / 西江月

测绘工程真的是一个很冷门的专业，除了测绘专业的学生和搞测绘的人，基本上都不知道测绘工程是干什么的，甚至很多人都没有听过测绘工程。

下面，我就来说说我和测绘工程是如何认识并且成为朋友的。在高考报志愿的时候，因为分数限制，很多热门的专业选择不了，只能在生物工程和测绘工程中选择。就当时的我来说，对于这两个专业的了解既浅显又片面，一直喜欢生物的我想选择生物工程，但是邻居家的哥哥说生物工程就业不好，这个专业需要更深度的学习，于是就选择了测绘工程。最初我对测绘工程的理解就是测量和绘图，因为数学比较好，所以对这个专业没有排斥，甚至很向往。

真正认识测绘工程，是在大一上完测绘地理信息概论这门课。这门课是通向测绘工程的大门，主要就是向我们介绍什么是测绘工程。后来就是各种专业课，不同类型的测绘，比如数字地形测量学、大地测量学、现代地图学、误差理论与测量平差、地理信息系统、海洋测量等专业课程。因为这个专业需要比较强的动手能力和数学基础，所以测绘专业对数学能力要求偏高，实验课和实习比较多，都是户外活动。虽然要经受风吹雨打，但是感觉很有意思。我们测绘专业接触到的仪器都比较贵，所以在使用过程中，一定要谨遵老师的指导，注意安全。我印象最深的是大三的实习，可以爬山，看风景，很不错。大学二年级一开始，我们有一个月的实习活动，别人在上课的时候，我们在外面测量，真的很累，很晒，很热。我们要计划好时间，做好安排，确定自己可以在截止时间之前完成任务。我们测绘专业也是要靠老天赏脸吃饭的，因为阴雨天、大风天是不适合进行测绘工作的，所以要抓住好天气。

关于我的大学生活，故事很多，因为专业原因，班级内部极其团结，同学们都很好相处，唯一的缺点就是男女比例非常不协调，女生极少，男女比例大概是5∶1。我们经常一起吃苦，一起经历风吹雨打，真的很像家人。可能别的专业会出现，大学四年，同学不是很熟的情况，但是我们专业不会，大家真的像兄弟姐妹一样。

因为理论和实践会有一定的差距，刚开始工作时会有点力不从心。但是，如果找到好的公司或者好的师傅，你会很快学习并掌握工作中所需要的测绘技能，成长得很快。做测绘工程，铭记于心的就是要吃苦耐劳，受得了严寒，经得起日晒风吹。

现在我国的测绘工程主要还是传统测绘，想要更高的发展就涉及编程和遥感类，传统测绘就目前的市场来看，还是有一定的发展空间的，但是慢慢会被遥感等智能测绘取代。男生搞测绘比女生会有更多的优势，男生更方便去工地进行工作，生活工作都会更方便。女生如果想进行测绘工作，最好亲戚或者朋友有做测绘相关方面的工作，不然，不是很推荐女生选择该专业。男生很适合，只要你肯吃苦，薪资很高，就业压力不大，晋升也很快。

石油工程：
主要和地下打交道

文 / 舒然

　　石油工程，说实话，是一门小众并且偏冷门的专业。当初选择这个专业，一方面是高考分数的限制，另一方面是怀着女生也能学工科的心报了这个专业。

　　石油工程这个专业主要培养的是帮助国家开采出更多石油的工程师，我们主要和地下打交道，了解整块区域的地质情况，然后采用各种物理化学方法建立起油气流通的通道，将油气采至地面后，经过一系列的分离净化操作最终变为可用的石油和天然气。

　　这一整个过程非常复杂，并且中间操作环节繁多，所以我们所学习的内容也比较杂，有高等数学、大学物理、大学化学、计算机基础等工科所需要学的基础课，专业课也比较多，主要有：油藏工程、钻完井工程和采油工程、油气层渗流力学、油层物理、天然气工程、数值模拟等等。这些课程所讲述的基本是最简单的油田开采情况，例如油藏工程是通过分析采集的地下数据判断油藏的类型，进而选择更有效安全的开采方式；由于油气一般埋藏在几千米的地下，开采至地面是需要建立地面至地下的通道，而钻完井工程就是学习如何设计合适的流通管道，保证高效安全地采油；地下情况远比地面情况复杂，在保证安全的情况下，每个石油工程师的任务就是提高油气产量，所以采油工程就是学习各种地下增产措施以及地面各种采油设备的原理。

石油工程这个专业可以被形象地称为油田的"家庭医生",以普通油田为正常标准,"病人"就包括凝析、高压、边水、底水等等,任务就是为这些"病人"制定解决方案。对于本科生来说想要做一名石油工程师,这些是远远不够的,石油系统非常庞大,需要通过研究生的学习来更加精进自己所要解决的问题,并且这个专业需要大量的实践经验,不管什么学历都需要到油田上学习一番。所有的油田都位于一线,环境比较恶劣,条件也很艰苦,工作形式一般是辛苦一个月休息十几天,当然后期有机会可以进研究院,研究院相对好一点,但一般也是位于郊区。这一行业要求比较高,既需要学历,也需要经验,并且该行业对有油田背景的人比较友好,若是有背景又有兴趣的同学,还是可以选择的。

大家肯定都听过石油精神,20年前石油工程可以说是朝阳行业,录取分数也非常高,但由于中国的地势情况比较复杂和新型能源产业的发展,石油行业已大不如前。我国的各大油田产量也在不断下降,需要开发新的油田,石油行业始终具有高风险、高投入、中回报和人员少的特点,所以就业环境比较恶劣。

就以我们学校的专业来说,一共八个班,平均每个班上女生只有5个左右,总共约400人,可能只有不到30%人留在本行业。大多转专业是因为该行业本科生只能去一线,调回本部遥遥无期。研究生也要先在一线锻炼一段时间后再回研究院;博士可以选择高校教书或者直接到研究院工作。但这些的前提是可以进入到油田公司,现在的油田公司大多是油田子弟,若不是的话,那么对学历和经验要求会比较高。这些对男生来说不是什么大问题,大不了就去一线磨炼久一点,但是由于石油行业工作的特殊性造成石油高校女生就业的局限,就算女生比男生优秀很多,油田公司可能也只会选择男生,所以女生还是要谨慎选择该行业。

最后,若是向往大城市的生活,并且想要本科出来就有较可观的薪资的话,这个专业是非常不符合的;若是非常喜欢这个专业,那就做好一直深造和奉献国家的准备。本行业是高危高投入中回报的行业,需要长期出差和倒班,这个行业所要忍受的艰苦是其他行业的好几倍。不管是有石油背景还是没有,都奉劝大家谨慎入行,入了该行业转行也很难,提升学历的院校也比较少,没有比较好的出路。但是该行业维持温饱还是可以的,一定要想清楚再做选择。

交通运输：
研究、解决关于"行"的各种问题

文 / 卓尔

当我打开电脑准备写下这篇关于交通运输工程专业的稿子时，竟然发现自己不知从何下笔。说起来惭愧，作为一名交通运输工程专业的在读博士生，我依然无法自信地回答出"这个专业到底是做什么的"这样的问题。因为在我眼中，交通这个专业，或者说这个话题，实在是太大、太重了。然而转念一想，如果没有读这个专业，那么我肯定可以很快给出一个答案，因为交通、运输和工程，无论哪个词，都很简单，并且和我们的日常生活紧密联系，组合在一起也不难理解。

衣食住行是我们每一个人生活中最基本的内容，简单来说，交通专业就是研究、解决关于"行"的各种问题。机场的摆渡车多久一班？高铁票价如何制定？早晚高峰的城市道路过于拥堵怎么办？怎样避免城市中共享单车乱停乱放等不文明现象？如果发生核泄漏，那么事发周围的居民该如何撤离？这些问题看似风马牛不相及，却都与我们的生活甚至是国家经济发展息息相关，都可能是某一位交通运输工程专业硕博生的研究课题。

上面我所举的几个例子，只是这个专业研究内容的冰山一角。看到这里你可能会想，天啊，这个专业研究的内容这么复杂，那作为这个专业的学生，要学多少东西呀！别担心，实际情况是，国内开设这个专业的每个学校都有不同的侧重，大部分是公路交通和铁路交通，也有一些院校侧重海上和空中交通。也就是说，小红和小蓝都是交通运输工程专业的学生，但是他们学习的内容可能完全不同。所以，对于想要在本科阶段学习这个专业的同学来说，一定要在报考之前确认好，这个学校的交通到底是哪种交通。

交通运输工程专业下面包括道路与铁道工程、交通信息工程及控制、交通运输规划与管理、载运工具运用工程 4 个二级学科。其实这 4 个二级学科涵盖了交通的"软"和"硬"两个方面，"软"就是指控制、规划与管理方面，而"硬"通常指交通基础设施、运输工具方面。由于个人学习经历的局限性，下面我主要解释一下"软"这个方面。

我在本科阶段的学习侧重于铁路方面的交通信息工程及控制，学习的课程主要与高中阶段的数学和物理相关，几乎不涉及生物和化学。我把本科阶段所学的课程分为三类，第一类是工科专业通识课程，如高等数学、线性代数、概率论与数理统计、大学物理、工程制图等，第二类是专业基础课程，如电路、信号与系统、模拟电子技术、数字电子技术、自动控制原理等，第三类是专业特色课程，我所在的学校侧重于铁路，那么我就会学习铁道概论、列车运行控制等。本科期间除了学习理论知识，我们在实验课上通常是与"电"打交道，例如在实验台上接电线让灯泡变亮、拆卸安装电动机、给收音机焊一个电路板、模拟红绿灯倒计时等，听起来还是蛮有意思的，对吧。如果你在高中时期就比较擅长物理的电磁学部分，那么学起这个专业的课程会比较轻松。

本科结束后，大部分同学会选择继续攻读硕士学位。考研时，不同院校的专业课也不同，有些学校会考难度较大的、涉及数学的课程，如运筹学，而有些学校会考难度较低的、偏向理论的课程，如交通工程概论。但所有学校都要考数学一和英语一以及政治。由此可见，擅长数学，学起这个专业来会比较轻松。少部分就业的，依然从事本专业的同学主要在一些工程项目部工作，条件比较艰苦。

硕士期间，我转向了交通运输规划与管理方向，很可惜的是本科期间学习的与控制相关的知识暂时没有派上用场。对我个人而言，这个方向比控制方向更有意思，因为它更"接地气"。硕士期间的学习与本科期间有一个很大的不同，那就是每个人都会有一个研究课题，你关于这个课题的工作也许会形成一篇学术论文，发表在国际学术期刊上，供业界同行阅读学习。大部分规划与管理方向的同学研究的问题通常不会那么"学术"，是一个高中生也能看懂的程度，只不过所用的研究方法就"八仙过海，各显神通"了。我还记得某次课题组组会上，我的一位博士师姐介绍自己的研究课题时提到，她的灵感来自坐网约车时与司机的聊天。我自己的研究课题同样受到日常出行活动的启发。所以，比起很多"高大上"的学科，这个专业就显得非常"平易近人"了。然而，解决这些"平易近人"的问题，就需要丰富的技能了。如前所述，交通是一个非常复杂的专业，研究的问题非常广泛，所以在硕博阶段，本科就是交通专业的同学掌握的技能反而不如一些基础学科，如数学、物理、计算机、经济学等学科背景的同学们丰富。

因此，我个人非常建议本科是交通专业的同学可以学习一些数学和编程方面的知识，提高竞争力，同时也推荐有基础学科背景的同学在硕博阶段就读交通专业，因为你们拥有的技能在解决交通问题方面具有明显优势。

硕士结束后，大部分的同学会选择走上工作岗位，他们主要集中在各省市的城市规划研究院、交通规划研究院，薪资会根据研究院效益好坏有所不同，效益好的研究院承接的项目多，工作自然会比较辛苦。近几年，进入体制内是年轻人的倾向，交通专业的同学们也是如此，可以报考的单位有省交通厅、市县交通局、公安局（交警）等，总体来说，南方城市的岗位要比北方多。少部分同学选择继续攻读博士学位，我就是其中之一。

博士期间，我的研究课题依然属于交通运输规划与管理方向。这里要说明的是，由于每个学校每个课题组的研究背景不同，所以交通专业博士生的学习生活也是五花八门。但绝大部分"软"方向的博士生是不需要泡实验室的，只要有一台电脑就可以开展自己的工作了，因为这个专业所需要的数据通常要在交通管理部门、出行服务企业等处获得。我们的实验通常是用电脑编程，和庞大的数据打交道。而"硬"方向的同学们通常要进入传统意义上的实验室，去研究沥青性能之类的问题。

总而言之，交通运输工程是一个极其复杂的学科，因为它实在是太广泛了。我仅仅是结合了自己的经历介绍了这个专业的一个方面。交通，是一个非常简单的词语，而当它成为一个专业，就变得极其复杂了。我想，这是因为交通系统就非常复杂，无论是空中、陆地还是海上，无论是人还是物品，无论是正常情况还是特殊情况，只要有运输行为，统统可以囊括到这个专业中。

想要在本科阶段报考这个专业的同学们要注意，交通专业是在工科大背景下的，就业薪资和环境肯定比不上金融、计算机等热门专业。我国已经过了大兴土木的"大基建"时代，交通专业早已不局限于修路架桥，而是向智能、智慧方向发展，好处是就业环境变得更好，而坏处是计算机、自动化等行业对交通行业的冲击，会让交通专业的同学的竞争力下降。根据我个人的经历，如果选择工科并且想要读硕博，那么最好在本科阶段学习比较"基础、通识"的专业，如计算机、数学、物理等。然后在硕博阶段选择交通这样应用性强的专业。然而无论学习哪个专业，"逢山开路，遇水架桥"的交通精神值得我们每个人去细细品味。

环境科学与工程：
环无止境，地负海涵

 文 / 羿羿

"生化环材，四大天坑"，提到环境科学与工程（以下简称环境），很多人的第一反应一定是这八个字。而当初报考专业时的我，也熟知这句话，可是我最终仍然选择报考环境专业，并且时至今日

没有后悔主动跳坑。环境专业真的"坑"到避之不及吗？学环境到底有没有前途，好不好就业？这些问题当初同样让我犹豫过，而今作为一名环境人的我，也想为大家提供认识环境专业的更多视角。

问：为什么报考了环境专业？

答：高中时期的我也是一名纯理科生，面对新高考的改革，虽然我仍选择了物理化学生物的组合，但是我却成为理科生里的"偏文科代表"，学习物理的热情与另外两科相比要差些，物理也是三个理科里最让我头疼的短板，直到最后，高考分数也相对不高。而我在选择专业时很坚定地以兴趣为导向，在没有明确职业规划的情况下，排除了大多数如电气自动化、计算机、机械等典型工科类专业，怀揣着"我上了大学终于不用学物理的念头"，把选择范围缩小到了理科专业和其他综合性的专业。由于高中时一直比较喜欢学习化学生物，于是我优先考虑了理科中与化学生物关系密切的专业。而环境，也就成为我的选项之一。

问：环境科学是什么？

答：*环境科学，偏向学习环境的综合性问题，专业课范围较广泛*，例如，学习环境法学，以熟悉国内外环境立法与机制；学习环境经济学，运用经济科学对大型项目进行环境影响评估；学习生态学相关知识，以掌握环境与生物的关系和影响。*环境科学重视对造成环境污染的行为或者反应进行机理研究，创新遏制污染的技术与方法，但"科学"两个字并不代表着我们专业就是纸上谈兵只学习理论，而是更重视解决问题时先从根源和污染物作用机制入手，从而达到对环境问题最高效的解决。*

但是，环境科学的专业综合性也就对选择环境科学的同学提出了更高的要求，虽然不会再接触如工程热力学、流体力学等等这么专业的工程类的基础课程，但在后期的专业课中，仍然逃不开一些基础性的环境工程类课程。

因此，和我一样饱受物理困扰的同学一定要注意，即便选择了环境科学专业，也无法完全逃开与物理的纠缠斗争。

而环境科学理工结合、更侧重化学学科的特点，让环境专业的男女比例接近1:1，在环科的班级甚至女生数量比男生还要多；同时，专业总人数通常一百上下，课堂也采取三四十人的小班化，有效地拉近了与专业课老师之间的距离，通常几节课下来老师就会脸熟你，此后想逃课也有难度。

问：环境专业具体学些什么？到底怎么保护环境？

答：*大一开始，我们要学习的是和其他理工科相同的基础学科，高数、线性代数、概率论等等。*

数学专业着实让我头疼了很久，而大二开始，每个环境人就要投身到化学的海洋之中。无机化学、有机化学、物理化学、生物化学，四大化学课缺一不可。奇怪的配合物、涂鸦一样的有机物、英文名字巨长反应机理复杂的有机化学反应都等着我们理解加背诵；物理化学则与物理关系密切，高中学过的原电池和电解池在这里有了更深入的解释；分子热力学，做多少功放多少热也需要我们用一个个定律一一计算。

如果理论的化学课还只是开始，最让我们痛苦又快乐着的，就是实验课。痛在每一节课的实验报告都要手写，一个实验有时能写满三四张实验纸，当一周排到三节实验课时，"完了完了我实验报告还没写完"几乎成了每个人的口头禅。但是对于喜欢化学的我来说，无机实验上酒精灯加热半小时生成的美丽晶体、有机实验上两种难闻的有机物蒸馏出的清澈液体、物理化学借助软件处理终于得出了误差值不大的实验数据……五颜六色的化学反应、千奇百怪的产物形式，成为我仍然期待每节实验课的理由。

大一大二的环境专业，总感觉和化学专业的同学学习的内容差不多，我们的实验课甚至会和化学专业的同学一起进行，也足见学好化学知识在环境专业的重要性。

而随着大三具有环境特征专业课的开始，学习环境的我也一点点意识到，这个学科，到底是怎样实现保护环境的。

专业课主要从固、液、气三个污染物的角度开设，大气污染工程、固体废物处理等等让我们真正了解各种污染物的种类、作用机制、危害与处理方法；同时大家也会独立进入实验室，切实接触绿色低碳、改善环境的技术与项目，接触到过滤废气中二氧化硫的生物膜，在细微技术环境尝试革新，从源头过滤掉废气中二氧化硫的排放；设计微生物电池在不同环境中的应用，使垃圾废物、生活废水成为发电原材料；回收废弃口罩的有用纤维材料加以应用……拥有了专业课的知识基础之后，我们突然意识到，细微技术创新带来的环境改变有多大。

环境科学的专业课还会增加环境监测与分析部分，要求大家掌握环境监控的条件，以及各种实验室仪器的应用和原理，环境科学的同学通常会拥有更好的实验基础，也因此在读研时，反而更容易比工程类同学得到导师的认可。

尽管环科更加重视污染物产生的原因和处理方法，但这并不意味着，学习环科的同学就只有科研一条道路而没有实操机会。就像带我做实验项目的师姐，本科是环工，到了研究生却来到了环科专业，而读博时又选择了市政方向，足以看出环境专业内部的可跨越性比较强，知识互通性也比较强。

除此之外，有意思的实习活动也是环境人学习的一部分，环境科学的同学们会到自来水厂实地学习调研，弄清每个城市数以万吨的生活污水到底经历了什么处理环节；跟随老师前往湿地公园等不同环境进行考察，如果足够幸运，或许能够得到跟导师攀登冰川高原以收集研究藻类植物机会，又或者奔赴全国不同的江河湖泊只为取到水样，关注氮、磷、汞等元素在河湖水体中的环境行为。

学至于此，当环境人从实验中停顿休息时，总会有一个瞬间畅想，我手中正在做的这件事、我的发现，有一天会变为应用，让曾经说过的"保护环境"不只是一句口号和空谈。

问：整个环境专业到底坑在哪儿？

答：如果看到这里的你，既想为国家乃至世界的环境发展出一份力，又热爱化学生物，觉得环境专业正对你的胃口，那么接下来我就要告诉你，把环境专业叫作"四大天坑"，也并没有冤枉它。

第一坑，坑在学科建设不完善，学习内容多且杂。由于环境专业在国内建立发展较晚，各个学校在此专业对学生的培养规划多少有些混乱。而且专业课通常在大二之后才开始，也让很多人前期总在疑惑，我到底在学什么。此外再次强调，选择环境也难逃物理的纠缠，所以请十分厌恶物理的同学慎重再慎重。

第二坑，就是科研环境"脏"。虽然我们做的是环境的清洁工，但是选择读研读博的同学，大多会和垃圾与污水"为伴"，从开始对难闻异味的排斥到逐渐习惯，只需要在实验室泡十天半个月的时间。

第三坑，就是就业问题，不是不好就业，而是很难高薪。环境专业的毕业生在工作上选择不算少：进入环保公司做环境咨询或写环评报告；到国企设计院做设计；考取编制直接进水务局或其他环保市政局；继续深造，留校当老师等等。尽管学得又多又杂，但是很难得到高大上的职业和超高的薪水，这样的落差也是很多应届生直呼"天坑"的原因。

总的来说，从大气到森林，环境专业地负海涵，专业的应用性也足够强，在当前国家与行业政策不断倾斜与重视的情况下，也具有较好的发展前景。但是，环境专业也同样性价比不高，你投入学习的时间可能和收入回报不成正比。但在我看来，选择学环境的总有些情怀在，大概也希望通过自己的行动，守住一片蓝天，一片海域，一片森林。

食品质量与安全：
民以食为天，食以安为先

文 / 李元宝

我本科就读于当地颇有些辉煌历史的大学，学的是略有些紧跟形势的新兴专业，食品质量与安全。进校第一天老师就告诉我们说，"民以食为天，食以安为先"，因为有太多的不安全的食品事件，我们这个专业才应运而生。我们专业的宗旨是期望能够为国人的食品安全事业添砖加瓦，希望国人的餐桌能够更加丰富美味。

当然刚入学的我们并不能够意识到自己肩上扛着的社会责任，我们只关心到底什么时候可以上专业课，因为食品人的专业课是真的有食品，我们也是真心很喜欢。

大二上学期我们学的第一门专业课是食品标准与法规，第一节上课老师就告诉我们，"学这节课的目的就是想让你们了解违背食品安全法的严重性，断绝某些同学心里的邪恶想法"。每次上课前老师都会播放几张关于食品违法的照片或者新闻图片，到了后来老师的素材短缺，还是同学们分组在网上帮老师寻找素材。既然是关于法律的专业课，枯燥无味是必然的，词条难记也是必然的，所以老师会在我们疲惫的时候突然讲几句冷笑话或者让我们猜下节课会是关于哪一类食品的图片。

第二门专业课相对于枯燥无味的法律词条就相当刺激了，因为我们需要养小白鼠做毒理实验。因为我们老师是隔壁牧医学院的老师，他们那里的实验动物种类繁多且数量庞大，我们才能省去了亲自喂养看护小白鼠的工序。等到了实验那一天，老师直接从他们院拎来了两大笼子70多只小白鼠。这中间还有个小插曲，因为老师把小白鼠拎过来后分了下神，其中一个笼子里的小白鼠全跑出来了，我们那间实验室实验台又多，面积又大，于是老师带着男生满地抓老鼠，几个胆大的女生自告奋勇去堵门和下水道，忙活了好一会儿才把逃跑的小白鼠全部抓了回来。然后老师领着我们根据课本上的知识点完成了小白鼠性别鉴定、染毒实验、眼球穿刺实验和处死实验等。当然并不是每个同学都敢于亲自下手完成实验的，单是那毛茸茸的触感就劝退了好些人。这是整个大学期间我们学过的最狂野最惨烈也是印象最深刻的一门课了。

既然是食品质量与安全专业，总要学习系统全面而又科学的食品学科，之后我们相继学习了食品营养学、食品工艺学、食品保藏学、食品安全卫生、食品安全控制等诸多真正和食品有联系的学科。食品营养学老师教会我们每种食品的营养成分，分析食品成分表，分析每一个预包装食品的营养构成，还教会我们计算产品的营养标签，告诉我们最营养的食物构成是每天饮食保证一荤一素一菌类，还教我们饭后应该怎样做才能保证食物营养的最大吸收。最有意思的是让我们每个人记录自己一周的食谱，并能够根据每天吃的食物的大致分量计算每天摄食的卡路里。

　　而食品工艺学就更能引起同学们的兴趣了，学院根据食品的种类把这门课分为五大块，分别是米面制品、肉食制品、奶制品、果蔬制品和饮料制品，分别由五位老师教导我们。这门课主要就是动手实验，像米面制品就是老师领着我们在一间很大的像酒店后厨的实验室里和面、发酵、成型、上烤箱，等面包烤好以后就互相评价，碰上做得特别好的，老师也会评价几句，并点出我们的失误之处；肉食制品就是领着我们大家做各种由肉制作而成的食物，我们做过熏肠、卤过鸡腿、晒过腊肉、蒸过肉松，一般上完肉制品的课以后我们中午饭就可以省了；至于奶制品我们做过酸奶，制过奶酪，测过牛奶里的蛋白质和脂肪含量；等到了果蔬制品这一环节就相对比较寡淡了，我们只榨过不同品种的果汁，熬过苹果和草莓果酱，配上学校门口的炒酸奶，口味特别棒；等到了饮料制品这一环节就更索然无味了，就是老师会提供很多不同类型的果蔬汁饮料、碳酸饮料等，让我们测定饮料的各种指标，之后就是根据这些指标分组配制出最佳口感的饮料。

　　等到我们把这几大类食品分类学习完成以后，每个同学都对食品有了更深的认识和理解，那接下来我们就需要学习食品保藏学了。顾名思义，这节课就是教会我们要根据不同的食品种类选择不同的保藏方法，像米面制品大都可以常温储存的，而肉制品因为营养丰富则需要采用真空包装常温储存或是不做多余处理低温短时间储存。在学会这些基本的知识点之后老师就开始让我们分组研究不同食品的最佳保存期限了，老师根据食品的分类情况把我们分成五组，每一组同学负责测定一种食品的最佳储存期限。我们组分到的是发酵面制品，我还记得我们每天早上先去实验室配置当天实验所需要的培养基，等到了设定好的测定时间就把样品自不同的储存环境取出来进行最基本的食品菌落总数、大肠菌群和霉菌的基本参数检测，整个实验周期大概持续了有半个月的时间，也是我们唯一一个持续时间最长的实验，当然在实验过程中学到的知识也是最多的。

　　等把这些文字性和实操性的学科学完以后，我们就开始学习食品安全控制了。这门课程的主要内容就是老师和当地很多家食品企业提前联系好了以后，先给我们讲解一周的食品安全的相关学科知识，之后就是根据这些课程内容去到食品企业或者是食品生产车间近距离感受食品生产过程和在生产过程中对于危害分析的关键控制点。等把联系过的企业都参观过以后，老师就开始安排我们每一组分别设计一家食品生产企业的标准作业指导书,虽然到期末的时候我们都完成了作业,但明显并不是完全理解自己做的到底是什么,我也是直到毕业工作以后才明白这些东西。

不过,不管以什么样的学历毕业,作为食品专业的毕业生,最终目的都是要就业。对于我所处的中部城市而言,这个城市有较多的食品类生产企业,食品类企业的就业方向有两个,一个是产品研发类,一个是质量控制类。当然产品研发类对于学历的要求相对较高。顾名思义,研发类需要在一定的理论研究基础之上完成实际的转换,并且这个过程是漫长的和无限重复的,这类工作更适合那些具有实验精神且具有创造性的人。而质量控制类,顾名思义就是对产品的质量负责,所以这份工作需要长时间在车间走动,需要时刻监视流水线的操作程序和检测产品的生化指标,甚至于需要优化产品生产的流程。所以这类工作很具有实操性。

除了生产型企业以外,还可以选择第三方检测公司,这类公司对于学历的要求没有那么强,所以很多食品类毕业生会选择进入检测公司工作。第三方检测机构的工作内容就是根据国家规定的方法标准对食品样品进行相应的检测和监测。再细化这些检测方法,一般分为理化法、常规法和微生物法。这类公司都会有一套完整而又成熟的培训体系,即使应聘者是零基础,也可通过公司培训,成为一名合格的检测工作者。

因为这两年线上生鲜团购的快速发展,对于食品人而言就多了一种工种,那就是小程序的线上产品把控官,也可以称之为选品官。这个工作的内容就是把控线上生鲜食品的质量,减少食品安全问题的发生。由于这类工作出现较晚但需求量较大,因此对于应聘者的要求较为宽泛。

除此以外,如果有食品营养类毕业的学生可以从事营养师或者是与健康管理师相关的工作,当然这类工作要求会相对较高,且对实操性要求较多。

还有一种工作叫外审员。外审员这个工作对于学历要求不算太高,只要能通过国家组织的审核员考试,应聘进入审核认证公司注册成为外审员。这份工作的内容就是去审核各类企业的合规合法性,并且根据其是否合规合法,对其作出是否通过认证的决定。但外审员需要根据审核需求去往全国各地,因此这类工作的特殊性就在于没有一个相对稳定的工作环境。

还有就是可以提前关注每年的国考和各省市的省考及事业单位考试,虽然每年食品类专业的岗位较少,但总归是有的,因此可以准备此类考试从而获得一个相对稳定的工作。

建筑学：
石头的史书，凝固的音乐，这是一场造梦之旅

文 / 久南乔

建筑大师密斯·凡德罗曾说过，"建筑是石头的史书，人类没有任何一种重要的思想不被建筑艺术写在石头上"。

如今，随着时间的流逝，我愈加深刻地感受到这一事实：在世间万物都瞬息万变的高科技时代，触摸百年前的老建筑时，一个人才会觉得他和过去是连接在一起的。

每个建筑师都幻想过自己是神。

这话倒也没说错，我们的确是离神最近的人类文明记录者。

但于我而言，最初报考建筑学的契机很单纯，分数高，却没有很擅长的科目，而建筑学恰恰是一门需要兼备文科和理科素养的科学，对手工爱好者更是天堂——当然，入学后沉浸在熬夜做模型、胶水还溢出的噩梦里时，这天堂也偶尔露出地狱的模样。

咳咳，话说回来，建筑师或许没有玛丽苏都市职场剧里那么高大上，手戴欧米茄脚踩古驰，但我们懂得捕捉生活的美好。我们以空间为乐谱，记叙光线和阴影的韵律，传达以人为本的思想，服务于城市和乡村的里里外外，既要仰望星空，又要脚踏实地；我们需要知道力学的计算原理，需要通晓三维设计的想象力，需要引经据典说服投资者，需要无数次耐心打磨的坚毅，还要和正在下行的市场做斗争……

痛并快乐着，这就是建筑学五年带给我的奇妙体验。

问：什么样的人适合学建筑呀？

答：首先，告诉我，你有哪些爱好。

历史、绘画、手工、数学、物理、社会、逻辑、语言、演说、编程、游戏……如果你对以上任何一个领域感兴趣，那么恭喜你，你已经敲开了建筑学的半扇大门！

顺便，如果你家有矿，那是再好不过。建筑学的学费比普通学科贵至少一倍，做模型和学习摄影、买一台能渲染的电脑，也都要花钱。

问：我喜欢建筑！但我没学过画画，可以跟上大家的水平吗？

答：可以！建筑学不会在招生门槛上要求任何人会画画，系里还有不少高考理科状元，他们都是无情的做题机器。

但美商（对美的感知和鉴别能力）是拿到设计课高分的重要条件，所以，如果有志做建筑师的同学，可以尽早了解中西方艺术史、多多关注古今艺术大师的作品，耳濡目染也是极好的。谁还不是半个博物馆导览员？

正式入学后，以清华建筑系为例，第一年会安排素描必修课，第二年则是水粉水彩二选一必修，大二暑假还有全系去青岛吃海鲜喝啤酒一起画渔船，不愁小画师们没机会锻炼画技。火柴人也是一种独特的审美嘛。

除了手绘，电子制图也是建筑学必须掌握的生存技能，进阶者甚至能靠公式和编程生成奇形怪状的参数化建筑，听上去就很厉害！这种作画原理和手绘略有差异，更适合擅长理性思维的同学。

问：那个，建筑学毕业之后要去工地吗？我怕太苦，女孩子学不来……

答：没有这回事！要去工地的是土木！（此时土木哭晕在厕所）

建筑设计师的工作主要是从零开始设计一座建筑，绘制全套设计图，然后说服你的甲方让你一遍过。至于后续的监工和验收，其实还有别的团队会帮助你。所以，大部分建筑师百分之八十以上的时间是在办公室里度过的。

比起担心去工地受苦，更大的挑战是如何做出有自己特色的设计，并且在群雄争霸的竞标环节脱颖而出。哈哈，这就需要很强的学习领悟力和表达能力了。也别害怕，只要脚踏实地，保持好奇心，你一定可以。

不过，少量工地实习是免不了的，如果一个设计师甚至不了解建筑落地的流程，他就始终只能纸上谈兵，做不了优秀的建筑大师哦。

问：建筑专业主要上什么课呢？会很难吗？一定要熬夜吗？

答：嗯……从文科理科都可选这个专业来看，技术难度并不高。甚至我觉得不是那么聪明的人，更适合学建筑，因为头脑太聪明的人往往会追逐利益、早早转去金融、计算机一类的赚钱行业。

五年制的建筑学，主要学习建筑设计、建筑历史、建筑数学、微积分、结构力学、材料力学、绘画、测绘、各类建筑理论课、城市规划基础、软件使用等科目。其中的重点当然是建筑设计课。

每个学期，所有建筑同学都会分组，跟随导师进行为期 8 周或 16 周的专题设计，主题可能是别墅、艺术家工作室、博物馆、商业街、办公楼、公寓……也可能是小小的装置艺术，不一而足。在这段时间里，你需要从构思、画草图、做模型开始，反复修改，最后绘制精美的效果图和工程图，在全系师生面前顶住压力完成方案介绍，和评图老师舌战群儒，才能拿到宝贵的 6 学分。

是不是开始秃头了？没关系，设计没有绝对的对错，只要口才好，就能说服老师，关键还是看你想营造"什么样的体验"。这个过程很能锻炼人，可以让内向自闭的同学摇身一变成为社牛大咖，对人格塑造很有帮助呢！

至于熬夜，似乎是建筑学院内的"内卷"风气，但只要你精神强大，事情别拖到最后做，其实也是完全可以避免的。（臣——妾——做——不——到——啊——）

问：建筑有出国交换的机会吗？想去外面看看别的国家的建筑！

答：有！而且很多！

学院每年都会组织海外游学活动，虽然是自费，但可以在教授的带领下饱览国内外著名建筑，实地去看看它们究竟好在哪，每次旅途都是心灵的洗涤。

我至今记得自己站在希腊的古老帕特农神庙前，切身感受到"人类的渺小"和"建筑的神性"。那一刻，仿佛梦回两千年前，阅览人类文明不断进步的画卷。各国建筑学院自古以来就有资助优秀学生"去欧洲考察"的传统，看来大家也都认可这样的学习方式。

如果经费不足，也别担心，建筑学的大三、大四学年可能会安排多校联合设计，有机会与海外高校的学生一起完成作品，同台较量。疫情影响下，这一计划可能变为线上交流了，但以后还是有机会的。研究生和博士生的交换次数就更多了。目前我知道的交换项目，就包括日本、德国、荷兰、澳大利亚、意大利、西班牙等许多建筑历史悠久的国家和地区。

顺带一提，我学建筑 7 年，已经去过 14 个国家了。

问：如果想学建筑，高中应该做什么准备呢？

答：我的建议有以下几点。

一，看几本建筑方面的书。尽量别买纯文字的，容易看不下去，看了也不懂。建筑这行，图比字更有说服力，找找书店里几百元一册的建筑大图集，没错，就从这个开始！如果非要看纯文字，推荐一本《美国大城市的生与死》，在畅销书里它最专业，在专业书里它最畅销。

二，加强英语学习。很遗憾，现在全球的建筑话语权依然是以西方为主导的，毕竟你也知道，我们国家以前都是木制亭台楼阁，不够坚固，也容易一把火烧没（心疼当年的阿房宫）；现代建筑都是耐用的钢筋混凝土，而西方用了两百多年的钢筋混凝土，自然比半道出家的中国更资深。如果想了解前沿的建筑知识，或者只是写个论文，做个作品集，精通英语会让你受益匪浅。

三，出门观察身边的建筑。买个手账本，遇到觉得有意思的建筑，就试着画出它们的外形，然后走到里面，看看每个区域都是什么功能，用了什么建筑材料，卫生间楼梯间和柱子分布在哪。很快你就能了解建筑的套路了。

问：学建筑有什么后遗症？

答：看到高处就想去。

每个大城市都有观景塔，在上面观察整个城市的轮廓，是件很有趣的事，我们建筑师就是需要这种高屋建瓴的视角！林徽因小姐姐坐在古寺庙高处的那张照片，不就是最好的证据吗？

问：八卦一下，建筑学的男女比例是多少？男生占绝大多数是真的吗？会不会不好脱单？

答：以清华为例，建筑学的男女比是4:5，女生比男生还多一点！非常适合谈恋爱！为什么？有一定美学素养的人，穿衣打扮也占优势，而谈吐间还天文地理人文历史都能聊一点，表白能亲手做戒指，求婚能亲手做爱的小屋模型，谁不喜欢这样的异性？

最后，我得给各位心怀梦想的同学打一剂预防针：建筑行业与城市化进程息息相关，中国已经过了城市化的爆发期，外国建筑行业也一直不算高薪，今后的建筑师一夜暴富是不可能了，工资只能和当地平均水平差不多（流下苦涩的泪水）。

但建筑学永远不会消失，因为但凡有人在的地方，就会有建筑；而有人在的地方，浪漫注定由心而生。即使在最穷最苦的难民营，依旧会有人为一座简陋的能踢足球的广场欢呼雀跃，这就是建筑师存在的意义。

如果你喜欢从无到有创建世界的感觉，喜欢从生活里捕捉需求、并亲手解决问题，那么，欢迎加入这场造梦旅行。

城乡规划：
一个集理科、文科、艺术为一体的神奇专业

文 / 谢叮叮当当

城乡规划这个词，看上去既陌生又熟悉，但城乡规划专业究竟是一个什么样的专业？如果你在各类搜索引擎查询，会得到一本正经但又似懂非懂的回答：这是一门归属于建筑学院，就读时间为五年或者四年（依据学校教学要求不同而有所不同），研究城市、农村规划和设计的专业。

但如果这个问题让福州大学城乡规划专业在读的学生回答，估计会不无调侃地大笑：这是一个集理科、文科、艺术为一体，让人恨得牙痒痒却又舍不得离开的专业！

不同于其他专业的学生每日需要奔波于不同的公共教室之间上课，城乡规划专业的同学们有着独属于他们自己的专业教室，和专属于个人的专业多功能绘图桌椅。

由于是小班上课，一间明亮又宽大的固定教室里，二十多张又宽又大的多功能绘图桌椅分散排列，每四张桌子田字形拼成一个小组。每一个人拥有一张长约两米的大桌子，桌盖翻开，里面收纳着各种绘图用的铅笔、勾线笔、墨水笔、T型尺、大三角尺、平行尺、蛇形尺等工具，还有制作模型使用的不同厚度的PVC板、U胶、切割刀、植物模型、玻璃纸、水纹纸、亚克力板等等材料。

也不同于其他专业的学习、作业程序，我们没有其他学科那样需要反复学习的知识点以及对应的"刷题"练习。城乡规划专业的学习和作业任务更像是在实操，进行一份"设计工作"。

任务开始前，老师们会根据课程进展和同学们的设计水平基础，出一个"任务书"。在这份任务书中，会详细说明甲方的设计要求，给出一个具体的场地，并分条说明一系列具体要求。比方说，甲方需要的单体建筑会有层高及面积的限制，要求建筑作为咖啡厅、小旅馆、音乐厅或是剧场使用等等；若是群体建筑规划，会要求一定的绿化比例，容积率限制，或是停车场的大小包括至少能同时停下几辆小轿车、中型客车、大货车等等许多细致的要求。

而乙方，也就是我们这些规划设计师们，要做的便是在满足这些基本要求的基础之上，做到设计的分区、空间动线和走向合理，使得场地能够正常便捷地使用，人在其中活动感到舒适自然，还要注意同周围原有景观的和谐共处。

通常来说，任务书中给定一个设计目标的场地，需要进行该场地的详细调研，研究在这区域内的人流量情况、车流量情况、年气候变化、日光照长短变化等等详细信息，才能更加合理地进行后续的设计任务。而这样一份周详的调研工作往往十分繁重，因此常常会分成三到五人的小组进行合作，这其实也是在偷偷考验着大家的分工协作能力。

由于疫情，外出不太方便，老师们一般会选择校园内一块尚未开发的区域作为任务调研区，让大家能够进行实地考察，对场地的细节情况有切身的了解。正是在和伙伴们欢声笑语，一次次共同实地考察、共同观测记录、查询资料以及复盘任务书要求的过程中，或现场灵机一动，或回去苦思冥想，个人的初步方案构思就此诞生。

不过，往往有一个初步方案构思还不够。有时候，作为规划设计师的你会被要求至少提出三个不同的方案，分别说明优缺点，最后由老师择优选择一个方案，进行下一步的深化细化。

这自由自在、充满想象力与创造力的设计过程，往往也是同学们哭天喊地愁秃头的时候了。不过，在这些调研结果和设计初步方案的交流与汇报中，你可以欣赏到新手设计师们利用PPT或是视频辅助说明的各类奇思妙想的设计脑洞。

也正是这场调研内容的汇报课上，你通常能从同学们不同的设计思路中得到启发，从老师的点评和提示中发现盲区，进而完善自己的设计内容。

有了一份被肯定的初步构思后，接下来就是内容的填充了。这个设计过程常常需要参阅很多的建筑设计规范和国家标准，比方说门窗设计规范、防火设计规范、梁柱砖墙的大小尺寸等等，每一处安排都不可随意随性，要仔细斟酌，参照设计规范谨慎为之，避免出现任何安全隐患。

不同于普通课程，规划专业的专业课会集中安排在一起，有时连续四节课都是专业课。不过，老师们不会用大把时间来讲述任何规范和强制要求，更不会手把手教你如何去做设计，而是要求你在课下自我学习、思考，课上拿出自己的设计方案。新手规划设计师们展现出的设计内容由老师们一一看过，同时，设计这份内容的同学需要详细说明其设计的思路和过程，以及该设计的优势和用意所在。

每次谈到评图，很多同学都又爱又怕。毕竟没有一蹴而就的作品，随着一草（第一版草图，以此类推）、二草、三草、正草的推进，方案一步步逐渐细化，每一版草图都是经过数次修改和修正而得到的宝贵成果，最终凝聚成内容翔实具体的单体建筑设计，或是区域规划设计方案。

虽然已进展到正式草图，但你的设计还尚未结束，接下来要考虑的是模型的制作了。

模型制作，需要你把目前已经定好的设计内容具象化到实物，用一定的比例缩小建筑并制作出来，这有利于你把握建筑尺度和大小比例、空间虚实的关系变化。你既可以选择用不同的材料来展现不同的质感，也可以选择用同一种材料，着重展现空间构建的虚实、光影、空间变化。比方说，你可以用 PVC 板材代表墙体，用玻璃纸代表窗户，用水纹纸代表水体，用泡沫球代表灌木或是树丛；你也可以用 CAD 画好图纸，利用激光切割成相应形状的薄木板进行拼接。这建筑物的每一片墙面，每一扇门窗，每一根梁柱的大小、尺寸、位置，你都要按照等比例缩放来选择建筑材料进行表现。也因此，不论你选择哪一种方式表现，在制作模型的过程中，都会加深你对该设计的了解程度。

　　在模型通过认可之后，就将面对最后的挑战——画正图。手工墨线制图，要求你在画图过程中每一笔都是精确而稳妥的。A2、A1 甚至是 A0 大小的图纸，根据你的排版，放置各类设计图，比方说，展示设计整体效果的透视图，四个方向的立面图，为了说明内部结构的剖视图，掀去屋顶的俯视图，展现使用效果的剖面透视图，甚至有分析建筑结构的爆炸图等等。倘若你画错了一小点，还可以用小刀片刮去这一小块稍做补救；可一旦是长线画错或是画歪，那就前功尽弃，辛苦你，重画一份吧。

　　当然，**表达设计内容需要一定艺术基础。**不过若是没有基础也完全不用担心，学院安排了建筑表现基础课为同学们提升技法，素描、水彩、水粉、马克笔，还有暑期的外出实践写生环节进行实操练习。

　　交正图的前一周，规划专业课教室里大家"齐聚一堂"，一同经历画图的快乐与痛苦。从早晨到夜晚，时不时能听见一声惨叫从某教室某张绘图桌前传来，随即是周围的苦笑、调侃和感同身受的关怀："还有救吗？""别慌，刨图刀片借你！""别再叫了我图已经画不完了！"……

　　不过也别太紧张，随着技术的进步，我们的专业设计也在与时俱进，高年级的同学们可以选用电脑制图，学习上手设计软件，画图、建模、渲染，最终打印出图。

　　苦吗？苦啊。在其他专业同学优哉游哉外出游玩的周末或假期，你常常能见到规划专业的同学挤在专业教室里，要么为设计发愁得唉声叹气，要么为按时交图痛苦得薅秃脑袋。

　　乐吗？也乐啊。同是规划人，大家都怀着一种难兄难弟同舟共济的心情。当你在绘图桌前忙碌时，一扭头，看到身边亲密的小伙伴，或画图，或做模，或埋头苦干，或交谈聊天，或癫狂大笑，或哀号惨叫，感到很开心。在规划，会有很多经历让我们难忘。我们会小组合作调研，互相分享、点评设计思路，模型制作互助，欣赏设计作品；在专业教室里赶图或赶模太晚以至于楼门被锁，我们会从一楼男厕翻窗逃出；去特色民宿调研结果发现老板是老乡，会被邀请免费游玩一晚；外出实习写生作画，一堆人抽空在夜晚出门组团烧烤……感恩这样"奇奇怪怪"的美妙经历，也是在这些共同经历风风雨雨的可爱的人中，牢不可破且影响一生的友谊或是爱情的种子也在心中逐渐萌芽长大，丰富了本就多姿多彩的大学生活。

学长学姐有话说

读工学是一种怎样的体验？

计算机科学与工程

薪酬很高，但高薪酬对应高工作强度。很烧脑，很费脑细胞。没点抗压能力还真走不下去。工学专业的难度很大，学生想要学会并不容易，学习工学类专业的学生，需要有很强的逻辑能力，还要善于思考，仔细琢磨如何能让专业知识更加精进。

材料科学与工程

提起理工科不得不说里面的四大天坑专业，四大天坑专业是指：生物学、化学工程与工艺、环境工程和材料工程。之所以被称为天坑，是因为它们有着共同的特点：1. 工科类专业，学习难度大；2. 和其他专业相比薪资低；3. 成功成本高，工作环境艰苦；4. 就业面小，没有那么多岗位需求，毕业等于失业。

武器系统与工程

工学大多数专业都很冷门，比如听起来非常拉风的兵器类专业。设有兵器类的大学实力都很强，比如说"国防七子"，毕业生出来认可度很高。专业对口率较高，对应的国防军工行业有巨大的人才吸引力，属于窄口径的小众专业，招生名额有限，知晓的人比较少，就业面较窄，但供需比较平衡。

计算机科学与技术

说一下计算机类专业，首先打破你们一个幻想，不要以为学计算机就能像黑客那样入侵别人电脑，自己随便敲两下键盘就能够完成一个程序。一般研发一个系统至少要几个星期的时间，而且需要团队配合才能完成。学习计算机尤其是编程是一个非常枯燥乏味的过程，你要经历数不清的bug还有晦涩难懂的英文单词。如果你是一个什么都不会的萌新，大概会在上编程课的第三节就被听蒙了,之后老师讲的东西和你就分道扬镳了。当然如果你很好学,自主学习是能够跟得上老师的步伐的。最后,计算机专业的数学是最难的,如果你数学不好的话大概学起来会很吃力。

如果你想轻松挣钱建议不要选择计算机,因为计算机更新迭代的速度非常快,你需要不断地去学习新的技术,要不断学习新的知识,并不是我学会了一个软件就能够高枕无忧。

自动化

自动化的直观解释就是使用机器,部分或全部代替人类的体力或脑力劳动,甚至完成人类依靠自身体力和脑力无法直接完成的任务。

对于本科生来说,自动化是一个就业面极宽的专业,大学期间也应该早点确立方向,走传统控制方向还是嵌入式还是软件开发(转CS),以及读研等等。如果选择软件开发或者AI方面的,应该学好诸如数据结构、操作系统、计算机网络、数据库等课程,重视编程;如果选择控制(譬如机器人),应该学好控制类课程和硬件类课程。一般比较推荐考研,尤其是上985/211大学的自动化专业,出来还是比较吃香的。无论作为科研工作者还是研发工程师,自动化相关的实际工作都不是那么炫酷。我们大多是站在前人的肩膀上,基于对实际的科学或工程问题的理解,对模型和方法加以选择、测试和改进。这中间可能包含大量数据的收集和整理工作,以及漫长的调试,不乏琐碎枯燥之处。能坐冷板凳的,就可以来。

土木工程

目前,土木工程开始力压生化环材,成为新一代的"天坑"代表。

无论你是985还是211,只要想入土木的坑,都劝你"快逃"。

土木工程,本质上就是一个非常典型的理工科专业。然而它涉及的专业方向却非常多。对于大部分的高校来说,想要在短短的大学四年传授给学生全部的土木知识几乎是不可能的。在基本的土木基础专业课以外,其余的专业方向也只能靠选修课学得一二。抛开专业复杂度和时间,土木工程另一个劝退点就是它的实操性太强。想要毕业,你就必须经历各种实习。以我所在的中南大学为例,工程认识实习、工程地质实习、生产实习三大实训环节贯穿四个学期,实训的场地也并非高大上的设计院、研究所,而是中建五局、八局、中国中铁等企业的施工现场。

当土木人们为经历重重困难拿到毕业证、即将奔赴工作岗位而开心的时候,很快就会发现，真正的劝退才刚刚开始。流动性大、工作地点不稳定、工作环境差、几年不能回家……任何一件事都能成为压倒土木人的最后一根稻草，同时，你期待的升职加薪和大好"钱途"也很难实现。

最后再说一次，土木，快逃。

航空航天工程

搞航空航天，要么985，要么航空系高校出身。航空圈子小，飞字头专业对口，但是也基本圈定了你只能去AVIC、COMAC。倒不如学个自动化电子和机械，万金油哪儿都能去，对航空航天失望了跳出来还能干点别的。航天的话硕士起步，博士是基本要求。工资待遇嘛，吃不饱饿不死，搞军工要什么自行车，情怀最重要。

核工程与核技术

核工程专业属于小众领域，就业面相对较窄。近几年毕业生在核电领域总体上应该是"供过于求"的，后续"供过于求"的情况会进一步加剧。在国家核电宏观政策没有大幅调整的情况下，后续读核工程专业，建议还是慎重。

机械工程

学机械，很明显的一个特点就是女生少。另外行业是出了名的复杂。

以前我一直以为机械行业是个很神奇的行业，造车、造飞机，很厉害，而且毕业会有一份非常不错且稳定的工作。毕业后才发现，机械行业门槛低，上升难，处境尴尬。工作的地方并没有能吹空调的办公室，基本都是环境脏乱差的工厂厂房，工作不是天天对着各种机器设备，就是在画图改图，每天工作时间都很饱满。干不完的单子，画不完的图，忙得不亦乐乎。每个月拿着四五千的工资，还有种很舒服的感觉。换句话说，如果你就想要一份稳定的工作，没什么高大上的追求，机械这个专业真的非常适合你。

测控技术与仪器

测控专业，我个人认为优秀的学生基本上都集中在实验室，各种竞赛奖拿到手抽筋。绝大部分最后都考上了研究生，没考上的工作也不会差，要知道有钻研精神的人干啥都不会差。测控专业就业面还是比较广的，小到生产过程自动控制，大到火箭、卫星的发射监控，都能看到测控人的身影。不过"师傅领进门，修行靠个人"，发展还要看个人能力。

测绘工程

测绘这个行业，找工作是很容易的，但确实好多工作都是很累的。如果你只是想本科毕业，找一个轻轻松松的工作，那么测绘是不适合你的。测绘是一个很大的门类，例如基础测绘、工程测量，你毕业之后可以很轻松地找到工作，成为一名新时代"民工"。等你工作几年，要是有自己的人脉，可以自己拉队伍，赚钱是不少的。

遥感是测绘的一个专业方向，现在挺吃香的，无论是低空遥感（无人机）还是高空（高分、资源系列卫星）遥感。个人现在从事的就是这个，因为是专攻遥感这方面业务的部门，几乎没有野外工作，相对来说还是比较轻松的。

安全工程

安全科学与工程类专业好就业，安全员是大部分人的选项，深造和其他专业都沾边儿，不过不如其他专业精和专。安全工程方面的大佬基本都是其他专业毕业的。可以这样说，中国目前需要的安全方面的人才是搞管理的，而安全工程大部分学校是搞研发的，感觉市场需求与专业本身教学严重脱节。

安全工程专业对学生的物理学科能力有一定的要求，安全相关职位关系到财产和人身安全，责任重大，就职岗位的风险相对来说较大，另外本专业的实用技能大部分来自工作后的经验积累，面临最大的难题就是企业对于安全问题的重视程度，这也是很多从业者就业后并不满意的地方，尤其是一些制造业从业者。这个专业毕业后虽然就业容易，但是就业薪资却不高，深造或者经验积累后有一定改善，尤其是对于获得职业证书的从业者来说，晋升空间更大。目前国内开设安全工程的大学比较好的有中国科学技术大学、中国矿业大学。

轻化工程

轻化工程专业就业前景广阔。毕业生可进入轻化工程领域的各大公司、研究所、设计院、企事业单位、高等院校等单位工作。资料显示，轻化工程这个专业的就业率最高达到98%，而且毕业生就业多集中在江苏、浙江、广东等东部发达地区。该专业毕业生大都属于技术管理型人才，因此就业后的待遇也相当不错。

建筑学

怎么说呢，建筑学是很好的专业，建筑设计师是很糟糕的职业。建筑学倒不是很难就业，因为行业很烂，离职率很高，大部分公司都是一直在招人。但前景确实很差：设计行业是房地产开发行业中的一环，是房地产公司的下游，是依托房地产而生的行业，是为了满足房地产开发各种细碎的需求的服务业。目前疫情下的房地产行业持续低迷，当前不是很建议学这个专业。以此类推，建筑类的都需要慎重考虑。

采矿工程

矿业类传统的包括采矿工程、石油工程、油气储运、海洋油气等，新兴的有智能采矿工程、碳储科学与工程。每年报考的人的确不多，学习和工作相对来说辛苦一点。传统类的矿业专业，比如石油工程，它作为一门基础专业，其实对人才的需求量较为庞大，毕业后可到石油工程领域从事采油工程、油藏工程、储层评价等方面的工作，具体包括工程设计与管理、科技开发等。专业较为对口，薪资水平也尚可。

像碳储科学与工程这类较为新的矿业类专业，它是2022年新增31个本科专业之一，可以看出国家对这个领域的重视。节能减排、碳中和科技，作为咱们国家未来发展的重要方向，这个专业的发展前景应该非常光明。总体来说，矿业类专业无论新旧，应该都较为辛苦，但薪资水平和发展前景都是不错的，因此选择该专业的同学一定要做好吃苦的心理准备。

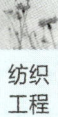

纺织工程

纺织工程比较有发展潜力，待遇也好。它绝不是"教人如何做衣服"的专业，这只是其中一个方面。大到航天器的太阳能电池"翅膀"，小到医疗中的血管覆膜支架，都属于纺织学科的科研领域。目前，纺织工程专业毕业生的就业率比较高，就业满意度还好，毕业薪酬水平不高。获取硕士、博士学位后，毕业生有机会进入研究机构、大专院校从事研究和教学工作。

有不少人认为，纺织工程是偏向女生的专业，可能没有男生报考。但事实上，该专业的男女比例接近1∶1。全国开设纺织工程专业的高校不多，仅有40余所。

交通运输

交通运输专业个人觉得是需要强大内驱的，想搞规划的建议读博。当初因为高铁行业的蓬勃发展入了交通运输的坑，家人只知道铁饭碗，却不知道现在能挣钱、有核心竞争力的东西都不是铁饭碗概念了。但是实话实说，这个专业就业率是真的高。本专业就业率稳居高位，连续几年都是学校各院系最高的，尤其是男生，毕业生供求比接近1∶5（包括路内与路外）。引用学长一句话"只要毕业出来是个人就有工作"。就业方向，目前去铁路局就业的还是最多（一般路局比较考虑地域，譬如我江苏的，去上海铁路局比较容易），甚至大三的学生就能签出去，此外还有去港务局和地铁等。当然待遇不高，升职较慢。总结一句话就是，工作好找，工作质量不保。

当然，女生比男生难就业，也是事实。

生物工程

学生物工程的话首先一定要自己喜欢这科，喜欢做实验。生物工程学的知识比较杂，动物、植物、微生物、分子、动物细胞培养、植物组织培养，还有发酵工程、生物工程设备、分离工程什么的都要学。

近两年生物公司发展很不错，都在扩张，比较缺人。然后生物公司一般都比较年轻，公司里的同事一般没有上四十的，所以公司氛围还是不错的，办公环境也很好，不过由于要做实验，占地面积大，所以生物公司一般都在城市边缘地带，上班通勤确实不方便。当然如果家里有矿，又碰巧喜欢生物，非生物不可，那可以考虑出国深造，家里只是小康水平，那还是不建议读这个专业。

能源与动力工程

能源动力类专业主要学习包括制冷低温设备研制与开发、制冷设备的节能与优化、冷冻冷藏等。学习课程范围广，包括微积分、机械设计基础、传热学等。能源与动力工程专业下面有4个专业方向，热能工程、热力发动机、流体机械及工程、空调与制冷，每个专业之间都有关联。整体而言，能动类专业课程是比较难的，属于传统专业，所以就业还可以。相对来说制冷方向更好就业，而热能方向不那么好找工作，所以大家在选择专业方向的时候也可以多加考虑。

工程力学

整体来说，力学就业情况比不上土木、机械、电气，所以大部分人都考研了，特别是女生。到工地施工，条件比较辛苦，很少招女生，招聘会没有几个招力学的岗位，男生还行，不过条件比较辛苦。我们那一届主要签到中铁大桥局、中化十一建那几个单位。

农学大类

植物生产类
农学、园艺、植物保护、植物科学与技术、种子科学与工程、设施农业科学与工程、茶学、烟草、应用生物科学、农艺教育、园艺教育、智慧农业、菌物科学与工程、农药化肥、生物农药科学与工程、生物育种科学

自然保护与环境生态类
农业资源与环境、野生动物与自然保护区管理、水土保持与荒漠化防治、生物质科学与工程、土地科学与技术、湿地保护与恢复

动物生产类
动物科学、蚕学、蜂学、经济动物学、马业科学、饲料工程、智慧牧业科学与工程

动物医学类
动物医学、动物药学、动植物检疫、实验动物学、中兽医学、兽医公共卫生

林学类
林学、园林、森林保护、经济林、智慧林业

水产类
水产养殖学、海洋渔业科学与技术、水族科学与技术、水生动物医学

草学类
草业科学、草坪科学与工程

农学：
农学人到底在干什么？

文 / 丸久

经常听各行各业的朋友抱怨所学的专业相当糊弄人：以为自己能指点江山的建筑设计其实整天灰头土脸；以为自己能游山玩水的地质工程其实经常风吹雨淋；以为自己指尖翻飞就能构建起庞大的代码帝国，其实还得戴着眼镜一行一行捉bug……每每到这个时候我都会油然而生一种自豪感，并谦虚地告诉他们："哎呀，我们农学这方面就还好，因为我们是真当农民。"

高中毕业之后我摊牌了，实在学不了物理数学，考虑到进城务工成本太高，于是决定下乡务农，我父母也很满意。女孩子嘛，研究花花草草再合适不过，所以在农学下面的一众专业里，特地选了园艺学下的果树学。

于是金秋九月，我成为一个真正的农学人。

农学的实践课程的确不少，但真没大家想象得那么多。首先我们也是有宿舍的，不用住大棚里，尤其前两年公共课和基础课比较多的时候，甚至还会产生一种"怎么还没轮到老师给我分地"的抓耳挠腮之感。

那不下地的农学人在干什么呢？在上课。

曾在报考前我咨询学姐，问自己适合不适合学农学时，她告诉我农学适合喜欢它并且有吃苦耐劳精神的人学习。

我以为吃苦耐劳说的是下地难，但其实学过才知道她说的是不下地期间。

首先是躲不掉的高等数学和统计学，其次有挂科率高的生物化学排列组合及其衍生相关，比如有机化学、无机化学、分析化学、生物化学、分子生物学、微生物学、遗传学，以及逐渐变态的生理与生物化学、微生物与病原病理学……这些是高中学科plus版，还不算费力。但高中还是文科到了大学就摇身一变成为理科的地理，也在农学的专业课里不容忽视地存在着就有点劝退了：自然地理学、农业气象学、水土保持学和环境学概论，这些高浓度的地理知识对我来说就像在咸鱼上卖二手货时紧张又小心地打出的四个字：几乎全新。

所以这么一比较，后来的植物营养学、土壤学、园艺植物栽培、园艺作物育种以及园艺商品学和园艺产品营销之类的课程，都不是那么难了。这其中我最爱园艺商品学和园艺产品营销这两门课。这两门课的老师都爱聊天，讲他们在向日葵田里盘瓜子仁，把食物做成买不起的样子狠狠赚一笔，上课时能学很多保存瓜果蔬菜和讨价还价的方法。我原本以为上课光听乐子期末成绩不会很高，结果期末实践居然是让用蔬菜还原油画，像幼儿园的手工课。我用果蔬汁给白芝麻染色，粘出来一幅凡·高的《星月夜》，竟然还拿到了全班最高分。

不同的农学人要下不同的"地"，而不同的"地"里也有不同的乐趣，这些"地"是什么，主要取决于农学下的专业分类。

首先就是正儿八经的"大田实验"，这种实验一般植物生产类或林学、草学专业的会有，就是在自然气候和土壤条件下种树种花，从整地播种到作物收获全程参与，命运会在任意一个高温天气随机抽取农学人中暑，可能这次是你，下次是他；可能这次一个人单枪匹马，下次五个人组团回家；当然也可能这次是你一个人单枪匹马，下次还是你成为五分之一组团回家……

个人的苦对农学人来说实在不算什么，无妄之灾才是真倒霉，刚种下去的耐旱种被大雨冲刷三天三夜，农学人惨到想大哭一场。行，如果这样你还能乐观地说来得及换研究方向，那种了一年的红薯苞米被乡亲挖走找谁说理去？西瓜、草莓、土豆……能吃的也就罢了，那不能吃的菖蒲艾蒿居然也会被顺走绑门口驱蚊。这些都是农学人实打实的九九八十一难，没人说谎。

有同志就问了，为什么不把地保护起来呢？

因为我们是国家财政拨款建设的学校，不是垄断财阀，要知道我种桑树的那块地虽然在学校后山，但那是人家村里面的地，只不过长年累月被学校"借"着，估计"地主"自己也忘了这回事儿。可用了群众的东西再建围墙，咱文化人属实没这个道理。

除此以外，实验失败的主要原因是不可控力太多，台风降雨，干旱高温……有时候这玄学不信都不行，哪怕是室内，按照实验步骤做都不一定成功。像植物生产类下就有一个菌物科学与工程，他们的"地"主要在实验室，有一次是在培养基中选理论上具有减肥功能的目标菌种，从环境消毒到培养基营养配比，从组织分离到恒温箱育种，一步一步兢兢业业，大半个月后我过去借消毒水，探头一看——

嗨！还没我大姑做毛豆腐两三天长得菌种多。

轻松一点的就是盆栽水培试验，但我个人觉得不如踩在泥土上体验感强。

农学还有动物生产类、动物医学类等等。养活物的，我舍友的论文就跟鱼有关，大家一起出去吃烤鱼她也会把刺摆一摆，挑一挑店家的毛病，什么少给个鱼泡啦，鳃处理破啦……要不然就是逛着逛着突然跑回实验室喂鱼。

农学院有一个特殊的人际关系形成方式，就是供应链感情。比如我们课题小组种了不同品种的桑树，那隔壁动物科学院养蚕的学生就终日里惦记着幼嫩的桑叶，楼下水产养殖的朋友就一直等待着蚕的蚕沙和尸体喂养。然而这种纯纯靠"物质"维持的友谊就像一盘散沙，"破裂"只需要我告诉养蚕人我们的桑树打药了。

农学人就业还算乐观自由，毕竟从古至今从来没听说过农民失业。但随着全民学历提升，周边一部分人选择了考研深造或是进入研究所搞科研，但这条路并不是所有人的首选，因为无论是农学还是其他学科，科研这件事本身就是孤独且艰难的道路；还有一部分人进入国家各级企事业单位，负责技术管理工作，他们认真、专业地用所学所知回馈着社会；当然也有人选择追逐理想化的生活，比如到自然保护区和野生动物呼吸同一片空气，仰望同一片星辰，在沙漠里种下一片绿洲，在戈壁滩营救濒危物种，抑或是在城市街角开一家漂亮的花店，在瓢泼的雨夜救下受伤的小狗。

我们国家千百年来从未抛弃过农业，富庶之地被称作"鱼米之乡"，国库丰盈被称作"贯朽粟陈"，国泰民安的象征向来离不开粮食的底气，从温饱到重视食物、生活的品质，这一切都离不开农学人奉献的力量。虽然有人高薪，有人微薄，但每一个农学人都在课堂上听过老师讲述袁隆平院士的两个梦想："我有两个梦想，一是禾下乘凉梦，一是杂交水稻覆盖全球梦。"

茶文化：
以一杯茶汤，来实现美的构想

文 / 水絮

首先，谈一下茶文化专业学的是什么。

投资学的学生在看 k 线的时候，我们在喝茶；会计学的学生在制表的时候，我们在喝茶；国际经济与贸易的学生在做进出口单证的时候，我们还在喝茶……上课跟着老师喝，下课约着同学喝。《梦华录》中赵盼儿和茶馆老板斗茶的戏码，是我们的课间，（点茶真的很好玩）不过没有夹杂这么多的表演成分。

你可能会好奇，茶文化专业学的是什么？茶叶审评、茶艺、茶历史、茶生物、茶席布置、茶具鉴赏等等，每学年还有一次学校组织的茶山实践（自费）。茶生物带你了解不同工艺下的茶叶为什么会产生天差地别的口感，香气的因子是如何改变的，为何有的会散发出花香、果香、蜜香？茶生物课程会有大量化学公式带你走近这片小小的茶叶。但如果你是文科生，也不用恐慌，都是很简单的化学方程式，你只需简单了解就可以。因为进一步深入的理化学习，是茶学学生需要去做的。茶叶审评课程是连接茶艺课和茶生物课的纽带，通过对茶叶的审评，你可以知道制作时工艺出现了什么问题，向上改良工艺，向下调整冲泡手法，呈现出一泡好喝的茶汤。茶历史的课程带你提升人文历史，通过茶的脉络，再重新转动历史的车轮。茶席、茶器具的赏析，甚至我们学校还开设书法、插花、古琴、服装、包装设计等课程，为了让我们有更好的审美。

再说到茶山实践，并不是大家想象的，美丽茶山拍拍照，采采茶。而是由山野的工厂、农户、简陋的屋舍、无眠的夜晚组成的。一个班10个女孩子，带上睡袋，睡着大通铺，跟山里很多奇奇怪怪的虫子和平共处。做茶叶熬夜是少不了的，因为鲜叶不能久放，一丝一毫的差距，口感的变化会很大。我印象里最可怕的一次是在龙泉的茶山上，做红茶，发酵在晚上，我们整夜不眠，因为每过半小时就要去看看发酵程度如何。于是我们就把草席铺在水泥地上，四个女生坐着聊天打牌。在那个昏暗的厂房，四周都是山野，没有一户农家，不时还有蝙蝠在厂房里飞来飞去，现在想来还是毛骨悚然。但庆幸，现在很多茶山都在发展旅游经济，茶山里有了不少民宿，住房条件大大改善。也正因为这是个冷门专业，学的人少，我们拥有固定的专业教室，而且大家每年都有半个月时间一起去茶山，住大通铺，班里同学关系都很融洽。

但是，如果你觉得以上种种都让你心生向往，那我也不免给你泼盆冷水。以上种种都只是浅浅的学习，你想，一门课程在一个学期内上完，你能了解多少呢？更多的还是需要你课后对相关内容进行深入学习。你会发现在这个行业内优秀的人太多了，倘若你不精进，就会被行业淘汰。你要去啃枯涩的古文献，你要去跑各地的茶山，你要每周坚持去上茶道课、花道课，一天两天是新鲜，一年两年、十年二十年，坚持不易。每个学习，浅尝都是愉悦的，一旦深入，总是痛苦的。

除了时间，还有金钱，就比如我坚持在外学了6年的茶道，考到教授，基本上学费加考证费有20万，还不算上买茶器具、茶棚、茶叶的钱，花道也是如此。对茶器具、茶叶的要求也会随着你知识的增长而要求越来越高，而且会去追求顶级茶。当然，这只是我个人的学茶经历，学茶的道路千千万，并不是一定就花很多钱学这学那。另外，我认识的茶行业的老师和朋友，胃都不大好。喝茶是健康的，但是过量饮茶并且浓度过高，都是伤胃的，一天审评十几款茶都是常有的事情。茶叶都是要靠喝出来的，不喝很难去提升自己的专业水平。

茶文化专业在 2003 年才正式成立，显而易见，这是个非常年轻的专业，但又有着非常悠久的历史，向上可以追溯到神农氏，"神农尝百草，遇七十二毒，得茶而解。"秦汉时期，写茶的诗歌已不少，"烹茶尽具"、"武阳买茶"等等；魏晋南北朝饮茶之风兴盛；唐代陆羽著《茶经》，集茶文化之大成；宋代点茶之风风靡整个社会，皇帝宋徽宗专门写了《大观茶论》；元明时期出现了"废团改散"，饮茶方式已经与我们现在一样，即用沸水直接冲泡茶叶。

因此，这个年轻的专业，很多情况下，并不能很好地承载这么深厚的文化底蕴，客观而言，仍在探索中前行。茶叶似乎在我们生活中无处不在，但茶行业体系依旧不够完备，我 15 年迈入这个专业的时候，老师就经常说一句话："中国七万家茶企，抵不过一个立顿。"这么多年过去了，似乎这个现状仍未有很大改变。

那么，茶学和茶文化是同一个专业吗？

最近《梦华录》的播出，让"茶文化"也蹭了一波热度。大概很多人不知道，其实"茶文化"作为一个大学专业仅存在于个别高校中。我毕业的院校是全国最早设立茶文化专业的高校，20 世纪 90 年代已经开展茶文化的推广，2003 年正式在人文学院开设茶文化专科专业，由于在本科类目中并没有"茶文化"这一项，就在 2011 年并入到国际贸易系，成为本科专业。因此，大家去本科类目中搜索这个专业是搜不到的，只能搜到茶学专业。茶学专业属于农学，偏向茶树栽培、品种培育、茶叶加工等，简单来说偏生物、化学方向，而茶文化则更偏人文、历史。

或许很多人会问，茶文化是在学泡茶吗？

我们很多时候确实是在泡茶，茶文化的学生都要学会泡茶，但并不只是泡茶。能把茶泡到极致的是茶艺师，能把茶叶分出高低等级的是评茶师，这些都是极致的匠人，值得我们尊重。

最后谈一下茶文化的就业前景。

我个人是不喜欢以就业前景来判定一个专业的好坏的。每个行业都在发展，很多因素都因时而变，兴趣永远是最好的导向，学得好的学生无论在什么专业都不怕找不到好的工作。因此我只能讲讲目前茶文化专业的状况。目前而言，我们国家大力倡导文化自信，并积极推动茶行业的发展。

社会对行业需求较大，但专业学生输出很少，就我们学校来说，茶文化专业已在学校存在近 20 年，但我们学校仍旧一个班，一个班就 18 个人（大三时变成 17 人，有 1 人退学）。班里两极分化严重，喜欢这个专业的很喜欢，不喜欢的很不喜欢。

行业天花板低确实是不争的事实，很多茶文化专业的学生出来，只能去做茶艺师，现在茶馆的现象，茶艺师则是变了一种身份的"服务员"。最后就业到目前为止，只有3个同学（连同我）还坚持留在茶行业，一个在大厂的茶空间做运营，另一个同学自己开了一个茶空间，还有一个去了茶叶学会工作。但好在这两年政府大力发展茶文化产业，（且有这个专业的学校不多）工作供小于求。就业方向，有去学校、茶厂、茶空间、茶馆、茶培训、茶叶博物馆、茶文化学会等。但据我了解，目前越来越多的学校开始开设茶文化专业。

最后，我想说的是，想要选择一个能提高物质生活水平的职业的话，我是非常不推荐选择茶文化专业，如果实在喜欢茶，可以去上一些茶课，茶学的行业门槛并不高。

茶是寻常生活，只是情深如故。学这个专业之前，对于泡茶的繁复和形式化，心里有些抵触，后来才明白这其中注重的不是形式，而是隐藏在形式之后的心意与待人之礼，是朴素文雅、谦恭自制的态度。学习茶文化这个专业后，我不仅仅学到了一项技能，多看了很多书，同时我内心的浮躁与傲气也一点一点被磨掉。从最初追求泡茶技艺上的华美与技巧，并且还曾妄图去揭秘唐煎宋点的真实面貌，而后才明白我们只能不断接近而已。以诚心奉上一盏茶才是最打动人心的。

动物医学：
用爱与知识，护佑生灵

文 / 刘亚娟

"妈妈，我喜欢小动物，我想报考动物医学专业。"

"那专业上不了台面，都是些给猫狗铲屎擦尿的活，不报不报。"

仍记得大一拎着行李箱站在学院报到处的那天，天气很好，接待我们的学长和辅导员开朗又有耐心。旁边坐着一位年近古稀的老人，笑眯眯地看着又一股新鲜血液满怀着憧憬和希望向着这个熟知却又有些神秘的专业靠近。

老人开口，"你为什么来动医啊？"

辅导员赶忙介绍，"这是我们学院已经退休了的老教授，专门来迎新的。"

我虎躯一震，以示尊敬没有多想就连忙说出了给别人解释了很多次的答案，"因为我喜欢小动物。"

老人呵呵一笑，用拐棍敲了敲地面，"很好，你很有爱心。我觉得你能学好这个专业。"

我长吁一口气以为蒙混过关了，只听老人自顾自说道："其实，学好了动医归根到底是要为人服务的。"

那是我第一次听到这个概念。

学习动医，不仅仅是为了动物，更是为了造福人类。

问：学动医有高中课程要求吗？

答：有的。动物医学对于生物和化学要求很高，对于英语也有一定要求。进大学听到的第一句顺口溜就是：某农三大挂，有机无机和生化。每一个动医人，都有为生物化学拼过命的夜晚。当然，也有为临诊微生物寄生虫和中兽医拼过命的夜晚。还记得大二室友晚上背生化背到走火入魔，晚上做梦都是三羧酸循环。

问：动医的大致情况是什么样的呢？

答：学制为5年，由于农业大学基本上女生偏多，而且学动医的大部分也都是女生，男女比为1:3（室友去隔壁理工大学考试回来后感叹说自从上了大学没见过这么多男人）。听老师说，在过去的时候报考动医的男生要远远多于女生的，随着宠物行业的发展，越来越多的女生开始报考动物医学专业。根据往年的数据，大部分的同学会选择考研或者出国深造，少部分同学会选择直接就业，更少一部分同学会选择考编考公。在这里就不得不说考研。动物医学属于农学类，但是农学在考研时一直都是冷门科目。在汉语言文学、新传、计算机等大热考研专业卷生卷死之际，农学大类保持着一贯的山高水远，国家线稳居250分左右。250分是什么概念呢？农学大类的总分是500分，相当于100分的题你只考50分就能有学上。今年某传媒类大学的导演专业分数线在390分（总分500），张艺谋来了都得二战的水平。我们不做张艺谋，我们就做生理生化题。本科考生化就算了，没想到考研还要考生化，动医考研人听完都要落泪了。

就像曾经去一个企业参观，里面的负责人对我们说："这个行业，路宽人少。了解它的人很少，我们需要有更多的人才在这个行业里发光发热。"

问：动医专业主要学什么？

答：这两年在短视频上总能刷到一些农业大学的同学在追猪捉鸡，你可能会觉得很搞笑。但是这就是我们日常学习的一部分。解剖小鼠牛蛙、剖牛杀鸡、看X光片、针灸、临床诊断和学开处方单以及病理判断，都是我们需要掌握的技巧。从大一最基础的动物解剖开始，到后面的专业基础课，动物免疫学和动物病理学、动物生理学、动物药理学、寄生虫与微生物，再到专业课中兽医、临诊、产科、影像课程，人医所需要学习的课程我们都会接触学习。

那你可能会问，那我们学习的和人医又有什么不同呢？

片面来讲，人医只会研究人类的疾病，但是动医的课本除了涵盖了最基本的猪牛马羊猫狗兔各式各样的动物，偶尔还会冒出来骆驼和水貂。每一种动物的生理结构、药物反应、病理特征都是不一样的，所以每一种动物都需要我们掌握。除此之外，我还记得临诊课上老师对我们讲的："动物和人最大的不同就是人可以张嘴描述自己哪里不舒服，就算一个不会说话的婴幼儿也会用哭声或者痛苦的表情来表达自己身体的病痛。而动物不会，动物不会在疼痛的时候大喊大叫，动物的疾病都是靠兽医来判断的，包括用什么方法诊治，开什么处方，都要凭借兽医一个人的判断。假如因为兽医的误判开错了处方用错了诊疗方法病畜死亡了，你也可以说它是由于病重而死，动物也没有办法呻吟辩驳。要做一个好的兽医是要自己心中有一杆秤。"

问：动医 = 宠物医生？

答：给小动物看病只是行业中很小很小的一部分。大部分人认为的动医 = 宠物医生，是非常片面的认知。宠物医生属于临床小动物方向，而临床又分为大动物和小动物。但在动医大方面又会分为三个方向：临床、基础和预防，也有近几年才有的动物药学专业。大动物包括牛、羊、猪、马、鸡等，这方面除了畜牧场、马场之外，还可以关联到一些常见的肉蛋奶公司，都是我们毕业就业的考虑方向。

因此，动医 ≠ 宠物医生。

随着社会的进步和兽医科学的发展，这门科学除直接保障畜牧业生产外，已扩大到公共卫生、环境保护、人类疾病模型和医药工业等领域。因此随着时代的进步，我们对于动医的定义和观念也要随之改变。我们不再是走遍乡村背着竹篓的赤脚江湖郎中，负责给牛羊接生，也不仅仅是在宠物医院给猫狗输液打针这些看起来简单的工作内容。

问：动物科学和动物医学有什么不同呢？

答：用很简单的话来说，动物科学就是偏养殖生产方向，动物医学偏健康生产方向。

问：动医的就业方向有什么呢？

答：除了已知的宠物医生，临床大动物职业有上述提到的畜牧场、马场，肉蛋奶以及动物食品研发公司。人畜共患病、传染病是近些年来的热门研究课题，类似非洲猪瘟、口蹄疫等传染病，也是我们重点研究的方向。提到预防就不得不提到疫苗，疫苗生产也是我们专业对口的职业。包括这两年讨人厌的新冠病毒，新冠疫苗也是我们专业研发的（没想到吧？竟然是动医专业研究出来的）。

这时候你可能会说："这些都是私企，爸妈更希望我考公务员，考编，那我们专业有相关的职业吗？"

有啊，动医满足你所有的需求。

海关、畜牧兽医局、兽药饲料单位、农业局，都是可以选择的。如果都不喜欢，那来看看动物园吧。南京的红山动物园、四川的大熊猫养殖基地都是本人眼馋了很久的工作岗位。稳定的工作，以及满足了大多数人当初报考本专业的初心，又有什么不满意的呢？

除此之外，与生物相关的所有职业，我们都可以选择。包括进入大学深入学习以后，身边用到的生物试剂、设备等等，未来都可以成为我们就业的一大选择。

医药行业是永远不会衰败的行业，无论是在风调雨顺之年还是疫情爆发的这几年，医药行业永远都走在行业前端。为了人类和生物的健康发展，医药行业永远都会勇往直前。

就像那个被问了很多遍的问题，我的答案依旧不变："如果让我再选择一次，我还会选择报考动物医学。"

园林：
我在这个天坑专业混得如鱼得水

文 / 幽草

当我知道我被园林专业录取后，我才认真地上网搜索了一下园林专业。令我苦恼的是，不论是知乎，还是百度，所有的搜索软件，所有的答题人，他们都告诉我一个赤裸裸的事实：园林，一个天坑专业。

在复读和接受现实中，我选择了接受现实。

好在，我并不后悔这个决定。

不知道有多少人和我一样讨厌理工科，讨厌无聊的机械原理，但我没想到我与园林的不期而遇，满足了我的所有热爱。

我们学素描、油画。从简单的画线到画一片盎绿的森林或者是丰收的秋意，就这样听着音乐，完成老师布置的作业，平静悠扬又充满热爱。时常我们会被安排写生，是的，像一个艺术生一样，我总会装模作样戴一顶画家的帽子，然后或带着各种铅笔或背着画板、各色颜料、画笔，在写生的地方坐上一整个下午。这些，用无限诗意填补了我的生活。这个过程是浪漫的。我们还会旅游写生，到婺源去画青瓦白墙，画山水油菜，一群伙伴，一段诗意，这个画面很美很美。园林它满足了我对艺术的向往。

园林，是一个需要接触自然的专业。逃不过的植物学和园林树木学，各式各样的树啊，花啊，草啊，需要我们去背诵，我们要背它们的科属，要背它们的园林用途。这个过程总是快乐且痛苦的，老师总会给我们提一些奇怪的问题，像"你们知道为啥行道树总是用樟树或梧桐吗？""你们知道学校买那一棵樟树花了多少钱吗？""你们知道构树又为什么叫断子绝孙树吗？"这些生活中常见的园林树种于我们而言更具魅力，好似学了这个专业之后我们更能发现生活的美了。我们的植物学老师是个有趣的人，他总给我们讲述他实习时开拖拉机的日子，会给我们讲他们上山实习时用叶子当手纸的窘事。我爱自然，更爱让我亲近自然的园林。

我们要做植物学实验，观察各式各样的植物切片，通过显微镜看那绿的蓝的细胞，我不止一次惊叹于大自然的造物力量。当听见隔壁实验室生物科学专业解剖鱼、青蛙、蜥蜴的惨叫时，我会庆幸，我们的专业没有血腥，有的只是风花雪月的浪漫。我们会观察花花草草，和老师一起游校园，认识学校里的园林树种，听老师吹牛皮，跟老师一起光明正大地踩草坪。进别的学院进不了的生态园，总有一种在学校能横着走的错觉。

让我最最激动的是，学校里有我们学院种的一大片柚子树，它们被铁栅栏隔着，还有监控专门管理，边上还有管理员挂的"偷摘一个罚款100元"的警告牌。到了收获的季节，黄澄澄的柚子不知道吸引了多少人的目光。我们不止一次试探地询问老师这个柚子的最终去向，当老师让我们去摘来做实验的时候我们就知道我们有口福了。当然除了柚子，还有苹果、橘子。我们总观察一半，留上一半，这一半总逃不过被我们消化的命运。这是只属于农学人的快乐。

你可能想不到的是我们还要去武夷山实习，准确说是武夷山自然保护区。那个夏天，我们在山里待了十四天，住在当地村民家。我们听鸟语花香，放眼望去目光所及所有绿色都是知识点。每天走到精疲力竭，做笔记写到怀疑人生，但是这丝毫不影响我光脚踩在小溪里玩水、戏鱼。更不妨碍我摘一些允许采摘的果子，也不妨碍我坐在小溪中的石头上看云卷云舒，听潺潺流水声。田野的享受可以冲刷我所有的疲惫，这才是最美的大学体验。

用浪漫已经很难形容园林了，我们专业还开设插花艺术课程，这绝对是每一个少男少女不应该错过的课程。这门课程让你爱上生活,爱上这个被所有人质疑的专业。

当然我们专业最快乐的一次实习还是去苏州园林,有了专业知识的傍身和老师的讲解,你眼中的苏州园林会多些历史的底蕴,你对中国古典美学会多些欣赏,多些敬仰。我们总会在老师的讲解中了解一些风水学,这也激起了我对风水的兴趣。我们学校没有开设风水学课程,但一些厉害的学校开了相关课程。我开始看《易经》《宅经》,什么"五大招阴树",什么"前不栽桑,后不栽柳,院内不栽鬼拍手",什么"五行八卦"。我似乎成了一个神棍,并在成为一个神棍的路上乐此不疲。大学有很多空闲时间,在图书馆看一些杂书,一切都特别美好。

园林,让我在艺术与自然间游走,在浪漫与现实间跳跃。这份快乐似乎仅限于我。

学习之后,我不得不理性地面对它,园林专业的就业方向很多,你可以成为园林设计师、造价师、建筑师,考公去园林局,甚至考研去研究植物。但是这也阻挡不了它成为天坑专业的步伐。如你所见,在这个专业,你可以成为一个全面发展的能人,德智体美劳皆有涉猎,但都学得不深。我们可以和所有人抢饭碗,美术生、理科生、文科生。不能否认的一点是这是一个体验感十足的专业,所以谨慎选择。但如果你愿意加入,那就用心感受吧。

森林保护:
木与木的同呼吸、共命运

文 / 荀况

"森林保护专业是干什么的?"

当我和别人说起自己的专业名称时,这是大部分人下意识的回应。

而一开始我的回答也很简单,"就是保护森林"。

高三时的我,对物理化学不感兴趣,性格又孤僻,最羡慕的生物是行道树,看见森林保护专业时,以为将来的工作就是隐居于山林中的一小屋,时时巡山。然而当我学了森林保护专业之后,才发现事实与想象大相径庭。

大一刚开始学的主要是一些基础课程,如无机化学、有机化学等。有机和无机化学是对高中化学课程的深入拓展,无机化学需要学习热化学、无机物化学反应、物质与能量变化等,而有机化学学习了解并考查众多烯烃、芳香烃、醛、酮化学反应方程式，自由基、离子基反应等，需要认真学习和识记，否则很难拿到高分，甚至一不小心还会挂科。

与此同时，大一也开展了少部分专业课，如植物学。老师结束了课堂上对植物根、茎、叶、花、果实、种子细胞组织的系列讲解，会带着我们在校园进行课外实习，逐一辨认植物名称。

树木学则是分类学习裸子植物被子植物，并可以通过树木枝干、叶片辨认其所属科，掌握不同植物的花、叶、果实、种子的形态特征，考试时需要写下常见树的属，列举其特征，说明其主要用途，将十几种树木用自己擅长的检索分类方式写下检索表。树木学的课外实习需要去很多森林公园收集树叶，采集完成后在室内制成标本，标注植物的科属种名称，并完成相关实习报告。

随着课程的推进，专业课变得越来越多，有昆虫分类学、化学保护学、植物病虫害学、林木育种学、森林培育学、微生物学、3s 课程等。其中 3s 课程令人印象最为深刻，它将遥感、地理信息系统、全球导航卫星系统相结合，前期我们在校园不同水体、植被、土地等用仪器测量记录数据，后期在计算机教室使用庞杂的系统分析整合，绘制表达校园地理要素的地图。3s 老师也直言，这门课程很重要，精通 3s，学会操纵无人机对将来在林场的工作大有裨益。

学习得越全面，越能知道森林作为"地球的肺"的强大之处，譬如"小病小灾"可以自愈，却也易因一些伤害而"一蹶不振"。曾听一个老师说，许多森林因为马尾松毛虫导致整个山里的马尾松的生长受到抑制直至枯死，只因马尾松毛虫天敌种类、数量很少，故常常形成灾害。

大部分专业课需要背的知识点繁多，几乎没有选择题，都是问答题或者名词解释，碰到树木分类学和昆虫分类学简直要变成"临时理论专家"，独立制作检索表，精通专业名词的含义，理解绕口长句的真正意思并熟练书写，而遇到植物病害考试时甚至可以短时间内精通四十几个细菌的拉丁学名拼写。

不过，我想对于大部分森保人来说，印象深刻的还是课外实习。土壤学实习，我们会去学校后山的竹林，用锄头挖土，并将其带回实验室分离；森林培育学实习，我们会到深山的老旧宿舍过夜，步行山中，观摩百年杉木，分析成片树木枯萎的原因；昆虫分类学实习，我们会在山坡的茶田抓捕难得一见的竹节虫；植物病理学与真菌学实习，我们会收集病叶制成标本，采集菌类，在实验室的显微镜下观察并手绘真菌的形态特征；化学保护学实习，我们会参观农药工厂，在刮着大风的海边小镇的田埂上寻找红火蚁的巢穴并且撒上农药，用仪器定位做好标记……

每一次的课外实习都生动有趣，令人难忘，但那不仅仅是"郊游"，每一次实习结束后需要上交相关的详细的课程实习报告，有的还需要分组制作标本，加深对课程和专业的理解与思考。课内外相结合，会使我们对森林保护的理解并不浮于表面，也为课本的案例提供更多的可能性，激发我们举一反三的能力。

四年的大学生活有着很多珍贵的记忆，不论是专业课程的学习还是在自然环境的历练都让我们受益匪浅。但我们不得不承认森林保护专业是十分冷门的，远不如林学知名度高，我们班里的同学大部分也是因为接受调剂才来的这个专业。入学前我当时坐着动车，穿过隧道，赶往学校，看见连绵的山和随风摆动的树的枝干，只觉得自己应该不至于失业，可是事实却是除了部分同学读了研究生，部分同学备考公务员和编制，其他参加工作的"社会人"，工作内容和我们的专业可以说是毫无关联。

森林保护说好听点是"全能人才"，毕竟所有方向都要有所涉猎，昆虫、植物、微生物、气象、林木育种等等，如果想要深入钻研，可以挑选自己喜欢的大类方向加入实验室或者考上研究生。

如若有幸遇到自己喜欢的类别并且完成了研究生学业，比如植物病理学，可以像我们某个学长一样在烟草局找到一份高薪体面的工作。

但如果只想读到本科，可能难以在社会上找到称心如意专业对口的工作，但可以参加海关检疫、林业局或者风景自然保护区的公务员或者编制考试，只限此类型专业的考试竞争压力会小一些，毕竟学的人确实不算多。

大学里我曾遇到真心喜欢昆虫的同学，他甚至自己养了一些昆虫当作"宠物"，学习这个专业对他来说一定很不错。

有幸能够喜欢这个专业，并且在毕业后找到了相关的工作，在偏远的山林追踪野生动物，远离外界的网络和信息，远离钢筋混凝土铸成的丛林，每天只思考云与雨，山与树，飞鸟与虫鸣，也不失为人间难寻的理想生活。

水产养殖学：
不是只开养殖场

文 / 殷甘

我相信很多人直到大学毕业都没有听说过水产养殖学这个专业，至于我自己也是因为学校转

专业政策所以拿水产养殖学保底。然而经过三年的学习，我渐渐明白了作为农业从业人员的默默付出。夏天最火爆的大排档必不缺少的小龙虾，正式宴会上必不缺少的鱼，这些都倾注了水产养殖业的从业人员的心血。我也渐渐抛下对农业"脏、苦、工资低"的偏见，去亲手抚摸这片山川河流。

问：水产养殖学是什么专业？

答：水产养殖是农学范围的一门学科。

研究对象是水产品，各种鱼、虾、贝类、龟、藻等。但具体要看报的院校以及所在院校的老师研究什么，比如内陆的院校一般研究以四大家鱼为主的淡水鱼，沿海的研究海水的鱼种或者贝类等等。

目的是培养在水产养殖的各个环节比如生产、教育、科研和管理等的技术人才，掌握主要鱼类的科学饲养管理、育种繁殖以及鱼病防治等方面的技术理论知识，以及饲料营养分析与日粮配合技术。但其实真正本科毕业从事水产养殖一线工作的人少之又少。学校招生就业处的老师说过："我们学校有个冷门专业，水产养殖，分数线最低，招的人一半调剂，转专业转走一半（当时我们学校没有限制转专业的政策），毕业后，结果很多公司开8000都招不到人，因为太辛苦，学生们都不愿意去。"

问：哪些院校开设了水产养殖学？

答：专业水平最好的肯定是中国海洋大学，毫无争议。其他院校按网上公布的排名顺序有上海海洋大学、华中农业大学、宁波大学、集美大学、广东海洋大学、西南大学、大连海洋大学、四川农业大学、湖南农业大学、华南农业大学等等。

问：水产养殖学要学什么？

答：以我们学校为例，大一主要学科有高等数学C（最简单的数学）、无机及分析化学B和有机化学B（比较简单，比高中化学要深一点点）、鱼类学、水生生物学、饵料生物培养。

大二主要学科有基础生物化学B、普通遗传学、养殖水环境化学（主要是水质因子对鱼类的影响）、水产养殖工程学（通俗一点来讲，怎么建养殖场）、生物统计、水产动物组织胚胎学、水产微生物学、水生动物生理学。大二是我们专业课最多、最难的一年，基本每门课都附带实验。

大三主要学科有水产动物营养与饲料学、水产动物育种学、水生动物疾病学和水产药物学、鱼类生态学等。大三的课就是在大二各种专业知识的基础上，学习如何养鱼。

大四主要学科有特种水生动物增养殖学。大四专业课只有这一门，可能是学校考虑到同学们考研和实习的因素。

除了上课之外，我们还会有课带的实验，科研兴趣小组，去到生产上的实习，以及毕业实验等。

看得出来，我们现在的培养计划是为生产实践培养人才，而不是培养科学家。然而 211 的学生都是不愿本科就业的，实践机会又很少，导致深造与就业需要的知识与我们目前学习的知识存在很大的脱节，所以据说新一届的师弟师妹会学高数 A 和概率论、物理之类的课程，培养计划也会大大调整。

问：水产养殖学学了可以干什么？

答：接着上面说，水产养殖专业学生培养目标主要是进养殖场，有做销售的（能够挣到很多钱，但是需要到处拉单而且对口才要求极高，也很辛苦），有在一线工作的（真正养鱼，但是特别累，早上四五点就要起来巡塘，而且拿的工资和专科工资一样，培训两三个月就能上岗），也有在水产公司应聘 HR 的（这个需要个人能力极强，与专业没有太大关系了），也有去海洋馆的（但是一个萝卜一个坑，到你那时不一定有机会），也有去水族馆的（造景是个很新颖的事物，如果能够做出成绩也可以往这方面走）。所以大家能看出来 *水产本科就业其实挺尴尬的，生产方面机会很多，但是要特别能吃苦，而且绝对偏向男生，所以很多人不愿意去。*

有人选择考公。最多的是选择考研，很多人选择从农学的水产方向转到理学的生命科学，有做分子的、细胞的、疾病肿瘤的、海洋方向的等等，也有去理学的生态方向，少部分还是就读水产。就业仍然会面临本科时的难题，要么当公务员（也许会好就业一些），要么进养殖企业（这个时候就可以去研发岗位了，没有那么累，工资也会高一些），要么去大专当老师（目前很多人这样选择，但是几年之后谁知道萝卜坑还有多少呢，毕竟这么卷），要么读博（学术真的很难，高校老师招聘条件也越来越苛刻）。有个研究生师兄告诉我，如果不是真正喜欢学术，尽早跳出生环化材。

总的来说，水产没有那么"不堪"。在生产方面，如果是男生，真的大有可为，如果是女生，不可否认会受到歧视。在考研方面，水产作为农学方向的学科，收分很低，不过这几年分数也慢慢涨起来了。在科研和考公方面，如果你不是那么热爱水产，也许水产可以成为一个跳板，助力你得到其他更好的机会。

农学大类 159

🔍 学长学姐有话说

读 农学 是一种怎样的体验？

园林

园艺专业是当下比较受重视的一个专业，由于现在的空气污染比较严重，国家比较重视城市的绿化问题。但是并不代表就业前景一定很好，按照经验来讲，学这一行比较适合考研。园艺属于农学，考研相对比较简单，两百多分就能上，我们班考研16个上线14个。

园艺找工作不难，但是，有可能连你自己都养不活，专业相关的工作只能到一些农业公司上班，不是说农业公司不好，只是本科生到农业公司，要么干销售卖农药，要么就到田间地头……只能做一些很基础的工作。技术指导啥的有更高学历的人做，所以工资……（你们懂的），但是如果你想创业，那也是可以的，只有能吃苦的人才能成功……还有就是不太建议女生报考，该专业，从业者下地是很日常的事，锄地开荒种菜养花，对于企业来讲，更愿意要男生。

动物医学

动物医学，也可译为兽医学，但是与兽医相比，应用更广泛一些。虽说是动物医学，但也算是医学，动医的课业压力虽不及人医的同学，但也要求同学能够严谨、认真，毕竟以后经你手治疗的动物也是生命。因为不同种属动物会得的疾病千差万别，即使同一种疾病的表现症状也不同，所以需要不断学习。而需要记忆的知识也非常繁多，所以想要轻松愉悦地度过四年大学生活，稍微有点儿费劲。

未来就业方向，本科毕业主要有六个方向：考公、考研、宠物医院、畜牧场、饲料厂、生物制品厂。

林学

不算是冷门的专业,但读这个专业,一定要想好自己今后追求什么样的生活。林学不会像金融或计算机类那么好就业,薪资高,但足够温饱不内卷,很缺人。但每个人有不一样的追求。我们班大部分人都是留在林学相关行业工作,也有转行成功进大厂或者读博考公的,只能说,适合自己的才是最正确的路。

草业科学

课程难度不大,就业难度极大,想考公都没得选,只能蹭农学类,正在找工作的我目前只拿到了一个养猪场的 offer。

医学大类

基础医学类
基础医学、生物医学、生物医学科学

临床医学类
临床医学、麻醉学、医学影像学、眼视光医学、精神医学、放射医学、儿科学

口腔医学类
口腔医学

公共卫生与预防医学类
预防医学、食品卫生与营养学、妇幼保健医学、卫生监督、全球健康学、运动与公共健康

中医学类
中医学、针灸推拿学、藏医学、蒙医学、维医学、壮医学、哈医学、傣医学、回医学、中医康复学、中医养生学、中医儿科学、中医骨伤科学

中西医结合类
中西医临床医学

药学类
药学、药物制剂、临床药学、药事管理、药物分析、药物化学、海洋药学、化妆品科学与技术

中药学类
中药学、中药资源与开发、藏药学、蒙药学、中药制药、中草药栽培与鉴定

法医学类
法医学

医学技术类
医学检验技术、医学实验技术、医学影像技术、眼视光学、康复治疗学、口腔医学技术、卫生检验与检疫、听力与言语康复学、康复物理治疗、康复作业治疗、智能医学工程、生物医药数据科学、智能影像工程

护理学类
护理学、助产学

临床医学：
挺好的，就是头有点冷

文 / 费初

选择学医是我在填报志愿之前从未想过的事。对于经常生病的我来说，医院可以说是我曾经的阴影。所以，我对于当医生这件事并没有很高的积极性，不排斥，也不向往。

与身边的一些有志学医的朋友相比，我的报考理由着实有些直白和现实。填报志愿时，我有意避开我的短板——令我束手无策的物理学，于是我排除了工科专业；在高考分数对院校的限制下，我将目光聚集在外语和临床这两门专业上。英语是我的强项，但我个人更偏向于学习一门"手艺"，医学专业非常契合。

由此，我的漫漫学医路开始了。

临床医学本科学习五年，只招理科生，比一般本科生多一年。最后一年，学校会安排医学生去医院实习。

我个人感觉，大一上学期的课程学习是非常轻松的，这学期是培养爱好与增长见识的最佳时机。与医学专业较为贴近的只有基础化学这一门课程；数学和物理都不是考试课，这与一般专业的要求不同。大一下学期的课程骤然增加，其中有机化学、系统解剖学、组织胚胎学这三门课程是医学基础课。到了大二上学期，免疫学、生理学、生物化学三座大山一齐出现，难度便有了质的飞跃。而在后面的日子里，专业课会越来越难，书的厚度逐渐令人心慌。不过不必担心，前面的学长学姐都这样挺了过来，医院的优秀医生无一例外将这些"蓝色生死恋"深深印入脑海，我们这些萌新自然也要沿着前辈们的经验之路，牢牢掌握这些蓝皮医书！

系统解剖学是我接触到的第一门医学专业课。解剖学的理论课是需要大量精准记忆的，刚开始学习时，我常常开不了窍，比如学习完骨学章节和肌学部分章节后，我才堪堪把骨学内容记住了，肌学部分还是两眼一抹黑的状态。后来我察觉到，我因太过注重细节知识和复习不及时，陷入了窘境。而这种太过关注细节的错误学习方法，大概源自一个在医学生中间广为流传的故事——

"老师，这本书的重点是什么？"

"问重点？病人会按重点生病吗？"

哈哈，的确很有道理。不过不必惊慌，考试还是有侧重点的，所以不要像我刚开始一样专抠细枝末节。所以，梳理知识体系，精准记忆重点和难点知识，对应人体结构加深记忆，理解不太常考的知识，眼熟其余的零碎知识，是我目前总结出的学习方法。

最刺激而直观的课莫过于系统解剖学的实验课。白大褂一穿，胶皮手套一戴，便要亲自在大体老师身上实践理论知识了。对于大体老师，没有学医人不尊敬。医学生比其他专业学生多了一位伟大而特殊的老师，他不能言亦不能动，却准许你翻动他的身躯，移动他的内脏，让一个个医学生不再纸上谈兵，让一名名研究人员能够发掘医学难题。

大一的我也曾对于解剖课恐惧过，害怕过，但不必担心，在整个班级的同学把大体老师围成一圈的情况下，你很快就会从身到心完全适应。就算你短时间内无法适应，相信我，在考试的前几周，你也会争着抢着去实验室上手熟悉知识的。

一名医学生可以没有校服或者系服，却不能没有一件属于自己的战服。对于我们临床医学生来说，这件战服就是白大褂。白大褂作为一种职业制服，和警服一样，总会让人忍不住加上一层滤镜，让身着它的人看起来更加容光焕发。对于医学生而言，它是实验课上屏蔽病菌的防护服，更是我们对圣洁医术的无限想象。不论酷暑还是寒冬，每当穿上白大褂走入实验教室，我的心里就会产生一种神圣的使命感，驱使着我不断进步。

大学生活是多姿多彩的，在钻研学业之余，社团活动是浓墨重彩的一笔。大一这一年里，我多次参与了救济流浪猫狗的志愿活动，为救济站的小动物清理卫生，帮助救济站开展领养会，与充满爱心的同学一起小心翼翼地接近这些落入人间的折翼小天使。这大大满足了我这个没有条件养猫狗的爱猫爱狗人士，来回奔波固然辛苦，我的心中却始终燃烧着热情。除此之外，我曾跟随校志愿队去医院进行志愿服务，在导医台为病人解答基本问题。这无疑是一项新奇的体验，这是我首次不以患者的身份进入医院。

"生涯要规划，更要经营。"最后，我想谈谈关于未来的事。

疫情期间，大量优秀的医护人员的事迹是大家有目共睹的，去往前线支援的医生无不是各个大医院的骨干。作为一名医学生，我渴望成为他们的样子，那一定会让我深深地感受到自身的价值。

然而，当医生并不是一件容易的事，我也清楚地认识到了这一点。现如今，一般医院是不招收本科生的，硕士生是招聘的起点，而三甲医院的大多科室招收的人才需为留洋博士。所以，考研究生对于临床医学生而言，几乎算是刚需。这是现实的要求，也是专业的要求。

在这里，我简要提及一下绝大多数医学生考研所涉及的专业课科目，以供大家参考。一些院校具有推免名额，这些名额稀少，竞争激烈。对于没有推免名额的院校的学生，以及很遗憾没有获得所在院校推免名额的学生，便只能通过考研增加就业竞争力了。考研分为初试和复试两部分，复试为面试，可以理解为在初试通过的基础上的第二轮考核；初试为笔试，分西医综合、英语、政治三科，后二者同其他专业相差无几，西医综合则为医学生专属了，考试范围涉及生理学、生物化学、病理学、诊断学、内科学和外科学六门课程。因而，在所有的专业课当中，这六门课是重中之重。

当然，除了临床医学生，很多专业的同学也都面临着考研的压力，在这个大学生遍地开花的时代，研究生才是真正的具有含金量的学位。所以，不论你学医学专业还是其他专业，本科阶段万万不能懈怠，千万不要相信"到了大学就轻松了"的谣言。

口腔医学：
专业性很强，就业不成问题

文 / 星宇

关于选择医学，钟南山先生讲过一句话，令我印象深刻："选择医学可能是偶然，但你一旦选择了，就必须用一生的忠诚和热情去对待它。"我相信大部分医学生选择医学时都怀着崇高的理想，都有着救死扶伤的鸿鹄之志，但坦白讲，我的初衷可能不那么高尚，它充满了目的性。没错，我步入医学殿堂，是为了这份职业的稳定、体面。填报志愿前，我浏览了大量专业分析网站，调研了不同专业的就业前景，一番比较下来，得出了结论：医学专业人才目前缺口大，其中口腔医学尤甚，进可攻、退可守。于是，我毅然决然地选择了口腔医学。

口腔医学前期的学习和临床医学差别并不大，同样是厚得像砖头的课本，同样是"内外妇儿"，同样是"生理生化必有一挂"，同样是"病理病生九死一生"。一般来讲，口腔医学本科为五年制，大一大二的课程与临床医学几无差别，主要有：人体解剖学、内科学、外科学、病理学、病理生理学、药理学、生化与分生等等。口腔医学生要在这短短两年内学完临床基础课，然后接下来的两年学习口腔专业课，如口腔解剖生理学、口腔组织胚胎学、口腔颌面外科学、牙体牙髓病学、口腔修复学、口腔正畸学等。而这些课程最大的特点就是知识点庞杂，需要反复联想、记忆、背诵。大部分医学生的课本都记着满满的笔记，PPT 上书上没有的知识点、老师的临床经验、课堂上大家巧思的顺口溜，密密麻麻都是上课认真听讲的证明。翘课？早退？不存在的。有些科目这节课错过了，下节课可能就听不懂了，章节与章节之间、甚至科目与科目之间都有着紧密的联系，它们相辅相成、盘根错节。比如病理学和病理生理学有许多重复的知识点，一通百通，口腔解剖生理学与口腔颌面外科学也是相互联系的。

而实验课，常规的实验如医学物理实验、诊断学实验、生化实验等没什么特殊的，不做过多说明。比较受关注的是动物实验和人体解剖实验。我曾听到过非医学专业的同学对我们提出质疑，他说他觉得我们很虚伪，明明给动物造成了那么多痛苦，明明有无数生命命丧实验室，但我们的中心广场却立着大鼠的雕像，这不是虚伪是什么？我听到他的一番话，五味杂陈，晚上躺在床上想了一夜，泪流不止。当初十八九岁的我们，去菜市场都无法直视宰鸡杀鱼，第一次处死大鼠时，未完全断颈的小生命哀叫不止，我痛恨自己的仁慈与不果断，所以一次次实验，一次次地斩杀自己的犹豫与懦弱，最终造就了利落果决的我。所以，学医，要有一颗强大的心，要能面不改色地切开皮肤，要能稳如泰山地分离肿瘤，要能反人类般的扼杀自己的恻隐之心，只有如此，才能长久地把医学这条路走下去。

许多人不知道的是，雕牙是口腔医学生的一项独有的实验。去年爆火的"肥皂刻爱心"算什么，口腔医学生分分钟给你雕一颗大白牙，窝沟点隙处处逼真。除了用石膏雕刻牙齿，我们还会用融化的蜡油滴出各种想要的形状，还会用树脂灌出各种模型，既是艺术家又是工程师。

除此之外，医学绘图也是一项艺术气息拉满的技能。神经、血管、肌肉、骨骼、脏器……只有你想不到的，没有医学生不会画的。手残？没关系，大部分情况下，绘图不是为了好看，而是为了加深对组织结构的理解与认识，了解神经肌肉的走形、解剖层次的构建，所以，只要对自己学习有帮助的图就是好图。

学完理论课程，大五就要去医院实习了。实习和上课完全不一样，因为你面对的不是文字、不是动物，而是活生生的人，这大大降低了容错率。进了医院，面对病人我们就是医生，面对带教老师我们就是学生。让我深受触动的一句话就是"有时去治愈，常常去帮助，总是去安慰"，受限于医学科技发展，许多疾病难以治愈，病人遭受着病痛和经济困难的双重折磨，作为医生，我们要有基本的职业素养，多一点人文关怀。医学发展与教育，更多依靠的是循证、经验与传承，所以经验为零的我们更要时刻观察老师的操作与沟通技巧，尊师重道，善于总结，才能迅速成长。

实习时，我们会轮转不同的科室，也许你会问，不就是口腔科吗？不不不，术业有专攻，口腔科分得也很细，有口内、口外、修复科、正畸科、种植科等等。口腔颌面外科是唯一一个需要值夜班的口腔科室，相较于人们通常讲的"牙科"，它更接近于临床科室，因为口外涉及许多外伤处理、肿瘤切除、骨折固定及其他住院手术，当然，拔牙也在其执业范围内。其他的几个科室，口内、修复、正畸都有不同的"手艺活"，用不同的治疗方法让一口烂牙变好牙，以前称牙医为"修牙匠"也没错。实习时，小到护士台导诊、大到亲自拔牙，只要用心学习、点滴积累就会赢得病人的信任和老师的称赞。医学这个行业，不是纸上谈兵，而是要真刀真枪上战场的，思维、情绪、言语、技术，每一点，都牵一发而动全身，轻则与病人大吵一架被投诉，重则攸关性命。医患关系之紧张，社会新闻已屡见不鲜，温柔如陶勇医生、神勇如钟南山院士，他们或被砍伤、或被毁谤，一腔热血并不足以支撑我们走下去，只有全社会共同努力，才能形成良性的医患关系。

本文一开始我就讲，口腔医学进可攻退可守，至此，终于可以展开讲讲这点了。无论是一线城市还是乡镇农村，我们总是不难找到口腔诊所，它们或宏伟气派，或简单朴素，但它们有一个共同的特点：常年招收口腔执业医师及助理医师。可见，口腔岗位需求量确实大。口腔诊所虚位以待，三甲医院的岗位却是重金难求。为何？因为人们普遍认为，公立医院意味着"稳定、铁饭碗、体面"，而诊所的稳定性和社会地位就远远不如前者了。

三甲医院意味着高学历，也就是说，至少要读个硕士才有资格向其人事部投简历（大部分三甲医院博士起步）。而诊所的门槛低很多，专科、本科、硕博都可以分这一杯羹。传统观念认为公立医院优于民营诊所，但随着民营机构不断优化升级，重金招揽人才，一些优秀的民营机构脱颖而出。总而言之，若能一鼓作气读到博后，留在三甲医院医教研全面发展，则前途不可限量；若考学困难或家庭不支持长久读书，不乏先去民营机构闯一闯。

求学这么多年，我偶尔懊悔自己的世俗，我有一个向往自由的灵魂，如果不学医，我可能会学绘画、学摄影、学文学。但当我为无牙老人安好一口牙，当我将老师教我的东西传承给师弟师妹，当妈妈骄傲地说我女儿是一名医生，专业带给我的成就感远大于我背叛自己兴趣爱好的悔恨。当下求学的艰苦、医患关系的复杂、比同龄人赚钱晚的尴尬，这些困难大部分医学生都会经历，但一旦选择了医学，请坚持下去，厚积薄发，我们会拥有别的专业无法比拟的成就感。至于收入，或许学医不会让你升官发财，但更不会让你落魄街头，况且"金眼科，银口腔"，口腔医学在整个医疗系统中收入算是属于前列。

无论出于什么目的选择医学，为理想也好，为就业也罢，选择医学可能是偶然，但你一旦选择了，就必须用一生的忠诚和热情去对待它。

针灸推拿学：
理想主义者的坚守与修行

文 / 将离

陶勇医生在《令人心动的 Offer3》中说"每一个时代的理想主义者都是少数，但是每一个时代都永远有理想主义者"，而选择从事医生这个行业的大多数人好像都是"无可救药"的理想主义者。

在医院里，止不住的小儿啼哭、正在进行时的急诊、术前谈话和永远在 on call 的医生——忙碌而疲惫，好像没有上班和下班的区别。在疫情时代，医护人员更是前所未有地扎进了加班的旋涡中，时刻处在抗疫诊病的待命状态，那些新闻报道里始终坚守在一线传递生的希冀与温暖的医者恰是无数默默奉献的医护人员的缩影。

在我入学的时候，老师给我们上的第一课就是孙思邈先生的《大医精诚》，而"如何堪为苍生大医"这个问题，我至今仍在思考。

医学是理想的，而医疗是骨感的。

第一次去医院轮科，在急诊科外跟着老师给病人家属进行术前谈话时，看着他用布满老茧、皮肤有些皲裂的手颤抖地签字的时候我脑海中出现了这句话。那个有些年纪的男人看起来像是个饱经风霜的农民工，而忙碌的我们也没有安慰他情绪的机会，来去匆匆地忙碌，鲜有对视，只看得见他弯曲的脊背。

也是在参与实习以后，我前所未有地忙碌起来，也因此快速地憔悴下去。白天除了接病人、轮班、应对老师每时每刻的连环夺命问和责骂，晚上挑灯复习背诵经络走势、诊断数据数值、痛苦地完善病历外，甚至很难在正常作息的时间里给父母打一个电话，也很少能迅速回复和实习工作无关的消息。

很多人说，针灸推拿是一个需要耐得住寂寞、经得住磨砺的专业，事实也正是如此。

问：什么样的人适合学针灸推拿呀？

答：这个问题可以从多个方面回答。首先从性格来说，针推属于传统文化与现代医学的有机结合，注重传承与发展、变革与创新，因此无论你的性格是跳脱的或是稳健的，在针推都可以开辟属于自己的一片天地——偏跳脱的性格也许在创新和实验方面会颇有建树，而偏稳重的性格则在学术研究和诊病开方方面拥有更多可能。但归根结底，最重要的是要具备耐心、细致与冷静的特质。

接下来谈谈相关兴趣和学科。只要你对历史、生物、化学等感兴趣，那么你就可以尝试这个专业。不过针灸推拿学需要兼修文理科，尤其是语文的文言文和生物知识，对理解古典医籍、了解基本的人体构造和运行机理相当重要。这是一个实践性较强的专业，因此也需要具备一定的动手能力和敢于探索的勇气。

针灸推拿是一个经济回报相对来说比较慢的专业，需要漫长的跟诊、坐诊经验的积累与沉淀，三年规培以及各种动物、细胞实验培养都会耗费不少资金，更何况医学类专业的学费本来就比较贵，大概是普通专业的两倍，读研期间各种花销会更多，因此在报考的时候需要斟酌一下现实情况和未来预期。

问：针灸推拿的考研方向和就业是怎样的呢？

答：着重强调一下，如果你选择了针推，那几乎无可避免要做好考研的准备。因为市级及以上的正规医院现在对医生的学历要求都是硕士及以上，如果不考研你基本没办法在本科毕业以后找到一份不错的工作。针灸推拿考研方向主要有：中医内科、中西医结合以及针灸推拿三个大方向，细化又包括骨伤科、康复科等等，建议根据个人本科期间的专业成绩和个人兴趣综合选定考研及就业的方向。

就业的话，大部分学生其实会优先选择进入医院担任医生积累相关的临床经验，之后可以考虑单独创业开小儿推拿之类的专业诊所，也可以选择进入医学类院校担任讲师，一边工作一边开展相关科学研究，相对比较轻松。再者就是考取公务员，进入卫生、防疫部门工作（这个要看当地具体的招聘要求）。

问：针灸推拿专业要学习哪些科目呢？对理科要求高吗？一定要熬夜吗？

答：我们这一届文科理科都可选择针推，甚至文科生学习针推的人数占到了三分之二左右，因此，在我看来针灸推拿学对于理科要求并不是很高。大部分偏理科的基础课程其实对于记忆力的要求更高，上课认真跟着老师走其实理解起来是相当容易的，当然，如果有一定的生物和化学基础学起来更轻松。值得一提的是，针灸推拿学不需要学习高数，所以对数学基础比较薄弱但记忆力相对不错的同学来说，可以优先考虑针推。

针灸推拿的课程其实包含了中医、西医和针推（实践操作类）三个类别的必修科目，如：中医基础理论、中医诊断学、经络腧穴学、灸法刺法学、人体解剖学等，内容比较多且覆盖范围比较广泛。俗话说"生理生化，必有一挂；病理生理，九死一生"，针推对于西医的要求相对临床专业而言肯定简单一些，但是大量琐碎、细密的知识点和人体的不同构造其实也相当考验大家记忆和理解能力。同时，因为课时原因部分章节老师会选择性跳过不讲，但其内容又是后面章节的基础，因此也格外需要具备一定的自学能力。

至于<u>熬夜，几乎已经成为针灸推拿专业学生的必经之途</u>。"只要专业选得好，年年期末赛高考"，这倒也不是因为"内卷"风气盛行，一个学期七八本书想要一下子全部塞进脑袋里属实有些艰难，所以在期末周挑灯夜读、通宵达旦甚至已经成为绝大部分医学生的复习常态，一个比一个能熬，越看越绝望。

客观来说，其实考试的题目往往比想象中要简单一些，只要平时认认真真听了课，及时地进行知识的温习和题目的练习，不用熬夜复习，考试过关也是不成问题的。

<u>问：针推的毕业要写论文吗？本科生怎么写出好的论文呢？</u>

答：<u>相较于其他专业，针推的毕业生免去了写论文的苦恼，改而以毕业考核的形式考查本科期间各重点科目的核心知识</u>。举个例子就是，你大一学过的重点内容"真脏脉"之类的，大五毕业的时候抽签再考一轮，抽到的题目难易程度纯看运气。

本科生如果想要写出好的论文最好是跟着导师进行实验或者研究古典医籍。每个老师手里多多少少握了不少省级重点项目，有比较充足的实验资金，而且大部分项目都是比较缺人手的，主动跟老师表明你对科研的兴趣，老师一般会很乐意给你这个实践和开展研究的机会的，你也会有一定的机会跟随导师上临床积累看诊、开方的经验。即使没能写出不错的论文，但有临床经验、科研思维的你在之后的考研面试中已经抢占了先机。

<u>问：学针推有什么后遗症？</u>

答：走在路上总是会下意识地关注行人的面容体征，以及会随身携带针包、部分常用药物以防万一。

中医看病讲究"望、闻、问、切"，但其实一部分的病征通过观察就可以尝试推断病因，比如常见的斑秃（也就是我们常说的脱发），尽管在路上总盯着人家后脑勺秃了的地方看不大礼貌，但眼神常常不由自主地飘过去瞥两眼，结合他的面色和穿着等细节推断是生活习惯、工作原因还是遗传因素造成的秃顶。尽管达不到前辈"辨脸识色，由色观病"的程度，但下意识的观察也是一种对医术的磨炼。

而针包的携带更多是为了以防不时之需，在心梗、哮喘等急性病症发作时，在配合药物的情况下进行急救，扎针刺激相关穴位可以有效延长黄金治疗的时间，保证生命体征，便于及时抢救患者及减少因病耽搁的后遗症。

问：针灸推拿学男女比例怎么样呢，能不能找到对象啊？

答：就我们这届而言，男女比例接近 1:2。

最后，我还是想给各位满怀热血的同学们打一剂预防针：很多时候成为一个合格的、甚至说优秀的医者的过程不亚于一场苦行僧的修行，而且这场征途没有尽头，需要全力以赴。在这条漫长的旅途上，没有足够强大的恒心与意志很难坚持下去——因此仅凭兴趣是远远不够的，我们需要用一生的忠诚和热情去建构学医的内生动力。

如果不出意外的话，我们的青春就是不做美甲，常常 on call，很少拥有假期和常伴亲人的机会；在白大褂和消毒水味里，在厚厚的笔记中成长，见证和维护生命的运行。

中药学：
医药真的不分家吗？

文 / 林茜

首先，药学类的专业与医学类的专业是有很大不同的，虽然大家常说医药不分家，但当你学习以后会发现，两者只是有关联，但核心内容却不一样。在所有的大学里，药学和医学都有各自的学院，学习和管理都是分开的。所以在选择专业的时候一定要弄清楚自己到底想学什么。

*药学类属于化学系的分支，所学习的基础课程都是建立在化学之上。*中药学除了要学习基本的医药知识、基础化学以外，还要学习一些关于中草药的课程，与西药专业相比，涉猎的范围更加广，但所学的深度不如西药。

*过去的药学类专业是五年制，但现在大多都是四年制了。*在这四年里，大一到大三是理论知识的学习。我们学校是大四的下学期才进行实习的安排，所以大学期间基本上不会有足够多的实践经验，大多数知识还是来自课堂和书本。想学好理论知识也是需要下一番功夫的，下面简单介绍一些

必修科目。

化学类的主要课程有七大必修课，分别是：有机化学、无机化学、中药化学、仪器分析、分析化学、物理化学、生物化学，所有的课程除了理论课以外还有各自的实验课，学分都是分开计算，期末考核也是理论、实验分开考试。药学类的主要课程包括：药理学、中药药理学、药剂学、中药学、药用植物学、中药炮制学，以上课程都配有实验课，且都为必修。医学类的课程比较少，只有中医理论基础。学习的时候也不会学得太深入，只能粗略地了解一下。关于实验课，大多数都是机械的化学分析类的实验，很考验耐心，实验时间也比较长，经常遇到一些大实验需要从早到晚都待在实验室。药学生的实验课是会涉及动物实验的，但不会接触人体解剖。一开始需要克服一些心理障碍，多加练习以后大多数学生都是可以接受的。有必修课就一定会有选修课，学校开放的选修课种类繁多，如果你对医学感兴趣，可以选择一些医学的课程，比如临床实验动物学、急救指南等，还有一些艺术、财经、摄影类的课程大家都可以自由选择，当然热门的课程是需要抢课的。

对于学生来说，必修课意味着考试课，评定奖学金只看必修课的排名，所以学好必修课是每个大学生的任务。选修课就较为轻松，因为不是强制进行考试的科目，考核方式都可由任课老师自己决定。对于一般的同学，选修课会不那么重视，但是有出国意向的同学一定要把握好选修课，争取拿到高的等级，因为在出国算 GPA 的时候，选修课是纳入进行计算的。

读了四年的中药学未来如何发展呢？很多进入医学院校的同学，第一反应当然是读研究生，选择这条道路的同学，需要尽早地确认自己的目标院校以及专业，多收集资料，在复习的时候才更有针对性，不要盲目地看书。第二选择是就业，就业方向其实不多，大概有药企、医院、科研所，不从事相关专业的工作还可以选择考公务员。对于中药学的同学来说，最佳的招聘时期是大四的秋招，社会招聘和春招的难度都会比秋招大很多。所以在投简历前把自己的经历丰富一下，平时多参加实践活动，寒暑假争取去医院或者社区见习，在招聘的时候你的简历才能吸引面试官。因为大四的学生暂时还没有考执业药师的资格，所以我们能拿到的证书也就英语四六级证书，所以学好英语可以让你在面试的时候增加自己的筹码。

总而言之，中药学适合喜欢科研、并且热爱医药事业的同学就读，它需要你有刻苦钻研、不畏失败、实事求是的精神。最后，希望每一位现在以及未来从事医药事业的人，都能做到仁医、仁术、仁心、仁人。

法医学：
尸体解剖只是一部分

文 / 子帅

随着近几年越来越多的和法医有关的电视剧的播出，法医学这个比较冷门的专业才算是真真正正地走进了同学们的视野。一提到法医，同学们首先想到的就是血腥、尸体、解剖这样的字眼。如果你也是这么认为的话，那就大错特错啦。今天，我就带你认识一下什么是真正的法医学专业。

在我读高三的那年夏天，一部名叫《法医秦明》的电视剧火了。看完电视剧之后，我便为剧中张若昀的帅气和法医的神秘工作所吸引，于是在填报志愿时，不顾父母的反对，毅然决然地选择了法医学这个专业。当我走进大学校门，开始真正学习之后，才发现一切都没有我想的那么简单。在新生开学的第一天，院长给我们办了一个讲座，我才知道原来法医这个工作不仅仅只是进行尸体解剖，还有许许多多的其他分支学科可以供我们选择和学习。

法医专业，通俗一点说，就是研究和法律有关的医学问题。大一到大三，我们和临床医学专业学的课程一样，没有什么区别，我们不仅仅要学习基础医学的课程，还要学习内外妇儿等临床专业的课程。到了大三之后我们才开始学习法医学的专业课程。同学们所知道的尸体解剖，其实属于法医病理学的范畴。除此之外，还有可以进行伤残等级鉴定的法医临床学、进行个人识别和亲子鉴定的法医物证学、研究毒物在体内的代谢和毒理作用的法医毒理学、研究解决法律中涉及人的种族、性别、年龄、身高和面貌特征的法医人类学、研究和解决有各种精神障碍的人在刑事诉讼和民事诉讼中的地位和法律责任的法医精神病学等等。

在我上学的过程中，遇到很多女同学跟我讲，自己很喜欢法医这个专业，但是家长认为女孩子做法医不好找工作，所以才被迫改专业。那女生到底可不可以学法医呢，答案是当然可以。我们班的男女比例就约等于1:1。女生学习了法医之后可以继续往上考，留校任教，也可以去做法医物证或者是法医临床方面的工作，当然如果你的胆子比较大的话，也可以出现场进行尸体解剖病理检查等法医病理方面的工作。总之，只要你喜欢这个专业，那你就可以放心报考，完全不要担心以后找不到工作的问题。

我还记得第一次上解剖课的时候，只能远远地望着大体老师，完全不敢靠近，到后来晚上九点自己一个人去解剖楼加班。记得第一次去精神病院上实习课，见到了抑郁症和躁狂症的患者，记得第一次上机能实验课见到的可爱的小白鼠和小兔子，记得第一次跟着公安局的带教老师解剖无名尸……

我觉得这几年的经历带给我的不仅仅是知识的增长，还培养了坚定的意志，为逝者请命的决心，对正义的坚守以及理性分析和细致观察判断的能力。毕竟法医工作是一个需要细心和耐心的工作，要从蛛丝马迹中寻找点滴真相。就像秦明说的那样：一双鬼手，只为沉冤得雪；满怀佛心，唯愿天下太平。法医工作，就是替逝者说话，逝者已逝，法医，就是逝者最后的正义，就是逝者最后的安慰。

康复治疗学：
冷门，高薪，吃香

文 / 栾精灵

康复治疗学是一个冷门、高薪、吃香的专业。文理兼招，英语生俄语生兼招。也是我正在读的专业，高考分数 460~550 之间的最优选择，重要的是我作为一名文科生，圆了我的学医梦。

为什么说 460~550 分呢，因为这是我了解到的我们专业分数的最值了。

通俗地说，它是个医生的小秘书，比如现在的常见病：高血压、痛风、心脏病、血栓、运动伤等等，都需要医生手术后，你来接手为患者康复，甚至还包括心理疾病。

官方的说法，这是一门新兴的学科，通过学习独特的理论基础、评定方法及治疗技术，为患者加速人体伤病后的恢复进程，减轻其功能障碍，帮助病、伤、残者提高生命质量。

主要病种：神经系统，骨关节肌肉疾伤残，心血管及呼吸系统疾病，感官及智力残疾，精神残疾，烧伤、癌症、慢性疼痛、糖尿病、麻风等多种造成患者功能障碍的疾病。

来说一说我选择读这个专业的原因吧。当时报考的时候我爸膝盖疼，疑似患了痛风。我希望可以慢慢给爸爸做康复治疗，让他好起来。加上我哥哥是搞运动的，骨折过以后膝盖一直不好，需要运动康复治疗，就报了这个专业。这个真的很有用，虽然不能像医生一样手术或者诊断，但是你却可以帮助他们让他们通过康复治疗的专业手段，不那么痛苦。一般来说，老人、儿童、运动员等群体患者比较多。

这个专业在国外是非常火的，它在国外的医院是必不可少的。而中国才刚重视起来，近几年才逐渐要求各大医院必须有足够的康复治疗师。目前正面临康复专业人才匮乏、康复体系不健全等问题。在我国，康复治疗师在数量和质量上远远落后于康复医疗实际的需要，就业前景广阔。而且薪资也让人很满意，据说在每个月一万左右。

关于康复治疗学：第一，它只是医师，所以并不需要像医生那样上很多年学，这个专业是四年制的，大一大二大三上学，大四实习。四年之后自己选择考不考研。第二，虽然是医师却比护士轻松太多了，我们只需要规律地上下班就够了，重点是它可以月薪上万，南方城市的工资会更高一点。第三，它是文理兼报的，文科生学起来也还可以，只需要一些基础的生物和化学知识，不会很难。第四，关于这个系，医学类院校都有，近几年会越来越火。各个大学的要求也不一样，有的要求一批次，有的二批次也可以报。第五，如果毕业，最后你获得的是理学学位，不是医学学位。我一个文科生最后会获得理学学位还真是有点小骄傲呢。

康复治疗学毕业生一般是到医院康复科做康复治疗师，近年来医院对专业康复治疗师的需求还是不小的，因为国家要求所有的三级医院必须开设康复科，各地区对二级医院也有一定的扶持政策。如果通过资格考试就能正式上岗，正常大四毕业就可以，但是考研会更好一些。病人多的医院一个治疗师一天大概治疗8个病人左右，每个病人治疗半个小时左右。

选择这个专业在大学里要学系统解剖学、组织学与胚胎学、生理学等等，不会很难，相对来说还是轻松的，但也绝对不是那种混日子就可以过考试的专业。

护理学：
一份永不褪色的职业与纯真不变的信仰

文 / 萤扇

高考结束后，在我和父母废寝忘食翻看择校择专业参考书两天两夜后，在本科一批所填报十个

学校全军覆灭的情况之下，我无奈只能在本科一批补录中，将仅剩的几个还未招满生员的学校和专业填上，从而被分到了河北大学的护理专业。

而戏剧性的是，护理类是我当初报考时死活都要避开的专业。当我得知未来四年要学习的是自己最讨厌的专业时，我无比抗拒和失落。

关于我为什么讨厌护理学，其实来自当下人们对于护理学的初印象。

学护理出来，将来就是要去医院伺候病人的。而在我身边人的眼中，护理与护士画等号，他们认为，护理就是一份平庸忙碌又繁琐的工作，甚至它有着一眼就能看到"头"的前景。关于这个"头"，大家统一认为是护士长。也正因此，我不愿意从事这份职业，更不愿去接受这份专业。但进入大学之后，我的观点才渐渐改变。

护理学，是以自然科学和社会科学理论为基础的研究维护、促进、恢复人类健康的护理理论、知识、技能及其发展规律的综合性应用科学。它是医学科学中的一门独立学科。简言之，它是医学必不可少的一个分支。护理学是一门技能极其强的学科，是理论和实操双高要求的一门学科。

学习护理，确实需要掌握照顾病人的能力，但是大学所学并不仅限于此。不论是一名护理专业的学生，还是临床医学的学生，我们都需要进行多门专业课的学习，包括但不限于：人体解剖学、生物化学、生理学等在内的专业学科。

那么，护理学的实际学习生活是怎样的呢？

我所在的大学，医学院是单独设立分校的。我们进入大学之后，从大一开始就会进行理论知识和实践操作的交叉培养。在这里，十分值得一提的是实践操作。刚进学校，我们除了要学习药理医理之外，最主要的是首先要搞清楚人体。人体的骨骼经脉、人体的肌肉以及人体的各种机能。这种东西无论书本上讲得如何清楚明白，都不如实际看一眼来得真实具体。

而帮助我们更好学习的，便是大体老师。我们所见的大体老师是被专业的解剖人员解剖结束之后，浸润福尔马林溶液并用塑料薄膜密封包裹的真人标本。在进入实验室之后，首先要对大体老师鞠躬三次，表示敬畏，然后带上一次性塑料手套，具体地真实地去认识和感受五脏、肌肉、经络韧带等等医学名词下的实体。

这个过程是需要大家做好心理准备的，应该说，选择护理学就是选择了与生死为伍，不仅要有泰山崩于前仍不改色的稳重心态，同时要有坦然面对医学实验研究，直面生离死别的勇气和态度。如果你觉得自己难以接受甚至难以适应这样的场景，那么护理学或许并不适合你。因为对于我来说，即便我与大体老师相处了一年多，我仍旧不能在下课之后去吃一块和肌肉颜色相仿的鸡肉。我仍旧会在看过人体骨架之后，夜晚噩梦重重。

就好像容器里面液体浸泡的心脏、四分之一侧切的大脑皮层、出生即结束的完整婴儿标本、半截腿或半只手臂的学习样本；就好像教学楼实验台上活生生的小白鼠、蟾蜍、小白兔等活物经过我手中的手术刀破肚而亡，痛苦挣扎后了无生息。尽管我知道它们只是为医学做了贡献，尽管我知道这是必经的途径。可无论我触摸目睹多少次，我仍旧不能平静地应对心理上的反应。即便我动手能力和专业能力在整个专业中排名前三，我仍旧无法正视自己的专业。

但是我的同学中有很多人，他们都能做到从害怕到不怕，从惊慌到坦然，并且融入得非常好。这和每个人的职业规划和心理素质有着很大的关系，所以我在之后选择了换专业这条道路。尽管我深刻地明白护理本身的意义，以及护理较好的就业前景，我仍旧做了这个决定。

学护理如果只是想要去医院找一份稳定的工作的话，并不需要特别高的学历。尤其是本科的护理，一般出来找工作非常容易，待遇也会比专科的好一些。因为我国本科出身的护理仍旧占比较小，且非常吃香。如果你不想成为一名护士，也可以考研读博成为一名高校讲师，这样的话经历将完全不同于医院。

需要注意的是，护理类的学生在实习期间，很多是没有工资的。所以选择这个职业，必须要对未来从业流程有一个简单了解，也要做好一段无收入时期的心理预期。

最后我想说，护理专业最常见的出路还是到医院做护士，而护士也并不如大家想的那样，只是做简单打打下手的工作。

他们是与医生并肩作战的，是不可替代的存在，他们观察病情、取药配液、做基础护理，无论是专业知识还是身体素质，都需要具备较高的标准。

他们还需要拥有足够的爱心和耐心，需要具备高度的责任心和极强的沟通能力。

这份工作无疑是辛苦的，假如你对医护行业没有足够的敬畏和热爱，还是慎重考虑这个专业。

学长学姐有话说

读医学是一种怎样的体验？

临床医学

一般医学专业是五年制的，比普通的专业多一年哦，不过有的学校可能也有自己独特的培养方案。

首先说说这个专业的优点，第一技术壁垒强，想要入行必须经过多年的学习，不大可能受到一些时代浪潮的冲击而导致行业环境的突然恶化。第二，职业收入相对高，且随年龄在稳步上升。第三，社会地位相对高，人脉广。

说说这个行业的缺点，第一，学习年限长，除非你想在县里或者乡下的卫生所工作，基本上都需要考研，且现在一线城市的三甲医院都只招收博士了，甚至一些头部三甲医院，招了博士不是直接入职，而是要再做两年博士后。第二，现在社会上医患关系比较紧张，伤医事件屡有发生，但放在整个环境下，这是小概率事件。第三，前期投入大，到了快三十岁才开始赚钱，而且刚开始工作的时候赚钱真不多，家庭条件不好的，想早点赚钱回报父母的建议慎重选择。

药学

药学虽然也是医学的一种，但其实就业面是比较狭窄的。中医专业倒是挺有意思的，每天上课老师讲什么阴阳平衡，感兴趣的还可以学习针灸推拿刮痧这种老手艺。

法医

做法医不仅要懂医学，还得学习法学类的相关知识，除了解剖尸体就是做各种实验，整天待在实验室里，将来可能会去一些命案现场工作，胆子小的别来。

医学检验技术

医学影像、麻醉、口腔这类的专业,当前各大医院都挺需要的,就业广泛,而且不会很累。医学影像技术、康复治疗、口腔医学技术等医学技术类专业大多数这个专业会出现女多男少的严重比例失衡现象。

中西医临床医学

虽然称呼这个专业为中西医结合专业,但是根据大多数学这个专业的人说,还是比较偏向中医,考研的方向也是偏向中医。但是在学习中医的过程中又能接触西医的一些理论,整体也算相辅相成吧。

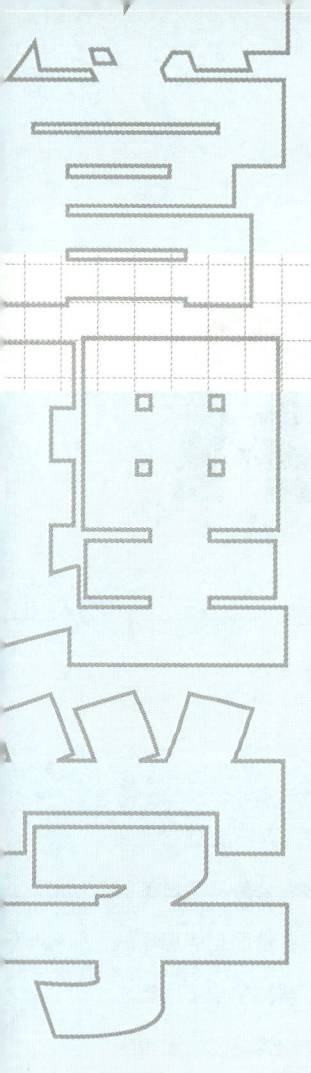

管理学大类

管理科学与工程类
管理科学、信息管理与信息系统、工程管理、房地产开发与管理、工程造价、保密管理、邮政管理、大数据管理与应用、工程审计、计算金融、应急管理

工商管理类
工商管理、市场营销、会计学、财务管理、国际商务、人力资源管理、审计学、资产评估、物业管理、文化产业管理、劳动关系、体育经济与管理、财务会计教育、市场营销教育、零售业管理、创业管理、海关稽查

农业经济管理类
农林经济管理、农村区域发展

公共管理类
公共事业管理、行政管理、劳动与社会保障、土地资源管理、城市管理、海关管理、交通管理、海事管理、公共关系学、健康服务与管理、海警后勤管理、医疗产品管理、医疗保险、养老服务管理、海关检验检疫安全、海外安全管理、自然资源登记与管理、慈善管理

图书情报与档案管理类
图书馆学、档案学、信息资源管理

物流管理与工程类
物流管理、物流工程、采购管理、供应链管理

工业工程类
工业工程、标准化工程、质量管理工程

电子商务类
电子商务、电子商务及法律、跨境电子商务

旅游管理类
旅游管理、酒店管理、会展经济与管理、旅游管理与服务教育

信息管理与信息系统：
一个学习内容庞杂，自身属性非常尴尬的专业

文 / 旦旦的忧伤

信息管理与信息系统专业，简称信管专业，这个专业乍听起来让人感觉有些蒙，弄不清楚它到底属于管理学还是理工类。我们学校将其划归到计算机学院下面，但是当我刚毕业去报名公务员考试的时候，就出现了非常戏剧性的一幕——我找遍了整个理工类的所有专业，却没有找到信息管理与信息系统这个专业，当我翻到管理学门类时，看到它静静地躺在那里，属于管理学门类下的管理科学与工程类。

可能有同学感到莫名其妙，为什么我会对专业的分类这么感兴趣。其实，专业分类跟你可以报考公务员岗位的数量息息相关，同时也直接决定了你公务员考试的难易程度。以我毕业那年我们老家的公务员招录的岗位为例，若信息管理与信息系统属于理工类下设的信息类，那么它可以报考的岗位就非常多了，大概有七八个左右，可供选择的范围十分广。但是如果信息管理与信息系统属于管理类下设的管理科学与工程类，那么能够报考的岗位只有一个，上岸的难度系数大大提升。这也给一些以后想进体制内工作的学弟学妹们一个前车之鉴：在高考报考专业的时候，一定要弄清楚这个专业的自身属性，是划分到什么类别下的。尽量选一个公务员招录较多的专业，如财经、汉语言文学、计算机、法学等。

言归正传，我接着来介绍我们这个专业，说到信息管理与信息系统，可能绝大多数的人对于这个专业十分陌生，举个例子，比如说银行储蓄管理系统、铁路售票管理系统、网络购物管理系统等，这些系统产生了各种各样的信息以及管理问题，公司企业政府部门需要结合具体管理需求来进行相关的系统设计。信息管理与信息系统就是通过信息技术、数据科学与现代管理理念相结合，指导管理实践的专业。比如在医院看病时，医院会有专门的患者服务管理平台，患者在缴费后，药方的信息通过管理平台传输到药房，药剂师看到电脑显示的患者药方信息后，就会根据药方配好药，电脑再通过叫号系统通知患者，在指定窗口取药。这套程序就是医院的信息管理与信息系统。

再比如说从大量的、不完全的、模糊的原始数据中，通过一系列的处理、整合、挖掘，对海量数据进行分析，发现数据中潜在的关系和规则，提取隐藏在其中的信息，以便管理者做出决策。如某零售商可以在商店的收银台收集顾客购物的最新数据。零售商可以利用这些信息，加上电子商务网站的日志、客服中心的顾客服务记录等其他重要商务数据，能够更好地了解顾客的需求，做出更明智的商业决策。除此之外，在顾客分析、定向营销、工作流管理、商店分布以及自动化购买和销售等方面都有着比较广泛的应用。简单来说，信息管理与信息系统就是专门面向企业，帮助企业开发信息管理系统和辅助管理者做出管理决策的一个专业。

事实上，信息管理与信息系统是一个非常新兴的专业，设立于 1998 年。随着计算机在管理领域的广泛应用，信息管理与信息系统专业开始在中国得到发展。如上所述，信息管理与信息系统专业为管理学门类专业，属于管理科学与工程类专业，授予管理学学士学位。目前，只有为数不多的几个大学，设有该专业，如北京大学、天津大学、上海交通大学等，所以，它属于一个十分小众的专业。

这个专业在不同的学校，学习内容的侧重点是不一样的，主要分为三大类，第一类是工科型院校开设的信管专业，这类院校重视信息系统的构建和设计开发、管理与维护能力，将来有可能侧重编程方向，走程序员路线，跟计算机专业有很大的相似性。如果同学们报计算机专业分不太够，可以考虑"曲线救国"，报考工科院校里面的信管专业。第二类是文科院校开设的信管专业，这类学校的信管专业是由图书信息档案学、经济信息管理等专业整合而来，更注重信息的处理，重点培养学生信息的分类和管理咨询等方面的能力，重点在于应用，不在于开发。第三类是一些行业类院校开设的信管专业（如我的本科母校，西南财经大学），如外语类、金融类、农林类、电力类等院校，它们的信管专业大多与学校所处的行业相结合。不同的院校，专业相同，内涵也会不同，研究方向和培养目标也是完全不同的。我的母校西南财经大学的信管专业，更多的是与经济类专业相结合，偏金融方向。

这个专业要学习的内容十分庞杂。

首先就是程序语言，如 C 语言，C++，python，JavaScript 等，基本上目前市面上比较流行的几种程序语言我们都要学习，但是又不会像计算机专业学习得那么深入，只是浅尝辄止。这就导致了以后我们在就业的时候，竞争力远不如计算机专业的学生那么强，如果想进公司当程序员的话，仅靠在学校学的知识，是远远不够的，还需要进一步加强学习。

其次，我们还要学习数据库的一些相关知识，如数据库原理及应用、数据结构，掌握标准语言 SQL，了解最基本的数据库的体系结构、数据模型。然后，我们还需要学数据挖掘，学会对数据进行加工处理、聚类分析，通过一系列操作，从一堆杂乱无章的数据中，提取分析出有用的信息，以便管理层做出决策。

最后，毕竟这个专业属于管理学门类，所以我们还需要学习管理学的相关知识，如管理学原理、宏观经济管理、人力资源管理等，学习研究管理活动的基本规律和一般方法。总的来说，这个专业需要学习的内容十分庞杂，既需要学习数据库系统等理工科知识，又需要学习管理学的相关知识，所以它是一门综合了管理与信息技术的交叉性专业。

信息管理与信息系统专业以后的就业方向大致可以分为两个，一个就是企业事业单位的信息化管理。在企事业单位中的市场营销、项目管理、物流、电子商务、财务等数据分析与软件应用、文档管理中，都需要信管专业的毕业生。另外在图书馆、技术中心、资料中心等从事文档信息分类、资料查询、收集整理等工作。另外一个方向就是计算机相关方向，去企业单位做程序员。

最后谈一下我个人对这个专业的感受吧，我是不太建议学弟学妹报考这个专业，因为无论是以后考公务员，还是去企业就职，这个专业都不占优势，学习的内容广泛但不深入，同时公务员可以报考的岗位又很少，在以后的就业选择上存在很大的短板和劣势。但是三百六十行，行行出状元，每个专业都有其自身的特点和优势，或许有的同学非常适合这个专业犹未可知，但是建议学弟学妹报考这个专业的时候，一定要先了解一下目标院校的这个专业研究方向的侧重点是什么。

会计学：
这是一门被误解的学科

文 / 灰色与青

至今我都清楚地记得高考结束后，我郑重其事地跟妈妈说：如果说我有绝对不想学的专业，那一定是会计。上了两年大学，我只能说：这真的是一个被我严重误解的学科。

不了解的人通常管这门学科叫"会计"，事实上它叫会计学，准确来讲会计是包含在会计学里面的。我国从周代就有了专设的会计官职，掌管赋税收入、钱银支出等财务工作，进行月计、岁会。每月零星盘算为"计"，一年总盘算为"会"，两者合在一起即"会计"。

会计学是社会科学类的一门工商管理学科，一个应用性较强的专业。主要研究资金的流动，是对财务信息的记录、分析和交流。

尽管不同学校的教学方案略有不同，但是基本都会包括如下的课程：马克思主义基本原理概论、思想道德修养和中国近代史纲要等公共课；数学是肯定要学的，一般包括高等数学、概率论与数理统计、线性代数和统计学等；工商管理类的市场营销学、经济学、金融学、财政学、管理学也都是必修课；专业课根据每个学校安排的课程进度不同，不一定在什么时候开课，不过科目不会差太多，一般包括会计学原理、中级财务会计、成本会计学、管理会计学和财务管理学等。课业算不上轻松，但是相比医学类会没那么忙碌。

值得一提的是，很多学校的会计学专业会设置企业经营沙盘模拟课，简单讲就是模拟一个生产型企业的运作的游戏，买厂房、买原材料、生产产品、抢订单卖掉库存产品，还有各种贷款。很多同学都是通过这个游戏对于资金的流动、企业的基本运营流程等等有了一个基本认知，虽然跟真实的企业相比还是略显简陋，但是足够让同学们对会计学、管理学等基础学科有一个更接地气的了解。当然了，运作三年之后如果破产了是要挂科的！财务报表不平也不可以！一定要好好学！

网上一直流传着一个梗，是形容大学生回家过年被亲戚问学的是什么专业，结果人家说"会计啊，算账的！"很多人觉得学会计学，毕业后只会算账，既没有上升空间赚钱也少，现在我会说，他们是"外行看热闹"。

作为职业的"会计"绝对没有想象的那么简单。会计一行，最常见的工作是会计、出纳、财务主管，高级一点的就是进入四大会计师事务所做审计工作。以常见工作为例，会计负责填写各种记账凭证和会计报表，出纳负责管现金和填写原始凭证交给会计，财务主管负责主管整个企业的财务会计工作、制定会计预算、制作财务报表和财务决算等。很多小企业会将出纳和会计的工作合并，交给一个人来做，大企业可能还会设置财务总监、财务顾问、审计师或总会计师等高级会计职位，会计职位等级越高，负责的事务范围越大，比如对公司经营提出有利的财务经营管理建议，公司内控稽核检查，成本管理，预算管理等。

其实我在刷社交媒体的时候，也经常会看到有人说"看数字看得眼睛都要瞎了""会计工作重复性太高，没什么乐趣""小会计熬不出头"等等消极的感慨和评论。说实话，在一开始我也很受这些话的困扰，觉得是不是自己学习会计学是一个错误的决定，是不是以后没办法"出人头地"了。在经历一段时间的思考后，我得出一个结论：不是会计这行不好，是很多人太心急，指望着入职几年就成为人生赢家。会计的工作，在一开始进入行业的时候都是要从底层的重复性工作做起，大多数人都会经历这样的一个过程。也不是"越老越吃香"，而是越经验丰富越吃香，老不等于经验丰富。经验、能力和证书才是王道。会计是个更新很快的行业，税法年年有新规，只有好好学习，才能天天向上。会计是个活到老学到老的行业，也是不断更新知识、拓展经验的行业。

说点有意思的事情，会计学来源于生活，一切来源于生活的东西其实都很有意思。比如说，如果有一天你结婚了，趁着新婚的高兴劲想要买一台车，作为会计学学生的我一定会说，除非你全款购买，购买之后家里还有富余，否则你买的就是一项负债而不是资产。你也许会觉得很离谱，我买了一台车，明明是我拥有的东西多了，为什么说是负债呢？首先，如果你不是全款购买一台车，你一定会选择贷款，而贷款在资产负债表中是在"负债"这一项，你需要每个月还一定的本金和利息，也就是说你每个月都有一笔钱来填补这一项负债，直到负债全部还清，这辆车才算一项固定资产，而且定期需要修理维护；而你如果全款购买，在资产负债表内的体现就是现金减少而固定资产增加，资产内部一增一减，事实上总资产是不变的。房子同理，所以很多人会说"我刚工作，一定要先攒钱买个房子"，这其实是自找负担，每个月要还月供，还要维持自己的基本生活，刚工作的人显然是没办法挣到那么多钱的。

如果上面的例子你看得有点蒙，那也没关系。大到企业的资金流动、小到要不要给家里购置一个大件的商品，你都充满了好奇和兴趣，那么来学会计学吧，一定会给你出乎意料的惊喜。如果你很犹豫那也没关系，向你推荐《穷爸爸富爸爸》，这本书是了解资金和理财的入门傻瓜级小说。是小说哦！一点都不枯燥，而且是作者的亲身经历，他的爸爸是一个在体制内工作的官员，是书名中的"穷爸爸"，而他好朋友的父亲是一个很有商业头脑的企业家，是"富爸爸"，他在两个爸爸的教育之间接收到了关于"金钱"的不一样的教育，后来他开始试着跟富爸爸学习怎么赚取自己的零花钱……好了，我不剧透了，你自己去看一看，一定会有收获的！

综上所述，会计学真的是被误解的专业，希望你看完这些，会对它有新的认知。

财务管理：
和钱有关，但不一定有"钱途"

文 / 杨召坤

每年到了高考报志愿的时候，总会冒出一大堆平日里八竿子打不着的七大姑八大姨来向我咨询关于我就读的财务管理专业的种种问题。无论他们的孩子是男是女，似乎都对这个听上去高大上的专业情有独钟，也不知道他们是从哪里听说财务管理专业是一个很有"钱途"的专业，难道就是因为专业名称里带有一个小小的"财"字？

所以我决定凭借我多年学习财务管理的经验来对这个专业做一个全面而系统的介绍，扒一扒那些以讹传讹的不实传说，希望广大家长和学弟学妹不要稀里糊涂地入了财务管理这个坑。

至于为什么会说这是个坑，你看完这篇专业揭秘就会明白。

首先，我用专业的术语来对财务管理专业下个定义。财务管理是企业管理的一个组成部分，它是根据财经法规制度，按照财务管理的原则，组织企业财务活动，处理财务关系的一项经济管理工作。

是不是看不懂，其实简单来说，财务管理是组织企业财务活动，处理财务关系的一项经济管理工作。它是研究如何通过计划、决策、控制、考核、监督等管理活动对资金运动进行管理，以提高资金效益的一门经营管理学科。

我们都知道企业是以营利为目的的经济组织，财务管理的工作主要体现在整合各种资源为企业创造利润，所以企业管理层都很重视财务管理的工作。

举一个简单的例子，某公司拥有一台闲置不用的机器设备，面临两个选择，一是直接卖掉一次性获得现金，二是将机器设备出租给其他公司。财务管理人员就负责计算哪一种处理方式能够为公司带来更多的经济利益。

当然这只是最简单的财务管理工作，在具体操作时还得考虑到各种现实因素的影响，比如货币的时间价值，机器设备的折旧期限，出租的风险报酬比⋯⋯

总之，财务管理专业是一个要求十分精确的学科，失之毫厘差之千里，在具体工作中需要考虑多种因素，最后为企业管理层提供出利益最大化的方案。

谈谈我们学什么课程。

一说起在大学期间需要学习的课程，我们这些财务管理专业的学生头就开始痛了，因为这个专业需要学习的课程实在太多太难了。

真不是夸张，学了财务管理专业，你的四年大学生活就是把忙忙碌碌的高三再重复四次。

先不说那些大学公修课，因为中国所有大学都会设置这些公修课。绝大部分公修课都很简单，除了高数，然而很不幸，财务管理专业的学生必须要学高数，因为专业学习后期需要处理大量的数学数据，还会用到很多数学模型。

说完公修课，再来说说我们的专业课。

这个专业最核心的课程就是财务管理，这门课程的教材很厚，绿色封皮，随便翻开一页，不是长长的公式，就是密密麻麻的表格，总而言之，这是一本很难的教材。

一般这门核心专业课都会被安排在大三学年，在此之前你得先学习其他基础课程，否则很难吃透《财务管理》这本书的。

基础课程包括会计基础、中级财务会计、高级财务会计、财务报表分析等等。看到这里，是不是感觉自己学了一个假的财务管理专业，为什么会有这么多的会计课，因为财务管理工作是以会计为前提的，没有会计提供的资料，财务管理工作将无法开展。

每个学期的课表都是满满的，总之我们的大学生活是充实的，不存在每天在宿舍玩游戏的情况。

下面谈一谈，该如何学习这门专业。

如果你走进教室，看见一个学生正在噼里啪啦地按着计算器，毫无疑问他肯定是财务管理专业的。在大学校园里流传着一个段子，学 IT 的每天抱着电脑敲代码，学财务的每天握着计算器摁数字。

对我们而言，宁肯忘带手机去上课，也不能忘带计算器。

当然计算器只是我们日常学习必不可少的一个工具，要想真正学好这门课程，还得下足其他功夫。

在前期学习会计基础课程的时候，一定要提前预习，否则你肯定跟不上老师讲课的节奏。不是因为老师讲得快，是因为太难了。

我在学高级财务会计这门课的时候，简直就是云里雾里，那些长期股权投资、非货币性资产交换的内容在我脑中简直就是一团乱麻，在期末考试前熬了三四个通宵才勉强通过考试。

核心课程财务管理是对前面所学知识的整合和升华，所以基础课程一定要学扎实。

《财务管理》这本教材很厚，老师为了能在期末考试之前讲完会加快速度。在老师眼中，我们这些学生已经把前期的基础知识学得很透彻了，所以加快速度我们也能听懂。

可实际上，这只是老师们的一厢情愿罢了。

所以在课堂上一定要做好笔记，哪怕听不懂也要把老师的讲课板书抄在笔记本上。我认识一个学霸女生，一个学期下来，她所记下的笔记比《财务管理》这本教材还要厚。

如果实在跟不上老师讲课的节奏，录音笔也是一个不错的工具。课上录下老师讲课的内容，课下再反复听几次，不懂的一定要问老师。

除了学好学校安排的课程之外，我们还得不断考证，学校期间能考的专业类的证书有会计从业资格证（已取消）、初级会计师、ACCA、CFA……毕业后要考的中级会计师、高级会计师、注册会计师、注册税务师……

正所谓"一入财务深似海，从此都是考证人"，你的未来职业之路，就是由一张张证书铺垫的。

那么，我们以后会从事什么工作呢？

大多数人都会想当然地认为我们毕业后会谋得一份薪资不错的工作，甚至把我们想象成那些在上市公司叱咤风云的 CFO。

记得电视剧《欢乐颂》热播的时候，安迪就是众人眼中我们未来的样子。拜托，人家安迪是耶鲁大学商学院毕业的商界精英，我们只是学财务管理的大学本科生。

当然，或许会有极少数天赋极佳的学生，经过职场的层层选拔，最终活成了安迪的样子。

大部分财务管理的学生会进入公司的财务部门负责某项具体的财务工作，然后不断升职成为公司的管理层。

前些年，公司比较注重财务会计的工作，所以财务管理专业毕业的学生会去抢会计专业学生的饭碗，因为我们在大学期间学习了会计专业所有的核心课程，又具备财务管理知识，所以会计专业学生竞争力普遍不如我们。

近年来，财务信息化的发展大大削弱了财务会计人员的职能，公司管理者逐渐意识到财务管理工作的重要性，一些大公司甚至将财务管理工作单独设立为一个部门。这就为广大财务管理专业毕业的学生提供了大展身手的机会和平台。

当然，绝大部分财务管理专业毕业的学生都是从最基础的会计人员做起的，慢慢熟悉公司的财务流程，这样才能为公司财务系统优化提出建设性的意见。

说了这么多，相信大家已经对财务管理专业有了一个全面系统的认识。不过作为过来人，我还是得奉劝广大学弟学妹们，学习财务管理是身累心累的过程，要慎重地做出选择，千万别头脑一热听了父母的安排。不过，如果你真的喜欢这个专业，那你就赶紧跳进财务管理这个大坑里来吧，相对来说，这个专业还是有点"钱途"的。

文化产业管理：
文化产业需要管理什么？

文/莫绯

文化产业管理，这个专业虽然在我国高校专业设置中已经有一段时间了，但由于其过分玄妙宏大的命名方式，以及不甚清晰的专业设置，它在大多数人心中还是如同一团云雾般模糊，靠近了就化成一头雾水。

虽说距离产生美，神秘感就是最好的滤镜，可选择专业这回事儿，虽然没有重大到能对你的人生一锤定音，但也别对它过分潦草了。往小了说，专业选择在很大程度上会影响你大学四年的体验，往大了说，大部分情况下你的就业总多多少少脱不开你的专业。

在理工科学院读了文化产业管理专业的我，要说快乐和烦恼，那可都是没少体验，今天就来给学弟学妹们好好说道说道——就算是理想主义的一腔热血，也得在看清现实的情况下去抛洒，才能洒得帅气又有意义，对吧？

问：文化产业管理到底是什么样的专业？它听起来挺像文科的！

答：问这个问题太典型了，在国内的专业设置制度下，大家对一个专业最直观的理解一定是从它的大类开始。遗憾的是，作为一个虽然已经设置有一段时间、但历史确实不那么悠久的专业，文化产业管理在分类上确实有些含糊。

以我就读的同济大学为例，同学们会先进入人文科学实验班，在学习一年的通识课程后自行选择分流，可以继续学习哲学、汉语言文学或文化产业管理。但是！我们的打假NO.1来了！

虽然与两个大文科专业放在一起作为分流选项，但实际上文化产业管理属于管理学类专业，是工商管理类的二级学科。大部分院校的文化产业管理专业学生在毕业后将授予管理学学位，少数院校则授予艺术学学位。

问：不是文科？！但是都这样了，应该不会学数学吧？

答：许多人之所以学习带"文"字的专业，很重要的一个原因就是逃避数理化——实不相瞒，学姐我也是这样，当初知道自己进了人文科学实验班后第一反应是，我要和数学物理化学说再见啦！

但是打假No.2又来了，虽然文化产业管理这个专业定位为管理学，光看名字偏文科，但在内容上则是一个比较综合的学科，在具体教学中会涉及许多艺术及管理的内容。

分流前，我们仍然要学习高等数学，虽然学习难度是比较低的那种。

而分流之后，当你正式成为一名文化产业管理系的学生，除了学习文化产业政策法规、互联网文化产业、文化资源概论、艺术研究方法论、西方现代主义艺术等这些偏理论的内容，还要学习非常重要的财务管理及西方经济学，其折磨程度不比高数低多少。

问：文化产业管理专业学那么多东西，能深入吗？什么样的人能学得过来呀？

答：这个问题很尖锐，回答的大前提是我觉得其实在本科阶段大家能学到的东西都比较浅，但实话实说，不同于计算机专业的同学大学四年读完能写代码，文化产业管理四年读完也许会让你不知道自己到底读了什么。

但容我辩解两句——作为一个偏理论、偏抽象的学科，想要靠学校安排的课程学得深入本来就是比较难的，学编程的同学要想代码写得厉害也得练习呀！题库刷到脑瓜比灯管还亮呀！学文管不需要你刷题，但确实需要你走进生活、走进展览、走进实习公司，在实践和体验中领悟这门学科。

至于什么样的人适合学文化产业管理，我要借用一下友校复旦那句"自由而无用"，有一颗不那么功利的心，心中对艺术、文化有热爱，生活中对看展、逛博物馆等活动感兴趣，相比起逻辑性强的工作，更喜欢自由、跳脱、感性的工作。如果你是这样的人，不妨考虑一下吧！

问：来点实际的，大家现在都去卷互联网了，学这个专业怎么找工作？

答：我对就业的理解分为两部分，一部分是专业对口，另一部分则是可迁移能力及实习经验。

专业对口这方面，策展公司、文化产业相关公司都是很不错的选择，我大二时学校安排的实习也多是这方面的。那时我去上海国际乐器展的策展组实习，帮助一个大型国际展览落地，并且独立负责了其中一个展馆。

可迁移能力及实习经验这方面，文化产业管理一大好处就是——课少！相比我理工科的同学们被各种各样的课安排得满满的，我们专业的学生会有比较充足的时间进行校外实习，而这样的经历也能成为日后找工作的重要助力。

实际上，只要你大学四年好好学习或者利用课余时间好好刷实习，文管专业并不会很难找工作，同济大学文化产业管理系毕业的学生有进入上海文化广场的，有进入快消大厂的，就连你说的互联网大厂也挺多的，网易、腾讯、字节、携程……专业并不会给你带来太大的就业帮助，但也不会给你拖后腿，重要的还是看自己哦！

问：如果我想读研呢？有没有深造方向？

答：来来来，考研的干货来了。

我们专业每年都会有许多同学选择深造，如果是想要在国内继续读研的话，主要有三个方向：公共管理硕士，新闻与传播硕士，工商管理硕士。除此之外，许多知名院校（例如北大、同济、上海交大、中传大、央财、浙大等）都有对应的考研院校。

如果想去国外留学，其实也有非常多的选择，例如伦敦国王学院的文化与创意产业硕士，华威大学的国际文化政策与管理硕士，这些都是国际顶尖院校。

问：最近最流行的话是"宇宙的尽头是编制",这个专业对考公考编友好吗?

答:虽然我认为专业对找工作来说影响其实并没有那么大,就算你是学文的,可如果你自学编码学得很厉害,写代码比写自己的名字都顺,又有一堆互联网公司实习经历,那想要去互联网公司也不是什么难事。

但我还是得承认,考公考编和找工作不太一样,毕竟考公考编有专业限制。从这个角度来说,文化产业管理对于明确想要进体制的同学并不是那么友好。

因为文化产业管理是管理类专业,而大多数国家文化单位在招考时只接受汉语言文学等文科专业的学生。这就造成一个让人有些哭笑不得的局面:明明你学的东西更对口,但人家就是不要你。

而文管系基本只能报名招收工商管理的岗位,这种岗位往往报考人数多、竞争压力大,有的地方甚至还专门注明不要文化产业管理。所以说,如果真想去传说中的"宇宙尽头",还是要慎重呀!

问:谈恋爱也是人生大事,咱们来唠唠男女比例呗!

答:在我们学校,要想读文化产业管理系,就得先进入人文科学实验班,而这妥妥是一个女多男少的大环境。班上基本都是各式各样的美女姐妹,男性同胞还真没见到几个。

对此我想说,大家格局打开!谈恋爱不要拘泥于本专业,抬头不见低头见,万一分手了多尴尬不是?大可以去和隔壁土木系啊、建筑系啊什么的匀一匀嘛,只要把范围扩大到整个校园,可选择的男同学就多了!

问:听了这些我还是挺心动的,学姐给点其他建议吧!

答:学姐掏心掏肺地说了那么多,本专业好的也说了,不尽如人意的也没遮掩,如果听到这里你还是对这个专业比较感兴趣,那我建议你可以做这么几件事。

一、利用高考后的暑假多去看几个展,去逛逛博物馆。别顾着拍照打卡啦,更重要的是可以思考下它们的逻辑,展馆内有什么样的活动,每个展承担了什么样的功能。

二、走走你家乡的文化创意产业园区,关注特色品牌的文化合作,比如在互联网上大火的湖南奶茶"茶颜悦色",它是怎么打造自己的文化IP的?有什么样的记忆点,哪里有所创新,有没有做跨界联名,做周边产品?

三、试着读几本书,在这里推荐劳伦斯·莱斯格的《免费文化》,大卫·赫斯蒙德夫的《文化产业》,埃德加·莫兰的《时代精神》。一开始可能会觉得有些枯燥生涩,但是坚持读完一本,你会有不小的收获。

提前试着用文管的眼睛去看生活,用文管的思维去理解生活,你会知道自己到底想不想学习这个专业,如果答案是YES,那么就勇敢地面对你的决定吧!

农林经济管理：
"山水田园"托举我的乡村振兴梦

文 / 早安迪伦

当提到山水田园，我们脑海中会浮现"诗和远方"，没错，农林经济管理（以下简称"农经"）就是这样的一个专业。作为农经学子，我们不仅要读万卷书，学习经济学理论，更要行万里路，感受乡土的温度。"把论文写在祖国大地上"不只是一句口号，更是一份情怀，一种责任，是一种脚踏实地、实事求是做学问的态度。

高考结束后，我非常坚定地认为经济学是我的本命学科。填报志愿好巧不巧刚好压线进入中国农业大学，了解到农林经济管理专业是中农经济管理学院的特色专业，也是学校的王牌专业之一，于是我在大一下学期努力转专业，进入经济学大类，大二下学期如愿通过选拔进入农经卓越班，成功踏上了农经之旅。

在专业知识的学习和贴近乡土的实践中，我逐渐认识了农经这个专业，也越来越喜欢这个专业，领悟到农经学科对实现乡村振兴的意义。

农经专业的课程其实比较偏向经济学，当然也会涉及管理学、社会学、心理学等，本科期间学到的知识面比较广，因为学院希望为三农研究培养学术性人才。

农经专业三大理论支柱有微观经济学、宏观经济学和计量经济学，这三门基础课一定要认真学，就像盖房子打地基一样，可以为以后的研究打下坚实的基础。与常规经济学不同的是，我们研究的重点更偏向农林经济问题，关注农民、农业与农村问题。

在此基础上，我们还会学习一些分支理论课程，比如发展经济学、食物经济学、劳动经济学、农业经济学等等。其中，发展经济学研究发展中国家工业化、现代化存在的问题，以及如何实现经济发展；食物经济学在宏观层面关注粮食安全问题，在微观层面则把食物作为一种消费品，研究食物消费问题；劳动经济学以劳动力要素市场为出发点，既涉及微观经济单位供给行为，又深入探讨宏观的就业、失业以及经济周期现象；农业经济学包含的范围非常广，是经济理论在农业领域的应用学科，研究农业的高质量发展、农业供给侧结构性改革等。如果未来还在农经读研，可以选择在这些细分领域继续深入学习。

农经卓越班的选拔考试有这么一道题让我记忆犹新：为什么农户不愿尝试采纳农业新技术？当时大一的我只知道技术能帮助增产，农产品产量上升从而价格下降。后来直到大二农业经济学专业课上学习了理性农户的技术采纳模型，这个模型用数学表达方式将生产函数、产品价格、风险函数、农户禀赋纳入一个不等式，推导化简得到农户采纳新技术需要满足的条件。一个漂亮简单的模型就可以解释清楚农户决策背后的逻辑，淋漓尽致地展现了数理模型的魅力。

除了理论学习，农经还需要大量的实践。社会经济调查方法这门课会教我们如何针对研究课题设计调查问卷。除了课上可以学到很多知识，学院很多老师的课题组会经常招募调研员，比如我报名参加过北京食品安全政策与战略研究基地、国家农业农村发展研究院和全球食物经济与政策研究院的调研，收获颇多。我带着电脑走进乡村，发现三农问题变得醒目而直观。

在我参加的大大小小的调研实践中，让我印象最深刻的还是新型农业经营主体生产情况的调研项目。那段投送简历期待被项目组录取的日子，那段在线上参加培训研究调研系统的日子，那个寒假提着大包小包走访户户拜年的日子，那段厚着脸皮克服社交恐惧症与各种各样的农民打交道的日子，在素不相识的爷爷听闻我来自农科大学后热情接待的时刻，在早出晚归但收获村民一箩筐故事的时刻，在后来农业企业管理课上对老师讲述的农村问题感同身受的时刻，终于都有了答案和回甘。如果我不亲自去农村调研，我可能永远不知道水稻种植本小利微，一亩售价一千元的水稻成本就将近一千元；我也不会知道因为粮食种植获利颇微，家家户户的青壮年被迫外出务工以谋生计；我更不会知道农村的土地如此细碎，每家每户分到的土地都不大，以至于很难实现土地规模经营。虽然我成长的环境比较优渥，但是学习农经像一个扎根的过程，农经学子怀着乡村振兴的理想，一直都在重复一个"俯身"的动作，俯身靠近脚下的乡土，像"弱者"一样感受这个世界。

由于农经专业文理科学生都招，很多人会问，我数学不好可以学这个专业吗？我的答案是：要想学好农经，一定要学好数学，数学会成为你日后最重要的朋友。我见过很多本科原来是数学或者理工科的人，研究生阶段学经济学，所以在本科阶段非常有必要学习进阶的数学知识。高等数学、线性代数、概率论、应用统计、数学建模等课程在我们培养方案中的学分占比很大，而且日后很多研究都会涉及抽象的建模、统计与实证。

随着科技的发展，计算机与经济学结合的研究越来越火热，所以我们自然少不了编程语言的学习。在本科阶段，除了Excel和Spss，我们会接触到Stata、Python和Matlab，这些软件都能帮我们更好地处理我们收集到的数据，将数据可视化处理，做分析并给出政策建议。

最后关于选修课，经管学院选修课都很有意思，例如博弈论、消费者行为学、保险学等等，非常贴近我们的日常生活，学到的知识也很有用。

农经领域文章大致分为两大类，理论研究和实证研究。理论研究指建立数学模型解释经济现象，实证研究主要通过收集样本数据，使用统计推断的方法估计并检验变量间的因果关系，数学语言就是研究 X 对 Y 的影响，本科期间大多是实证论文。

农经能给我们带来的，首先是逻辑推理能力。在三农领域有很多的政策，例如农地三权、城乡关系等等，还有某个地区的政策改革。我们想研究这个政策，或者称之为变量，它如何影响另一个变量，例如农户的收入，需要培养逻辑推理的能力。

其次前面已经提到，学习农经需要一定的数学能力。因为经济学是数学的应用，只靠讲道理是不够的，我们需要大量的数据来佐证我们的推理结论，用严密的数学证明方法做实证研究，农经能让我们的数学能力得到提升。

还有资料分析和编程语言撰写能力，这是三农文章非常重要的分析方法。作为新时代大学生，一定要学编程。代码能帮助我们节省大量的重复工作，能在短时间内处理上万条数据，这是人工处理不可能做到的。

农经学子前途十分广阔，具体可以分为三条道路——黑路、红路、黄金路。

黑路，顾名思义指学术研究，沉下心坐冷板凳，留在高校或者研究所。以我的感觉而言，农经本科就是在把我们当研究生培养。我们大一就接触学术论文，大二就要求写文献综述，等到大三学会计量模型就可以完整地写出一篇像样的论文。其次还有各种的小组展示和汇报，老师希望我们能多走上讲台自信地表达自己的观点，同时还会制作清晰美观的 PPT。要想在农经领域深入做研究，本科学历可能不太够，可能需要你有硕士甚至是博士学位。

我所了解到的学长学姐们有的去清北继续深造，还有人大浙大南大，当然也有个别选择出国的。

红路，指的是从政考公务员，到基层一线去，深入人民群众。农业农村部就是很好的去向，其中很多岗位都要求农林经济管理相关专业优先。从农经专业走出来的学子，心怀天下，情系乡土，对乡村问题会有更深的理解。

黄金路意思是去企业工作。要想选择这条路，得拥有自己的核心竞争力。可以去食品、农林相关的企业工作，将来从事涉农企业管理。

总之，在农经领域，可以探索很多有意思的事。

土地资源管理：
小众的专业里藏着 960 万平方千米的志向

文 /WWGH

不知道中国的大学里还藏着一个叫土地资源管理的专业的人真的很多，像我，就是一个在读大学之前从来没听说过它。

就算没怎么听说过这个专业，那你或许关注过"十八亿亩耕地红线""三权分置""生态保护红线"，不知道也没关系，反正光从名字也能知道我们专业是干吗的，没错，高效管理土地资源就是我们的最高目标。农村、城市、生态保护、山水林田湖草等都是我们关注的对象。土管专业属于"中国特色"，国外的大学会有城市规划，但是不会有土地管理。所以管理主要还是围绕着我们自己家的这 960 万平方千米的土地。

支撑我们对土地利用"指手画脚"的知识非常丰富，又多又杂，又文又理。喜欢地理的同学可能会在土管专业的课程里找到自己的兴趣点，因为我们需要学习与土地相关的很多知识，比如测量学、地理信息系统、规划等课程，会了解很多之前从未接触过的知识。土管专业会开设管理学、行政管理、法学以及不动产的相关课程。你能想象模拟土地交易过程吗？扮演城市土地管理部门人员和厂商，相互推拉讨价还价就能知道招商引资真的不是件容易事。

在我自己的学习过程中，我印象最深刻的是在地图学课程中，了解把地球上的事物放在平面上的不同方式，就像把橘子剥开展成平面，不同的展开方式会使得图形的形状和面积出现差异。虽然之前学过很久的地理，我从来没有意识到这还是个需要考虑的问题，只是觉得地图不都一个样子，学过才知道，不同应用要求对应不同的地图，用错地图导致全球各个国家国土面积排序出现错误甚至还可能引起争端。

土管专业学习的内容不仅仅是纸上谈兵的理论知识，要了解土地的利用情况就得和土地的使用者打交道，去进行访谈和调查。如果你是个轻微的社恐患者，没关系，学习这个专业能够为你提供各种各样的和陌生人打交道的机会：去村子里和阿姨大妈老爷爷聊天，随便在大马路上抓路人做问卷调查，说不定还会遇到需要电话访谈的情况……刚开始可能确实会有些发怵，但是一两次实践活动之后,就会觉得请求陌生人的帮助也没那么难。如果被拒绝,就火速找下一个目标。

如果你觉得土管专业听起来蛮工科,男女比例应该会平均一点的话,事实可能会让你失望。因为至少在我们学校,土管专业的男女比例在3∶7左右,优秀的女孩子超级多,当然男生也很优秀。

在就业方面,大多数毕业生会选择考公或者房地产公司。房地产行业未来发展前景大家懂得都懂,所以大部分学长学姐会选择考公。事实上,土地资源管理是非常好的考公专业选择,毕竟土地也不是随便哪个企业之类的私人部门能管理,还是要依赖于国家的统一管理,直接对口自然资源规划部门。而且随着经济发展,土地合理利用的必要性上升及农村发展改革的需要,土地资源管理不仅不会消失反而还会越来越受重视。

虽然最开头说自己对土地资源管理专业又爱又恨,但是恨通常只会出现在要交作业和期末考试通宵复习的时候。大学真的没有高中老师说的那么轻松,该做的作业很多,课余时间也很忙。所以不喜欢是短暂的,这个专业带给我的更多的还是好的方面。

学习土地资源管理专业能让我意识到自己身上的责任,这绝不是什么很红很专的话,因为我们学的知识就是与地区社会发展紧密联系的。土地,一直是我们社会经济发展和每个人生存的必需品,可以说,土地资源管理的科学性和合理性是经济发展的前提和保障。尤其是在我们国家人多地少、人地矛盾突出、土地资源供需关系不平衡的国情之下,房价、农民权益保护、粮食安全、生态保护都在我们考虑的范围内。当我们在学习中遇到这些问题时,经常会幻想在未来的某一天,今天学习的知识和方法或许能够处理未来遇到的土地利用方面的问题,解决矛盾,保障农民权益,真正能够实现自己学习的价值。

如果你对土地有特殊兴趣,享受看到有限条件在自己手中创造出最大价值的感觉,欢迎你来到土地资源管理专业。在同一片土地上,体会社会经济的沧海桑田,学习过去感受现在预知未来。

公共事业管理:
管理类的万金油专业

文 / 葛思晨

公共事业管理,想必是很多学生,尤其是文科生在高考填报志愿时如雷贯耳的一个专业了。谈

起公共管理，与之相关的标签无外乎"假、大、空""万金油""适合考公务员"一类。

"一千个读者心中就有一千个哈姆雷特"，虽然网上对公共管理褒贬不一，但我依然坚定地选择了这个专业。

怀着对大学生活的憧憬和对专业学习的懵懂无知，我踏上了公共管理学习的旅途。刚开始学习管理专业，迎接我的并非是想象中的各种各样的管理课程，而是社会学、逻辑学等基础课，甚至还有 Python 编程。大一的无数个夜晚，我对着电脑屏幕敲下一个个代码，当看到"运行错误"出现时，只能无奈地摇头叹息，甩了甩有些僵硬的手指继续在键盘上敲击。当有一个程序运行成功时，心中的喜悦丝毫不亚于高考超常发挥。

虽然有时候也会自我怀疑：为什么一个公共管理学生要学习高数和编程呢？但这也确实印证了公共管理的学科特点——广。

大类分流后，我进入了公共事业管理专业学习，这时候才得以窥见公共管理的冰山一角。除了管理学、政治学、经济学等基础课以外，我还学习了管理文秘、社会调查研究、网络传播等应用性较强的选修课。

我慢慢意识到，公共管理确实是一门体系庞大，内容繁杂的学科，交叉学科众多且应用性很强。

问：公共管理是一个专业吗？

答：不是！

和你们一样，初入大学的我对公共管理一无所知，天真地以为这就是一个专业，但实际上这里面包含的专业可多啦！

公共管理类专业属于管理学门类，包括多个本科专业，比如公共事业管理、行政管理、劳动与社会保障、土地资源管理、城市管理、海关管理、交通管理、海事管理等。

有些大学，（比如我的大学）会在大一设置公共管理大类专业，经过一个学年的学习后进行大类分流，让同学们选择感兴趣的专业进行深入学习。这个过程跟我们高考填志愿有些类似，但是流程会简单很多，基本上都是在学校的教务网站上填写对应的专业志愿，接下来就等着录取信息公布就行。

问：为什么我看到很多学校都有公共管理专业，但是学的内容不同呢？

答：公共管理专业在很多大学都有设置，但是因为学校的水平、类型、地域等等因素的影响，所以相对应的学习内容都会有很大差别。比如一些偏理工类的大学，他们的公共管理类专业往往对数学的要求会更高，而其他的一些大学就不会，这和每个学校对学生的培养方案有关。

实际上，哪怕是同一学校的同一学院的不同专业，比如公共事业管理和行政管理，这两个专业名字听起来颇为类似却差别很大。公共事业管理侧重于公共组织与事业单位的管理，而行政管理侧重于政府的管理。

问：公共管理真的是万金油专业吗？以后的就业前景如何？

答：首先，我要斩钉截铁地回答：不是！

公共管理作为管理学的分支，相对于一些工科专业门槛确实要低一些，但是因为涉及的管理知识广泛，包括组织学、经济学、社会学等，因此非常考验学生的知识广度和融会贯通的能力。

而说到就业前景，考公务员或者考事业编制，是最适合公共管理学生的就业方向，谁叫"宇宙的尽头是编制"呢！当然，随着这几年考公日益热门，想要考取一个称心如意的编制岗位会比以往更为困难。如果你想要在企业就职，一般多从事人力资源、文书、秘书类的工作。

当然，还有一类就业方向，那就是知识的巅峰——科研。这类就业需要考博深造，尤其需要一颗真正热爱学术的心，毕竟科研的道路是枯燥与寂寞的，只有满怀对学术的真正热爱，才能在这条荆棘遍布的道路上负重前行。

不过任何专业都有利有弊，公共管理专业的最大特点就是学习范围广，学习深度浅，这也一定程度上导致这一专业的就业竞争力较低。但是据我了解，许多学长学姐们都去了很好的单位，有考公成功上岸的，也有在大厂任职的，所以小伙伴们不用担心，只要自己的专业知识过硬，不愁找不到工作！尤其对那些有志于考公考编的同学，非常推荐公共管理这个专业！

问：公共管理是只有文科生可以报名吗？以后会学数学吗？

答：当然不是！

很多同学以为公共管理是文科专业，但实际上理科同学也是可以报名的哦！尤其在新高考改革以后，许多"理科"同学都会选择公共管理。不过整体来看，公共管理专业的文科生还是占绝大多数，这也直接导致男女比例在1∶3左右……所以想要找女朋友的男生可以过来哦！学管理的小姐姐们往往言谈举止都十分有内涵，而且知识十分渊博哦！

至于学数学，我只能沉痛地点点头……

说起公共管理，肯定不可避免要涉及经济学，这就免不了要和数学打交道。就我所在的学校东北大学课程安排来看，大类分流前学习高等数学，分流后涉及专业课程就需要学习经济学的内容。当然，同学们也不用担心，管理学学习的数学知识都是比较简单的，有了高中的数学基础，认真听课的话可以轻松应对。

问：现在考研这么流行，公共管理专业以后考研有什么优势吗？

答：优势大大的！

就像我前面所说的，虽然公共管理文理科都可以报，但是主要的学生依然以文科生为主。现在文科考研的话最"卷"的赛道无外乎法学和新闻学，管理学相对而言要轻松很多。

除了竞争压力没有那么大以外，公共管理专业还有一个不可忽视的优点——选择院校多。许多高校都设置有公共管理学科，而985、211高校几乎都设置有公共管理的硕士点，这也有利于公共管理专业的同学选择合适的考研院校。在最近一轮的双一流学科评估中，中国人民大学和清华大学以A+的结果位列第一，对这两个高校有兴趣的小伙伴可以了解一下相关的考研内容。

当然，公共管理专业在考研方面还有一个"不成文"的优势，那就是专业课程相对较少，且主要集中于大一大二学年，大三以后专业课很少，可以有充足的时间来进行考研复习。

言及至此，想必小伙伴们对公共管理专业已经有了自己大致的了解。对于那些想要高薪职业的同学，我是不推荐公共管理专业的。毕竟相对于法学和新闻学，公共管理的专业性较弱，未来的薪资水平提升空间也有限。而对那些有志于服务社会、参与行政管理的同学，这不失为一个良好选择。

物流管理：
我不是学"送快递的"

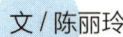
文 / 陈丽玲

"囡囡，你上大学学什么专业的啊？"

"我学物流管理呀。"

"物流，那不是送快递的吗，送快递这么简单，还用学吗……"

我惊呆，谁说学物流就是送快递的。过年走亲戚，除了老生常谈的话题之外，"读大几了？""在哪读啊？""有男朋友了吗？""读什么专业的啊"这些成为过年期间关于我的热搜话题。有多少人问我学什么专业，我就向多少人详细解释了这个专业。更搞笑的是，读小学的表弟天真地问我"表姐，你说你将来要去送快递，那你的代步工具小三轮，公司会配吗还是说要自己买？"我都快要被问得抓狂了。今天我要为我学的专业正名，"学物流不是送快递的！"

相信大家都对工商管理、人力资源管理等管理专业较为熟悉，那你们有没有听说过物流管理这个专业。我相信很多人没有听说过这个专业。我之所以会选择这个专业，主要是因为我想当一名踩着八厘米高跟鞋的 HR，我看专业名字有"管理"两字，认为这个专业应该与其他的管理专业相差不大。直到，我在大学里的第一堂专业知识认定课里，才发现，原来，物流学习并不是我所想的那样简单。

当你们听到物流管理这个专业时，脑海里的第一印象是什么？起初包括我都觉得学物流的，那不就是"男的送快递，女的签单子，管仓库"吗？而且我还真的经历过一件事，让我加深了"学物流就是送快递"的印象。大学里，会有很多快递小哥送快递，作为买买买的一员，我也加入了领快递的大军。记得有次去领快递，因为我的快递难找，便与快递小哥聊起了天，这一聊，让我惊到了。

快递小哥突然问："你是学物流的吧？"我一脸惊讶地看着他，问："你怎么知道我是物流系的？""因为物流女生快递多啊"，快递小哥平静地回答，"说起来，我还是你们的学长呢。"听到这，我蒙了，一脸不可置信地看着他，透过他，我仿佛看到了我未来的职业生涯，心想，我学物流出来的，以后不会也要去送快递吧。

学习物流管理，并没有那么枯燥，其实挺有趣的，偏理科的学习，享受着文科的浪漫。<u>首先要明确物流的概念，物流不是快递，它是高效率低成本地将货物或者服务在产出地与销售地之间传送的过程</u>。物流的过程包括：装卸、储存、运输、包装、信息处理、流通加工、配送等。送货上门的快递员只负责过程中的几个环节，还需要专业人员去采集物流中的数据并进行需求分析，实现订单信息的快速传递，在物流运营过程中做出正确决策。

物流管理和物流工程是为物流行业培养复合型专门人才的专业。

目前国内主要的培养方向有仓储管理、电商物流、港口物流、国际物流、航空物流、物流工程、物联网与智能化、采购与供应链管理这 8 个方向。

<u>我们学校的核心课程有物流技术经济、电子商务概论、物流设备与应用技术、综合运输概论、服务运作管理、港口规划与管理、物流系统规划、物流专业英语等。</u>

提起电子商务课，你是不是首先会想到马云。你以为学了电子商务，就能进到马云手下工作了呢？那是不可能的。你不努力，或许你就有可能成为下一个淘宝客服，或者成为下一个淘宝店主。在物流学习，你还会了解很多好玩的东西，你可以了解到叉车是怎么运作的，托盘是怎样的，还有各种运输机械，万一你学会了如何开叉车，你就可以和蓝翔比比哪家技术强。

学物流期间，我为了深入了解专业就去学校旁边的菜鸟驿站兼职。原来每一份工作都是那么辛苦，但是也让我重新认识了物流管理这个专业。看见快递小哥风雨无阻地送快递，也让我对他们产生了敬意。打包、分类,在兼职工作中,虽然只是从最基础的工作做起,但是还是很快乐的。你可以学到仓储、快递运输等知识,可以了解小型的物流运输体系。

在物流学习中,有沙盘模拟的课程。我们第一次开公司,成立了一个物流运输公司,我也终于当上了 CEO,本想撸起袖子大干一场,但由于公司贷款太多,资金周转不灵,不知道怎么回事,我们的公司就破产了。破产了!我们公司还没有盈利上市,我们就破产了,我内心是崩溃的,我的霸道总裁梦就这样破灭了,所幸,后来慢慢从破产到盈利,终于完成了任务。每课时,都要与地图、货物、车辆打交道,还要和别的公司竞争,虽然有点烧脑,但是能体会一下当 CEO 的感觉,也很满足了。虽然只是模拟开公司,但内心还是很窃喜,还好不是真的,不然我要还债到什么时候啊,现在我还对公司破产心有余悸。

虽然我们物流专业老是被人误解为"送快递的",但是当你学在其中的时候,你会发现,它与人们的认知大相径庭,它的就业选择也是丰富的,你可以去物流企业,如德邦、顺丰等,从事物流信息管理、物流规划和物流实操等工作;也可以到大型企业的物流部门担任采购、库存、渠道、对外贸易、供应链管理等职位;还可以选择第四方物流公司,去整合物流资源,提供物流规划及供应链解决的方案,相当于行业咨询师。

但还是要给大家提个醒,我国的物流环境并不是特别乐观,大型物流公司如德邦、天地华宇等运营规模不算大,离顶尖物流服务水平还有差距。物流行业基层岗位虽然门槛低,就业率高,发展通道多,但行业的附加价值却上不去。

物流管理专业的本科就读情况也不乐观,甚至一度面临"停招"。所以,假如你想要学这个专业,还是要再通过更多渠道去进行了解,再多听听其他过来人的经验。

电子商务:
无处不在的专业

文 / 之欢

一提起电子商务,我猜大家都会不约而同地想起淘宝、天猫或者京东等商务平台。电子商务,

顾名思义就是以信息网络技术为手段，以商品交换为中心的商务活动，它也是一门综合的专业，融计算机科学、市场营销学、管理学、法学和现代物流于一体。

当初我在众多专业中选到它，不仅仅是因为好奇，更是因为如今电子商务的迅速发展。随着网络购物的兴起，我们的社会迫切需要该专业的精英人才。

在我们的专业课上，课程虽然有些枯燥，但是也不乏一些有趣的事情。老师在传授知识的过程中，不断地以淘宝、天猫为例，所以总会让我们产生在逛淘宝的错觉。有一次专业老师正在为我们分析"双十一"活动中的理论知识，突然台下有学生发问："老师，我们在'双十一'狂欢节中该如何购买商品才最划算呢？"没想到专业老师面不改色地回答："我建议你什么都不要买最划算。"台下顿时哄笑声一片。

学完基础的理论知识后，我们的第一个实训，就是在淘宝上申请开店。以前我总以为开网店是一件很容易的事情，却不知道原来程序是如此复杂。首先，申请一个淘宝账号是必须的，想要自己开网店，还得先进行各种实名认证，例如什么支付宝验证银行卡验证。然后，还得拍一张自己本人手持身份证的正面照，接下来便是等待淘宝网的审核，唯有审核成功后，才能算是拥有一家属于自己的网店了。

此专业还会经常举办比较大型的比赛，其中最出名的就是电商创业大赛。参赛选手均可得到某企业提供的货源，从而拿去网店出售，真正地自主创业。表现优秀的选手，甚至会获得教育局颁发的奖金。待我真正地去运营一家网店的时候，才发现一切都在我的意料之外，每天都得去面对各种不同的挑战。例如如何为自家的产品进行网络营销，吸引更多的消费者光顾；碰上难缠的顾客，我还得与他们斗智斗勇；物流太慢，我得赶紧与快递公司进行沟通；若是售后出现了问题，我需要努力为顾客去解决。这直接导致那段时间内，我满脑子想的都是："亲，不包邮哦！""亲，麻烦给我们五星好评！"

原来无论是哪个行业，背后都有着不为人知的心酸和不易，参加电商创业大赛后让我懂得了，我们该多给卖家一些宽容，而不是过分去苛责他们。卖家也是人，也有个人的情绪，虽说顾客是上帝，我们却不能因此得寸进尺。

总的来说，电子商务这个专业学习内容庞杂，如管理学、会计学和物流管理等相关专业的理论知识都要学，也会涉及计算机专业的一些内容，如数据库、JAVA、C++、网页设计等。它广泛但不深入，走哪个方向都需要自己更多努力才能走好，但好处是可以尝试不同的方向，如技术、金融等，就业可选择范围很多，也因为学得繁杂，在就业时，反倒没有工商管理类专业的竞争压力大。

旅游管理：
门槛低，鱼目混珠是真的吗？

文 / 精彩查理

"大家的第一志愿都是这个专业吗？"

班里的面面相觑正在无声地回答着这个问题。

这是我大学第一堂课老师的提问。至此，我的大学生活开始了，而"这个专业"，正是旅游管理。

每当高考结束报志愿的时候，总会看到"大学专业避雷帖"下"旅游管理"的票数高居前列。因为它"门槛低、鱼目混珠"，因为它"不够高大上"，也因为大家不甘心寒窗十年换取的分数去读一个毫无技术含量且社会认同度低的水专业。

旅游管理真的有那么"讨厌"吗？

旅游管理专业属于管理学大类下的分支学科，开设高等数学、管理学、统计学、会计学、社会学、文化学等课程，是一门综合性的学科。当然，也是一个男女比例严重不均衡的学科。我们班有 45 个人，男生只有 7 位。虽然男女比例失调，但就专业本身而言，课堂大多还是十分有趣的。

民俗资源与旅游课上，老师从衣食住行、生活起居等方面介绍着各地的人文风俗。"十里不同音，百里不同俗"。借着这个领略秀美风景的机会，课上的同学也加深了对彼此的了解，拉近了彼此的关系。大家相互了解着彼此地方的生活习惯，七嘴八舌地分享着各自的生活场景，你说说你家的村寨，我聊聊我家的庭院。不出意外，课堂的话题走向就跑偏到各自的家长里短。

这种上着上着课，就跑偏的情况，可不止这一门。文化和旅游行政管理课，主要讲述作为旅游行政单位或旅游企事业单位对于旅游中的热点情况如何妥善处理解决，要既能抓住热点提升景区热度，又能在热度中可持续发展下去。每堂课老师都用一个真实案例来让我们模拟实战。比如丁真的爆火，不仅让大家关注到了这个康巴汉子，也带动了理塘文旅的火爆发展。而发展的背后又存在着巨大的问题：旅投公司与丁真签订的协议是否合理？丁真及其家人的个人隐私应如何保护？在聊到如何既能保持丁真流量长久稳定发展又能保护丁真的隐私问题时，我们纷纷提出来不少馊主意：让丁真搬家，搬离现在住址，搬到安保森严的地方。老师说，这个方法可行吗？丁真的小马珍珠怎么办，家里的其他牛羊又怎么办？当我们一筹莫展时，我们的资深单身老师发表了他的见解：让丁真结婚。当他的答案说出来时，全班默契的沉默似乎也在回答着：老师，您的这个也是馊主意啊！

我们的课程总是这样，上着上着就会跑到现实生活的情境中。专业课听起来并不是那么高深且壁垒高，因为课程围绕着旅游的六大要素（吃住行游购娱）展开，而这六大要素都是基于现实而展开的教学模式，一切源于旅游，最终一切又回归旅游，服务大众。也难怪，旅游专业总是让大众觉得它学得简单。不过，"学得简单"和"学得精通"之间也存在着巨大鸿沟。

就拿旅游行业旗下的酒店行业而言，如果你选择了"酒店"的就业方向，你还要精通英语等语言以方便和外籍客人交流；你要学习餐桌礼仪，懂得喝红酒要用什么样的杯子，喝白酒要用什么样的器皿，醒酒器设计成这样又是为哪般，一切都很繁琐。如果你想成为一名出色的酒店人，那么一切繁琐中又都需要增添一份用心。外籍客人是否适应当地的生活，以便在客人房间增添加湿器等用品；餐食客人是在什么场合使用红酒，场地外又需要酒店做出哪些行为来增加顾客的体验感。简单的行业里做到出色同样很难。

或许有人会问，大学四年光学"吃喝玩乐"了，未来可怎么办？

确实，如果你是一个热爱生活，并且享受生活的人，课程里的一切东西都会让你觉得"不过如此"。你早已经熟悉这些，并且生活中每天都会接触这些，再来大学学习确实有些浪费时间。

旅游管理这个专业听起来，像是毕业以后只能出来当导游。但实际上，旅游管理是一个关于旅游的全产业链的管理，比如包括旅游开发和旅游策划、景区管理、酒店管理、旅游企业运营等。旅游管理毕业生的出路不仅仅是导游，还有前台服务员，或者大堂经理。

说起来，我当初选择这个专业的很大一个原因，就是认为这个专业足够"水"。翻看着报考指南上的那些专业，大多总是给我一种人才饱和且被替代性强的感觉。既然这样，为什么不去学一个好玩的专业呢。

事实证明，旅游专业的学习确实是十分有趣的，我十分开心地度过了四年大学时光，但不可否认的是，作为一名即将走出象牙塔的毕业生，我也确实面临着就业难题。

众所周知，目前旅游业因为疫情和经济的双重打击，遭受了很大的困难，从业人员都在缩减，就业形势可想而知。

我也在思考到底是该坚定地投身于旅游行业，还是彻底改行。

现实和理想，面包与自由，或许从来都是一个难解的谜题吧。

学长学姐有话说

读**管理学**是一种怎样的体验？

工商管理

工商管理类专业在高考志愿填报的时候也算热门，这个专业的上限取决于学校的层次以及学生的学历，因此很多人非常喜欢这类专业。这个专业最大的缺陷就是学的知识多但是不够精深，虽然本科毕业也够用，但是远没有大家想的那么好，所以推荐考研。

公共事业管理

近些年，公共管理类专业和医学的预防医学比较火，可能是社会发展到了它们该壮大的时候，因此近些年的报考很火热。这类专业和工商管理类专业一样都存在一个缺陷，那就是学的知识多但不够精深。这类专业用来考公考编或者考企业的行政部门的话，还是非常有优势的。平时需要学逻辑学、管理信息系统、政府预算管理、市政管理学等课程。

图书馆学

图书馆学、档案学、信息资源管理都属于图书情报与档案管理类，现代的图书管理更多的是数字化管理，需要计算机用得熟练。说实话这类专业还是好就业的，但是这类专业学生的工资不会太高，也就一般水平。但是这类专业拥有管理类专业的特性，那就是考公考政府部门是有优势的，可以负责国家级别的图书馆，也可以负责人事行政档案。

会展经济与管理

还有哪个专业比会展经济与管理更冷门吗？年后实习了，找了一圈，发现自己什么都不会，找专业对口的公司吧，没多少家。我也很迷茫，如果不找会展类工作，不知道自己要去哪个行业。想上网找找大神解惑，结果，会展专业已经冷门到连发帖子的人也没几个。

艺术学大类

艺术学理论类
艺术史论、艺术管理、非物质文化遗产保护

音乐与舞蹈学类
音乐表演、音乐学、作曲与作曲技术理论、舞蹈表演、舞蹈学、舞蹈编导、舞蹈教育、航空服务艺术与管理、流行音乐、音乐治疗、流行舞蹈、音乐教育

戏剧与影视学类
表演、戏剧学、电影学、戏剧影视文学、广播电视编导、戏剧影视导演、戏剧影视美术设计、录音艺术、播音与主持艺术、动画、影视摄影与制作、影视技术、戏剧教育、曲艺、音乐剧

美术学类
美术学、绘画、雕塑、摄影、书法学、中国画、实验艺术、跨媒体艺术、文物保护与修复、漫画、纤维艺术、科技艺术、美术教育

设计学类
艺术设计学、视觉传达设计、环境设计、产品设计、服装与服饰设计、公共艺术、工艺美术、数字媒体艺术、艺术与科技、陶瓷艺术设计、新媒体艺术、包装设计、珠宝首饰设计与工艺

戏剧影视文学：
确认过眼神，是戏文的人

文 / 小圆

戏文，全称戏剧影视文学，是我的专业。选这个专业的理由呢，是因为它在五花八门的艺考里能速成（啊，这是可以说的吗？）。我认识的大部分同学都从高三才知道这么一个艺考渠道，当然也有大神，据说一哥们儿拿着初三暑假写的小说，也走了中传的绿色通道。而我上大学的历程就仿佛汉堡套餐里的可乐，蹭上来的。

其实在艺考的时候我就隐约感到不妙了。初试考的文学常识有四本参考书：中国古代文学、中国现代文学、中国历史和中国哲学史。中华文明上下五千年，但凡"中"字开头的书都不是一两句话的事儿，咱这四位也不负众望，摞起来比我高中三年历史必修和选修加起来还厚。到了大学就更上一层楼，每次在外边用流量打开那个推荐书单我准超话费。

那书单里有什么呢？

如果你没在双十一淘宝上抢到过布加迪威龙的免单，那我劝你不要试图在图书馆里抢热门书，没戏的。书单内容涵盖得比较宽泛，莎士比亚和关汉卿，《雷雨》和《茶花女》……哎，该读该读，戏剧文学嘛，咱学的不就是这个？要是与社会学、美学一类的沾边也勉强算，角色设计和化妆舞美也是专业课程中的重中之重。但是我不明白为什么要读《周易》，怎么，男女主的生辰八字得天作之合，还是开机时辰也要落到我们头上算一算？

退一步想想，多读书总是没错的，但投胎不能自己选，怎么读的书也不能自己选呢，尤其是遇到不太喜欢的作家还要交他一篇读后感的时候。

后来也不是没办法，苦中作乐的传统美德代代相传，到我们这里就变成把那些不喜欢的文学作品里的角色，变成自己作业里的反派，写回旋镖，写现世报，写得他流离失所家破人亡。

所以，就这么个读书法，我会和戏文走到一起一定是因为有爱，不然为什么它愿打我愿挨呢。

阐述灵感犹如吃饭，吃饭难就难在如何把握住七分饱见好就收，灵感也是，如果写到中间一段被打断，那很可能就永远卡在这儿了，所以我得把手机放得远远的，同时无比羡慕学英语的同胞，背一个单词是一个单词，放下书吃个饭，也可以继续背下一个单词。

戏文有一个挺特别的作业叫"拉片"，就是给一段镜头，然后进行分析，再还原成视听语言，包括了景别（近景远景还是特写）、镜头运动方式（固定或推进等）、背景音（音乐或音效）以及镜头内容的分析等等，相当于一个人完成导演、摄影、美术和演员的工作。这个有点机械练习的意思，但又是戏文的核心技术。

除此之外的作业还有两种，大概能分成输入类和输出类。

输入是书评、影评和剧评，得先看先学再消化——不好写，市面上能搜到的作业参考也有三类：你没看过，你老师看过的；你看过，你老师早就看过的；你猜你老师肯定没看过，但很可能就是他用笔名发表的。老师留作业时还会强调要看到我们自己独立的思考痕迹，但我恰恰就是那种不太爱思考的人，容易被消费主义精致主义洗脑的人。在社交媒体上看吵架谁字多信谁的人也是我。当然也不是没有投机取巧的法子，学科交叉是教育界的新动态，只要打破物以类聚人以群分的刻板影响，把不相干的领域沟通在一起，就能找到新的切入角度。

第二种是输出，自己写剧本。先写一个大纲，配上人物小传、分镜头、时间轴，这种通常是期末大作业，大抵是借鉴了韩式烤肉的优点，炉子是剧本，七八碟小菜是附属作业，显得极为丰盛，动辄上万字，咱们也不敢踩着时间死线往上交，因为你还得改啊，不能嘴里喊着摆烂就真无惧挂科啊。稿子发过去之后的半天最快乐，那段时间老师都在很仔细地阅读，什么时候心里一沉呢，就是老师发了个表情包，然后问"在不"的时候。

"在，一直等您呢。"

"啊，你这个作业我看了，还不错，但有点问题。"

这个问题如果具体到谁的某句对话不合人设或者前后矛盾，那就谢天谢地；可这个问题如果是这样的——

"悬念感不够。"

"人物不饱满"

——那就跟重写没什么两样。

毕业之后找工作，HR 发了一张 scl-90 的心理测试，上面的问题是："头痛吗？背痛吗？腿痛吗？视力是不是感觉很模糊？呼吸是不是感觉不通畅？"我心说不会吧，这不是我写戏文作业的情况吗？难道我写作业的时候心理是变态吗？

之所以能克服读书和作业，仍然选择它，那当然是戏文确实有着吸引我的部分，足以掩盖其他。

很多电影节、话剧表演或是电影人的座谈会议我们都能跟着老师公费追"星"，甚至可以说无关钱不钱的问题，因为有很多珍贵的交流火花并不会对外开放，很多叫好叫座的场次以我普通人的身份很难抢到。这个专业带给我的，不仅是基本教材、基础知识或无数的讨论和作业，而是有更多机会，能够真正进入到戏剧艺术的情境，沉浸式感受戏剧艺术的氛围。

一些由于这样那样的情况，无法和公众见面的影片，并不是因为它不够好，有时反而是因为它好得很"狭窄"，才止步于某个阶段，但它依旧是某个电影人独立的思考产物。曾经有一部短片，是南美那边的一部作品，在大陆没有公开发行，但里面瑰丽的景色、细腻的叙事和开阔的情感，都带给我极为震撼的体验。那一刻我似乎在和一根马骨共鸣，我才知道，这或许可以回答，戏文究竟带给我的是什么。

学戏文的我们的未来是：永远放不下手中的笔。

戏文的就业可以说"学得有多广，前景就有多广"。

很多人学进去了，就会选择深造，留学和考研是绝大部分人的毕业去向，另外进影视公司或电视台做编剧导演、进广告公司做策划文案甚至去出版社做书的也有，这得益于传媒行业的专业界限本就很模糊。除此之外，还有专业相关性不是那么紧密的行业也很欢迎戏文学子，比如艺考辅导班老师等等。

但无论选择什么，一些刻在戏文系学生骨子里的东西都不会变，审美、批判、独立的思考和创新……这种种，都是我们拉的每一段片、写的每一个故事、排的每一场戏积淀下来的成果，而戏文人，无论是在手中还是在心里，无论走在路上还是休憩，永远都不会放下手中的那支笔。

美术学：
以美史养心，以美识育人

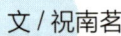

文 / 祝南茗

记得我刚入学的时候，曾在学校发出的推文中看到这么一句名人名言，"艺术的魔杖所触之处，

当变为不朽的现实"。这让我对美术学专业更加好奇。到底所谓的美术有怎样的魔力，可以让现实不朽。

进入大学之后，我便被课表上密密麻麻的课程冲击得忘记了疑问。

我发现美术学要学习的内容非常多。美术学是一个非常考验综合实力的大专业，要掌握扎实的绘画能力、鉴赏能力、研究能力。

我常常因为每个学期要学习不同的画种而叫苦不迭，水粉、水彩、油画、国画、版画，甚至每个大类里面的小类都要有所涉猎，这样才能最大程度地感受美术的魅力。

在我陷入迷茫的时候，我怀疑过，学习这么多画种和技法到底有什么用，有一位老师告诉我，"本科的学习，只是为了让学生感受。在接触不同画种的过程中，学生能更清楚自己适合什么"。

美术学中有美术史这门必修课，让我对美术学专业的感触更深。在美术史中我看到35岁才开始追求艺术梦想的高更，放弃了满地的六便士，只为了抬头看一眼心中的"月亮"；活着时穷困潦倒的凡·高，绘出无数富有生命力的画作；为了艺术效果得罪权贵，却画出传世名作《夜巡》的伦勃朗。中国美术史中也有许多傲视古今的奇才，画毕《千里江山图》便离世的王希孟、感叹"笔底明珠无处卖"的徐渭……

他们所经历的困难，可比我学习时遇到的困难要大得多。

在他们或短暂或艰难的人生中，因为追求对"美"的信念，所以心无旁骛，勇往直前。

试想在你困顿、绝望的时候，看到一幅画作，它不言不语，却把最美的一切带到了你眼前，你从画中能感受到一股蓬勃的生命力。

美术史给了我很多力量，我读懂了，正因为世界上有"美"的事物，才有着这么一群想要把美保存、表现、升华的画家们。

美术学的学生所要做的也跟这些画家所做的极为相似，我们需要对美的艺术品进行鉴赏，然后再向他人表达。

问：美术学需要学什么？

答：每个学校对于美术学的学习方向有所不同。以我所学的专业为例，我学习的是美术学专业师范方向，所以在学习基本的美术技法的同时，也会注意培养学生的教学水平和研究能力。美术学专业要学的课程非常多，大一、大二打基础，不仅要学习绘画类的课程，而且要学习书法、篆刻、剪纸等，大三将会安排实习，一般是进入中小学进行美术教学实习。当然美术学专业也有其他方向，比如说纯理论方向、纯艺术方向等，所学内容虽然有所差别，但是很多大类的课程都是有交叉的。

问：美术学专业就业前景如何？

答：目前就业前景还是非常好的。想直接就业的话，可以去各地的中小学担任美术老师。除了中小学之外，各种事业单位，比如博物馆、美术馆等也需要美术学专业人才。私企方面，可以进入各大美术培训机构，目前国内对于少年儿童的美育是极其重视的。如果还想去更好的城市发展，可以继续深造，国内有很多硕士、博士学位授予点，也可以考虑出国留学。

问：美术学对专业的要求高吗？

答：我认为对专业的要求是比较高的。如果想报考美术学专业，我建议可以先考虑八大美院，再考虑211或985中美术学专业排名靠前的学校。如果非常想报考美术学专业，但分数不是很理想，我认为可以选择大城市的综合院校中的美术学专业，这样对未来的就业更有好处。

问：学校会提供实习机会吗？自己可以去寻找实习机会吗？

答：一般来说，美术学师范方向的就业会有学校安排实习。学校会跟当地教学水平比较强的学校达成合作，每年大三或大四都会进行为期几个月的实习，实习学校指导老师和本院校的指导老师都会对实习时的你进行指导教学，帮助你更快地成为一名合格的美术教师。

当然，如果自己想去找实习也是可以的，可以去各大美术馆、中小学、培训机构等寻找实习机会，大公司也非常欢迎美术学专业的学生去实习。

问：哪些学生适合学美术学专业？

答：能够沉下心来思考的学生适合学习美术学专业。我认为美术学专业是一门知识特别广博的专业，需要花时间、下功夫去研究。对于本科的课程来说，很多在课上学到的内容都是浅尝辄止的，为了巩固这个知识，需要在课后多花时间阅读书籍、查阅互联网资料或者动手实践。

比如，我在学习陶艺这节课时，在课后会额外花时间去看一些陶艺制作的视频，并且自己购买了很多陶泥在寝室进行练习，这样子可以帮助我在课程中更好地把握人像的形态和构成。只靠课上的时间学习是远远不够的。

问：学习美术学最大的感受是什么？

答：痛苦并快乐着。虽然课程非常多，但会让你觉得很充实、很有趣。在学校里，你会遇到很多有个性的老师和同学，会感受到美术生的生命力。相对于设计学来说，美术学对理论的要求会更高，所以会阅读非常多的专业书籍，你会成为图书馆的常客。如果喜欢看书的美术生，选美术学专业就选对了。在课堂上,老师也不会用太俗套的方法讲课,各种风趣幽默的教学方式是专为美术学专业准备的,而且课上还有看不完的美术专业影片。

如果你和我一样选择师范方向,在实习的时候,你会遇到很多可爱的学生。在众多课程中,他们最喜欢美术这门课,因为自由、不受拘束,可以放飞自己的想象力。所以每当上这门课时,他们都会用求知若渴的眼神看着你,你会非常有成就感。

美永远是人类的精神食粮,所以美术学是一门极其有前景的专业。

对于想要继续钻研美术的美术生来说,我觉得报考美术学专业不会让你失望。对于想掌握专业技能的学生来说,可以考虑设计专业或者其他专业,因为美术学专业可能还是更偏向理论研究。

无论选择哪个专业,都希望各位同学能选到自己感兴趣的专业,开启美好的校园生活。

视觉传达设计:
理性与感性的交锋

文/MOMO

设计的理性与艺术的感性交锋的闪烁之处,视觉传达就从那里诞生了。

要了解视觉传达是什么,也许先要了解"设计"是什么。李超德先生说:"设计就是一种谋划,设计在中国的语言中可以解读为计谋。我们今天理解的设计,是针对日常生活相关联的衣、食、住、行而言,运用创造性智慧所做的规划和方案。"由此可见,设计与艺术最大的不同就是:设计必须根植于现实,而艺术可以尽情天马行空。也就是说,设计必须根植于对现实的理性观察与思考,然后用创造性的、感性的方式呈现出来。

那么作为设计学类下的视觉传达,它自然沿袭了设计的理念,但究竟是什么让它与环境艺术设计、工业设计和数字媒体艺术不同呢?答案其实就在谜面之中,最重要的就是"视觉"和"传达"二字。首先,视觉传达毫无疑问是以"视觉"为重,即如何在一个平面上呈现出最好的视觉效果。这是一个异常理性甚至冷峻的思考过程,必须细致地考虑到画面中出现的每一个元素,比如颜色搭配是否协调、重点文字是否突出等。另外一个词语与它同等重要,那就是"传达",即通过画面去表达主题。不管这个主题是情绪化的喜怒哀乐，还是商业化的"618大促"，都需要我们用画面去吸引消费者的视线。

以视觉传达最常做的海报设计为例，首先我们会拿到一个主题，然后用我们的海报去表现和传达这个主题，接着我们用自己的理解去分析它。比如，同样是"618大促"这个主题，它可以是因折扣而欢乐的，也可以是因"剁手"而有些悲伤的。之后我们就可以着手进行海报画面的布局，如果是欢乐的，我们就可以使用令人感到激动和喜悦的红色。悲伤的，我们则使用令人感觉忧郁的蓝色。概括而言，视觉传达就是这样一个拿到主题、分析主题并用最明确的画面来传达主题的过程。

视觉传达的学生最怕被问到的问题，大概就是："你们这个专业是学什么的？"这个问题的确难以回答，因为我们的课程是如此繁杂。书籍设计、海报设计、APP设计、插画绘制、广告拍摄还有传统手工艺……另一个同样令人害怕的问题就是："你们这个专业的学生以后可以干什么？"因为似乎每一个课程，都足以延伸为一个独立的职业。比如书籍装帧设计师、平面设计师、UI（用户界面）设计师以及插画师等等。

但在这令人眼花缭乱的名词背后，其实藏着一样的内核——那就是理性与感性的交融。视觉传达作为一门设计学类下的学科，当然也继承了设计所要求的严谨。有人说设计是一毫米的美学，实际也的确如此。每节课，在动手进行设计之前，我们总要先学习大量的理论知识。比如我们要去了解如何使颜色搭配协调，要去感受每个图形的视觉意义，甚至每一个出现在画面中的点线面都需要一个个进行推敲。

然而在设计类的所有学科里，最靠近艺术的感性与自我表达的，又无疑是视传。我们会在课堂上讨论时事，并思考如何用我们的画面表达出来。我们用红色去传达热情或愤怒，用蓝色去发泄悲伤和忧郁。面对同一个主题，老师会鼓励我们加入自己的理解和个性去创造。我们常常会花时间交流彼此的想法，通过观察他人的表现方式来体味世界的多姿多彩。老师常说，你们要学会用你们的画面去讲述一个故事。视觉传达，就是要在那个平面的画面上，呈现出你如山峦般起伏的内心。

任何一门学科都有好有坏，视觉传达设计也不例外。

课程设置的丰富是它的优势，这让我们可以在大学里就拥有多彩的体验，并从中更加细致地了解到自己的兴趣所在，然而坏处也随之而来。每学期的时间毕竟有限，一门课往往只有一个月左右的时间。而在这一个月里，不仅要学习基础知识，还要进行设计实践、与老师沟通、反复修改和最终展示。这其实是一个相当仓促的过程，所以我们在学校里对每个课程往往只能蜻蜓点水般地学习。这就导致"什么都懂，但又什么都不精"的情况发生，对于找工作其实是不利的。所以在找到自己最感兴趣的方向后，一定要在课后下功夫，朝更加专精的方向发展。

此外大家往往对视传有一个误解，就是它只需要自己做自己的设计，所以对内向的人非常友好，但实则不然。所有的设计类学科最终都是为市场服务的，这一点和纯艺术是完全不同的。既然有市场，也就有了甲方和消费者，我们必须和他们沟通以便了解他们的诉求。在大学里，老师就是我们的甲方，所以实际上我们必须时常和老师交流并调整设计方案。而同学们也可以说是我们的消费者，因为我们需要在班级进行设计展示，使同学们理解和接受我们的设计。所以总体上而言，它除了设计能力，也需要较强的口头表达能力。但也无须过分担心，因为能力都是训练出来的。就如同我们会从对设计一无所知蜕变为成熟的设计师一样，曾经有些"自闭"或"社恐"的我们，也一定会走向自信和开朗。

正如前文所说，视觉传达能走的职业方向虽然概括来说都是设计师，但细分之下可以生出非常多的领域。

我现在刚刚是从大三迈向大四，已经有很多同学开始实习了。我在班上最好的朋友是一个对纯粹的平面设计感兴趣的女生，她现在去了上海的一个独立工作室，成为一名设计实习生，目前主要负责的工作是海报设计。还有一位同学比较追求大厂的薪资，去了一个汽车公司做宣传实习生，现在主要负责公众号和APP的视觉内容设计。也有对插画感兴趣的同学正在接商业稿件，或是擅长视频制作的人选择做综艺后期。

此外，由于设计这个专业在国内实际上是近几年才得到关注，所以报酬较高的工作岗位主要还是集中在北上广深这类发达城市。在别的城市不仅岗位少，薪资也较低。而且在设计这个行业中脱发笑话和甲方笑话极为流行，在调侃之中可见大家的无奈和辛苦。的确，设计师不仅需要忍受甲方的各种要求甚至是挑刺，还需要经历熬夜赶稿和反复修改的痛苦。但就目前的情况来说，设计行业的就业相对来说不算困难，而且薪资也较为可观。综合来说，视觉传达还是一个不错的选择。

即便是被反复改稿和无尽的软件学习折磨得心力交瘁，我依然对这个专业充满了热爱。这三年的学习，让我学会了如何去感受画面和生活的美，也学会了该用什么样的方式来表达内心。看着自己亲手完成的作品，那种骄傲难以言表。

动画：
放飞梦想的风筝

文 / 丘比特长不大

有人喜欢画软萌软萌的卡哇伊角色，有人对丰富瑰丽的场景无可自拔，有人很快跟上科技潮流沉迷于炫酷的建模、特效。但我们都认为最棒的是终于能摆脱高考千篇一律的素描速写色彩，开启自己真正向往的艺术生活！是的，动画专业首先是一个十分有趣的专业。

我当时刚上大学，大家听说我考取了动画专业纷纷表示羡慕："那不是可以天天看动画片画纸片人了嘛！"刚入校园的生活简直美好得难以想象，没有素描课了！没有色彩课了！不用每天洗自己黑黢黢的手，抱着沉重的颜料盒跑来跑去了。取而代之的是轻松的速写和新奇的电脑板绘，画人、画花儿、画动物、画写实、画抽象、画可爱，只要是你喜欢的都可以尝试。还有影视鉴赏课程，看喜欢的动画片，听老师讲动画发展的历史、一些动画制作的幕后。

但随着时间的推移，要学的课程也变得越来越复杂、繁多。动画专业是一个庞大的专业，包含编导、美术设计、动画设计、视听语言、剪辑、音乐等等许多门类。随着技术的发展，在原有的二维技术的基础上发展了现在更为流行的三维技术，除了传统手绘之外还引入了许多要依靠电脑软件设备完成的一些特殊效果。动画包含门类之广让它成为一门集众多人力物力合作而成的艺术。我们以二维动画大师宫崎骏的作品为例，一部动画电影创作的开端，首先需要有文字剧本，需要一个故事。再根据文字故事绘制出有画面的分镜；然后设计出故事中涉及的角色、场景的形象。确定了所需形象后再让这些角色"动起来"以进行故事发展，而一个角色简单动起来的一秒钟一般则需要动画师们画24张衔接画面才能流畅地呈现出来。也难怪动画专业里一直流传着"一杯茶一包烟，一秒动画做一天"的调侃。

当所有的画面完成之后还要进行音乐的制作。角色台词、背景音乐、声音特效都是不可或缺的。当所有的音画全部合成之后，还要进行一次整体的剪辑以保证电影内容是完全符合导演想讲述给观众的内容。而这数行字的粗略概括，真正做起来则需要几年的时间、许多人的合力。所以动画制作是一个极其辛苦的工作。我们看见的精美的画面、引人入胜的剧情背后是许多人夜以继日的爆肝活动。除了宫崎骏一类的二维动画，还有三维动画、定格动画。它们是动画制作的三种主要类型。其中定格动画比较少见，多为实验性的短片动画。现在，动画行业大部分也已经淘汰了原始的纸上制作方式，转向电子软件制作。

当然，动画专业设置的课程也包罗万象，除了手头的美术功底之外，还要学习ps、pr、ae、flash等平面制作、视频剪辑、特效制作软件和maya、3Dmax等三维软件。当下许多高校动画专业致力于培养动画复合型人才，为了让大家能全方面地了解熟悉动画制作，还设置了编剧编导、视听语言、后期剪辑、录音技术等相关课程。不得不说咱们动画人的大学生活十分忙碌，抱着一沓动画纸、带着一个U盘穿梭在各个多功能教室里。广结编导、主持、演员专业各路好友，集思广益就为那么一两分钟的动画呈现。

如果哪个深夜，某寝室的灯光彻夜未熄，那多半是几个动画学生顶着黑眼圈在痛苦地赶稿，手上忙碌着，心里还要祈求着电脑可千万别死机。在脚不着地的忙碌间隙里，一直以"美术生"认知的我们渐渐觉得疑惑了。我们好像离画室越来越远，离我们原本自定的身份越来越远，竟然才发觉我们都不隶属于美术学院了。的确，动画专业一般被归为影视、数媒学院。但看着自己夜以继日做的画面一帧帧动起来，一个个小作品呈现出来，就算可能会很滑稽，但也是自己亲生的宝贝，爱不释手。随着对动画更深入地学习，我们也接受了自己身份的转变。

动画专业的学习绕不开电影艺术、编剧、视听语言、视频剪辑、特效制作、录音技术、摄影等课程与实拍电影专业的很多课程都有极大的重合。学习动画不仅仅停留在学习如何绘画、如何调节画面关系的层面，更核心的是如何用自己的画笔画出运动的画面，再用视听语言的方法，借以特效、音乐的烘托创造自己的故事。更统筹地说学习动画制作就是学习如何成为一个好导演，所以文学素养、美术基础、美学知识、软件技术都是我们要学习积累的。

我们动画人毕业后找工作不发愁。我们可以去动画公司做原画设计、选一个游戏公司做三维模型、去广告公司做平面设计、在自媒体公司做后期剪辑、专职插画师或者从事美术教培行业，甚至可以约上几个志同道合的伙伴一起开工作室！跟美术绘画、影视剪辑、三维建模相关的行业我们都可以选择。因为涉及的都是有关广告、自媒体、游戏、影视等的一些新兴行业，所以在北京、上海、杭州、广州一些大城市里就业机会是很多的。在这些文化氛围较为开放的城市，从事这种年轻有活力的行业，你可以交到很多朋友，遇见很多志同道合的人，总是有源源不断的鲜活的想法创意和知识向你涌来。沿袭校内繁忙的生活，加班在这些工作行业内也是常态。但是投入和所得基本成正比，所以选择一份自己喜欢的工作，保持热爱是极其重要的。

不过对于动画人来说，最想从事的工作肯定是做动画了吧。目前国内的动画行业市场略逊于日本、美国，但近些年有追光动画、彩条屋影业等动画公司努力地做出了很多佳作，我们国家的动画行业也步入了向上发展的阶段。动画电影《哪吒之魔童降世》的大热很好地证明了这点。只是道阻且长。

许多高校动画专业设置的课程最核心的是 3D 软件和 2D 绘画这两方面，其中 3D 软件的教学更是占比最大。因为随着动画行业的发展，迪士尼动画公司引领的 3D 动画制作技术极大地节省了动画制作的成本，增加了盈利并且满足了观众需求。从最近大热的一些影片例如《哪吒之魔童降世》《白蛇：缘起》等影片可以看出，三维动画是现行业的主流。但三维技术始终要依赖美术基础，所以二维绘画也时刻不能落下。但是学校设置的课程无法满足更深入的学习，所以绝大部分同学都会选择额外报名一些行业大佬的培训班，重点学习人物设计、场景设计、人物或场景建模、分镜绘制等具体的某一个门类。所以如果想得到一份在动画或游戏行业类的工作，除了学校的课程学习之外，自己也要找到精准目标并深耕下去。

动画是充满魅力的，它不仅是绘画的艺术，它还具有音乐、视听语言的种种魅力，融合了视觉、听觉，是一门电影的艺术。

在大学校园里，没有利益追求，加上人数、设备的局限性，我们接触更多的是短片艺术动画。和两三个同学组成的小组制作是大学里动画专业创作最常见的模式。这是有趣的，你可以和同学老师交流各种天马行空的想法，能在和朋友的合作里，在老师的指导下创作出自己的短片作品，真正过把导演的瘾！可以选择传统手绘、水彩、油画、蜡笔等等你喜欢的工具，也可以选择用摄像机拍摄定格动画，取材完全不限，可以充分发挥你的想象。这样的短片制作由三四人的小组或者你自己一个人完成都是可以的，个人的艺术价值得到了充分发挥。

如果想深入动画这门艺术，考研也是一个很好的选择。因为高校的学习区别于商业生产的模式，一般总是以个人或小组展开的。研究生的学习内容也会比本科期间范围更窄、更深入。你可以选择你喜欢的某一项，定格动画、二维手绘等等，深入学习研究，充分发挥自己的艺术想法。

总而言之，动画专业的大学生活是苦乐参半的，充满趣味和辛苦。如果你热爱动画，那么不要犹豫，这就是适合你的专业。但也要做好心理准备，很多时候需要你自己自主学习，自主钻研，不能完全依赖学校给你提供的课程。但你所做的所有努力，熬夜完成的所有画作，都能百分之百回报在你的作品中！你能获得一项谋生技能，或许在人生的几十年都要依靠它；就算不靠它谋生，你也一定不会为学习了一个如此有趣味的艺术专业而感到后悔！

学长学姐有话说

读艺术学是一种怎样的体验？

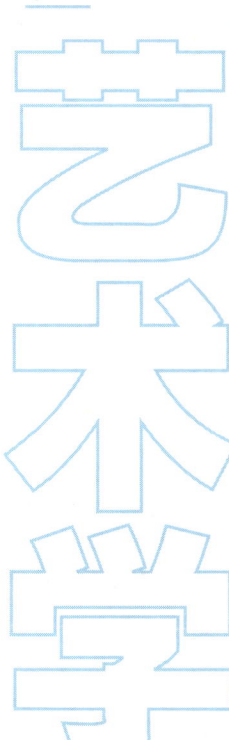

美术学　美术学可以分为很多，首先是纯艺术绘画，就业的话大多出来做美术老师，美术老师也相对来说比较轻松，工资稳定，有很多空闲时间，在外面培训机构当老师的话，报酬更高。其余的就是艺术家、艺术总监、美术编辑、美术指导，这些需要的要求很高，不仅仅是美术知识技能，还需要很深厚的文化底蕴。还有就是走设计建筑类，这类工作具有很大的挑战性。

环境设计　环境设计这个专业出来后大多与室内装饰设计、展示设计、橱窗设计等三维的空间设计相关。一般院校中这个专业属于艺术类，所以很多建筑方面的知识只涉及皮毛，如果毕业后想从事建筑设计方面的工作，还需要在上学期间多充电。这个专业与园林设计方向也比较靠近，但在实际工作中会发现有很大不同，所以想从事风景园林设计的工作的话，也得下苦功夫。

音乐学　音乐学分很多专业，作曲类一般去电台电视台从事音乐编辑较多，音乐表演（器乐、声乐）这一类较多的是去当老师，比较轻松，收入也不低，志向高点的就去表演。其他专业类的学生，大多从事文艺团体、艺术研究单位、文化机关、出版及广播机构、影视部门等相关专业性工作。

表演　表演类专业毕业生多在全国各大电视台、电视剧制作中心、各影视制作公司剧组、文艺表演团体等工作。值得一提的是舞蹈表演，因为舞蹈吃青春饭，年轻时能上台表演，但年龄大了，可以转行做舞蹈老师，也可以做项目导演等。

现在这个自媒体时代，如果喜欢这方面，可以选择传媒类专业。例如播音、编导和摄影等。本人就是大学做自媒体，也算是对自己 IP 的打造吧，做好了是很挣钱的。